UNFAIR COMPETITION PREVENTION LAW

不正競争防止法

第 2 版

茶園成樹 編

有斐閣

第2版 はしがき

　初版が発行されてから約4年半が経過した。その間，営業秘密の，刑事上・民事上の保護範囲の拡大や営業秘密侵害罪の重罰化，民事的救済の実効性の向上による保護強化を内容とする平成27年改正，限定提供データの保護制度の新設や技術的制限手段に関する不正競争行為の規律の強化等を内容とする平成30年改正が行われた。また，いくつかの興味深い裁判例が言い渡された。例えば，店舗デザインの保護に関する東京地決平成28年12月19日（平成27年（ヨ）22042号）〔コメダ珈琲事件〕，技術的制限手段に係る不正行為に関する大阪高判平成29年12月8日高刑集70巻3号7頁〔電子書籍ビューア事件〕，営業秘密に係る不正行為に関する最決平成30年12月3日刑集72巻6号569頁〔日産自動車事件〕である。そこで，それらを反映させた第2版を上梓することとした。

　第2版は，初版と同じく大阪大学知的基盤総合センター（2018年4月に知的財産センターから名称変更が行われた）の研究者教員によって分担執筆され，また，目指したものも初版と同じで，初めて不正競争防止法を学ぶ人にも理解することのできる教科書であることを目的として作成された。さらに，同法と密接な関係を有する独占禁止法（「私的独占の禁止及び公正取引の確保に関する法律」）の概略についても，その内容をアップデートして含めている。

　今回の改訂においても，有斐閣書籍編集部の一村大輔さん，井植孝之さんに大変お世話になった。ここに記して，謝意を表したい。

　　2019年夏

　　　　　　　　　　　　　　　　　　　　　　　　　　茶　園　成　樹

初版　はしがき

　本書は，知的財産法のうちの不正競争防止法の基本を解説するものである。
　不正競争防止法は，不正な競争行為を禁止して，事業者間の公正な競争を確保しようとする法律である。顧客獲得のために他の事業者と競争をしている企業にとって，自らがどのような競争行為を行うことが許されないか，また，競争者が行ういかなる競争行為を防止することができるかを理解しておくことは極めて重要である。そのため，経済活動に携わっている多くの人にとって，不正競争防止法の基礎的な知識を得ておくことの意義は大きい。しかしながら，不正競争防止法の解説書は，既にいくつかの優れたものが出版されているが，初学者にとって読みやすい，分かりやすいものは多くない。こうした状況を踏まえて，本書は初めて不正競争防止法を学ぶ人にも理解することのできる教科書として作成された。
　本書は，大学の学部や大学院で行われる不正競争防止法の授業の教材として，あるいは，独学で不正競争防止法を勉学する人の独習用の教材として利用されることを想定している。また，法学部生や法学研究科院生だけでなく，法律に関する知識をあまり有していない理科系学部生等まで含めた，初めて不正競争防止法を学ぶ人を広く読者として想定して作成している。したがって，本書の内容は，不正競争防止法の入門書としての性格が強いが，不正競争防止法の基本的な事項を網羅するものであるため，既に不正競争防止法を学んだことのある人がその知識・理解を広げ深める目的で利用することができる。

　本書の特徴は，以下のとおりである。初めて不正競争防止法を学ぶ人にも理解することのできる教科書という本書の目的を的確に反映したものと，そのために工夫をしたものであり，読者には，これらの点を意識しながら，本書を読んでもらいたい。
　①　本書では，不正競争防止法の基本として知っておくべき事項のすべてが解説される。他方，それ以上の応用的な部分や学説上の細かい議論は，かえって読者を

混乱させるおそれがあることから，できる限り省略することにしている。内容についても，原則的に判例・通説によることとし，執筆者の独自の見解は控えるようにしている。本書は，執筆者の考え方が表された体系書ではなく，あくまで教科書であることを重視したためである。

また，平易な文章によって叙述することを心掛け，読者が法学部生や法学研究科院生でない場合を考慮して，法律専門的な記述はできるだけ避けることにしている。法律専門用語が出てくる場合，一部の用語については，読者がスムーズに読むことを妨げないように，本文中で説明することはせず，用語解説欄を別に設けて，その欄で説明することにしている。

② 本書においては，本文及び用語解説欄のほか，POINT欄やCASE欄を設けている。

POINT欄は，当該項目の学習上の要点を示すものである。読者は，ある項目を読む前に，この欄の記載から当該項目で何が説明されているかを認識しておいてもらいたい。また，読み終わった後に，この欄の記載に基づいて，当該項目の内容を理解しているかどうかを確認してもらいたい。このように，POINT欄は，読者が読む内容を意識し，また，読んだ内容の理解をチェックするのに用いられるものであり，これにより学習上の効果を向上させることを狙っている。

CASE欄は，当該項目で問題となる事例などを示すものである。また，CASEに対する展開例が網かけの部分で示されている。法律の解説を抽象的に説明するだけでは，特に初学者にとっては理解することが容易ではない。どのようなことが問題となるか，問題がいかに解決されることになるかを，一定の具体的なイメージを持って読むことが理解を促すことから，CASE欄が設けられている。これも，学習上の効果を向上させるための工夫である。

なお，後述する『意匠法』・『特許法』・『商標法』・『著作権法』には，その巻末に付録として，「重要条文・判例一覧」を付けているが，不正競争防止法では重要条文をピックアップすることの有用性はあまり大きくないため，本書では，「重要条文・判例一覧」は付けていない。

③ 本書では，不正競争防止法のほかに，この法律と密接な関係を有している独占禁止法（「私的独占の禁止及び公正競争の確保に関する法律」）の概略が記述されている。独占禁止法がどのような法律であるかを知ることは，それ自体，経済活動に携

わっている人にとって有意義であるが，不正競争防止法の特徴をより明瞭にすることができるものと考えられるのであり，読者に不正競争防止法の理解を深めてもらうことを期待している。

　以上のような特徴を有する本書によって，多くの人が不正競争防止法に関する知識・理解を備えて，社会のために，不正競争防止法1条が定める「国民経済の健全な発展に寄与すること」という不正競争防止法の目的の実現に貢献できるようになることを願っている。

　本書の執筆者は，大阪大学知的財産センターの研究者教員である。同センターは，2010年4月に，大阪大学における知的財産法の全学的な教育・研究拠点として設立されたものである。同センターは，共通教育，法学部及び法学研究科知的財産法プログラム（知的財産法に特化した教育プログラム）において，知的財産法全体の教育活動を展開している。この教育活動の一環として，2012年に『意匠法』を，2013年に『特許法』と『知的財産法入門』を，2014年に『商標法』と『著作権法』を刊行した。本書は，『意匠法』・『特許法』・『商標法』・『著作権法』と同様のコンセプトで作成されたものである。

　本書の出版に際しては，有斐閣書籍編集第一部の一村大輔さん，井植孝之さん，小林久恵さんに大変お世話になった。ここに記して，謝意を表したい。

　　2015年春

　　　　　　　　　　　　　　　　　　　　　　　　　　　茶　園　成　樹

編著者紹介（[ ]内は担当箇所）

＊は編者，執筆者は五十音順

＊茶園成樹（ちゃえん　しげき）［第1章，第2章第1節～3節・第6節，第4章，第5章］

　　1961年生まれ
　　1984年　大阪大学法学部法学科　卒業
　　1989年　大阪大学大学院法学研究科博士後期課程　単位取得満期退学
　　現職：大阪大学大学院高等司法研究科教授・同大学知的基盤総合センターセンター長

青木大也（あおき　ひろや）［第2章第4節・7節］

　　1983年生まれ
　　2006年　東京大学法学部　卒業
　　2008年　東京大学大学院法学政治学研究科法曹養成専攻　修了
　　現職：大阪大学大学院法学研究科准教授

勝久晴夫（かつひさ　はるお）［第2章第9節，第3章］

　　1972年生まれ
　　1995年　名城大学法学部法律学科　卒業
　　2010年　大阪大学大学院法学研究科博士後期課程　単位取得満期退学
　　現職：文教大学情報学部准教授
　　　　　大阪大学知的基盤総合センター非常勤講師

陳　思勤（ちん　しきん）［第2章第5節］

　　1972年生まれ
　　2001年　近畿大学商経学部　卒業
　　2010年　大阪大学大学院法学研究科博士後期課程　単位取得満期退学
　　現職：大阪大学知的基盤総合センター教授

村上 画里（むらかみ　えり）［第 2 章第 8 節・10 節・11 節］
　1980 年生まれ
　2004 年　東北学院大学法学部　卒業
　2009 年　大阪大学大学院法学研究科博士後期課程　単位取得満期退学
　現職：東京造形大学准教授

目　次

第 1 章　不正競争防止法の概要　*1*

第1節　不正競争防止法とは　*1*

1　概　説　*1*
2　不正競争　*2*
3　不正競争の規律　*3*
4　不正競争防止法の特徴　*3*

第2節　不正競争防止法と知的財産法・独占禁止法等との関係　*5*

1　概　説　*5*
2　知的財産法との関係　*5*
3　独占禁止法等との関係　*6*

第3節　不正競争に関する国際条約　*7*

1　概　説　*7*
2　工業所有権の保護に関するパリ条約（パリ条約）　*7*
3　虚偽の又は誤認を生じさせる原産地表示の防止に関するマドリッド協定（マドリッド原産地表示協定）　*8*
4　商標法条約　*9*
5　知的所有権の貿易関連の側面に関する協定（TRIPS協定）　*9*
6　国際商取引における外国公務員に対する贈賄の防止に関する条約　*10*

第 2 章　不正競争行為　　13

第1節　総　論　13

1　概　説　13
2　不正競争　13
3　適用除外　15
4　営業上の利益　16

第2節　周知な商品等表示主体の混同行為　18

1　概　説　18
2　商品等表示　19
3　周知性　26
4　他人性　29
5　類似性　31
6　混　同　32
7　規制対象行為　35
8　適用除外　35
9　請求権者　40

第3節　著名な商品等表示の冒用行為　42

1　概　説　43
2　著名性　44
3　「自己の商品等表示として」の使用　45
4　類似性　46
5　適用除外　47

第4節　商品形態の模倣行為　48

1　概　説　48
2　商品の形態　49
3　模　倣　53

4　規制対象行為　*54*

　　5　適用除外　*55*

　　6　請求権者　*60*

第5節　営業秘密に係る不正行為　*64*

　　1　概　　説　*64*

　　2　営業秘密　*66*

　　3　営業秘密に関する不正競争行為　*73*

　　4　差止請求権・損害賠償請求権の消滅時効　*85*

　　5　適用除外　*89*

第6節　限定提供データに係る不正行為　*92*

　　1　概　　説　*93*

　　2　限定提供データ　*94*

　　3　限定提供データに係る不正競争行為　*95*

　　4　適用除外　*97*

第7節　技術的制限手段に係る不正行為　*98*

　　1　概　　説　*98*

　　2　17号で規制される行為　*100*

　　3　18号で規制される行為　*105*

　　4　適用除外　*106*

第8節　ドメイン名に係る不正行為　*106*

　　1　概　　説　*107*

　　2　ドメイン名を巡る問題　*107*

　　3　ドメイン名　*109*

　　4　図利加害目的　*110*

　　5　特定商品等表示　*111*

　　6　類似性　*112*

　　7　規制対象行為　*112*

　　8　適用除外　*113*

　　9　ドメイン名の移転請求　*114*

第9節　品質等誤認行為　　115

　1　概　　説　115
　2　広　告　等　116
　3　原　産　地　117
　4　品　質　等　118
　5　誤認させるような表示　121
　6　規制対象行為　122
　7　適　用　除　外　122
　8　請　求　権　者　122

第10節　信用毀損行為　　123

　1　概　　説　123
　2　競　争　関　係　124
　3　他　　人　125
　4　営業上の信用　126
　5　虚偽の事実　127
　6　規制対象行為　129
　7　権利侵害の警告　130
　8　比較広告等　133

第11節　代理人等の商標無断使用行為　　135

　1　概　　説　135
　2　商標に関する権利　136
　3　代理人・代表者等　137
　4　規制対象行為　138
　5　正当な理由　139
　6　適　用　除　外　139

第3章　民事上の措置　　141

第1節　総　　論　　141

第2節　差止請求 　142

 1　概　説　142
 2　侵害され又は侵害されるおそれ　143
 3　差止請求の相手方　143
 4　差止請求の態様　144
 5　存続期間　146
 6　裁判管轄　146

第3節　損害賠償請求 　147

 1　概　説　147
 2　損害賠償請求の主体と相手方　148
 3　故意・過失　148
 4　因果関係　149
 5　損　害　150

第4節　損害額の推定等 　152

 1　概　説　152
 2　逸失利益の算定　153
 3　侵害者が得た利益に基づく損害額の推定　157
 4　使用許諾料相当額の請求　159
 5　使用許諾料相当額を超える額の請求　160

第5節　信用回復措置請求 　161

第6節　その他 　161

 1　概　説　161
 2　具体的態様の明示義務　162
 3　書類の提出等　162
 4　秘密保持命令及びその取消し　164
 5　訴訟記録の閲覧等の請求の通知等　165
 6　当事者尋問等の公開停止　166

第7節　不当利得返還請求　　　　　　　　　　　　　167

第8節　関税法による水際措置　　　　　　　　　　　168
　1　概　説　168
　2　侵害物品の輸入差止め　168
　3　侵害物品の輸出差止め　169

第4章　刑事上の措置　　　　　　　　　　　　171

第1節　総　論　　　　　　　　　　　　　　　　　171
　1　不正競争防止法における刑事的制裁　171
　2　両罰規定　172

第2節　不正競争行為に対する刑事罰　　　　　　　173
　1　営業秘密に係る不正行為に対する刑事罰　173
　2　周知な商品等表示主体の混同行為に対する刑事罰　180
　3　著名な商品等表示の冒用行為に対する刑事罰　180
　4　商品形態の模倣行為に対する刑事罰　181
　5　技術的制限手段無効化装置等の提供行為に対する刑事罰　181
　6　品質等誤認行為に対する刑事罰　181

第3節　外国の国旗等の商業上の使用　　　　　　　182
　1　概　説　182
　2　禁止される行為　183

第4節　国際機関の標章の商業上の使用　　　　　　184

第5節　外国公務員等に対する不正の利益の供与等　185

第6節　営業秘密侵害罪に係る刑事訴訟手続の特例　*187*

　　1　概　　説　*187*
　　2　営業秘密の秘匿決定　*187*
　　3　呼称等の決定　*189*
　　4　尋問等の制限　*189*
　　5　公判期日外の証人尋問等　*189*
　　6　書面の提示命令　*190*
　　7　証拠開示の際の秘匿要請　*190*

第5章　独占禁止法　*191*

第1節　独占禁止法の概要　*191*

　　1　概　　説　*191*
　　2　規制対象　*192*
　　3　規制方法　*193*
　　4　知的財産権との関係　*195*

第2節　私的独占　*196*

　　1　概　　説　*196*
　　2　要　　件　*197*

第3節　不当な取引制限　*200*

　　1　概　　説　*200*
　　2　要　　件　*200*

第4節　不公正な取引方法　*202*

　　1　概　　説　*202*
　　2　公正競争阻害性　*203*
　　3　規制対象　*203*

事項索引 *211*

判例等索引 *215*

用語解説

① 不法行為 *3*
② 物権と債権 *6*
③ 故意と過失 *14*
④ 善意と悪意 *60*
⑤ 時　効 *85*
⑥ 除斥期間 *86*
⑦ 条文の読み方 *87*
⑧ 上　告 *145*
⑨ 裁判管轄 *146*
⑩ 推　定 *149*
⑪ 逸失利益 *150*
⑫ 口頭弁論 *151*
⑬ インカメラ手続 *163*
⑭ 文書提出義務 *164*
⑮ 仮処分 *165*
⑯ 送　達 *166*

凡　　例

1　本書の構成

本書は，本文のほか，POINT 欄，CASE 欄，用語解説欄の 3 つの要素が盛り込まれている。

(1) POINT

当該項目での学習上の要点を示す。

(2) CASE

当該項目で実際に問題となる事例などを示す。また，CASE に対する展開例が網かけの部分で示されている。

(3) 用語解説

法律専門用語について解説する。用語解説の対象となる用語には※マークが付されている。

2　略　語　例

(1) 法　令　名

不正競争防止法の条文は，原則として，条数のみを引用する。

不正競争防止法以外の法令名の略語は，下に記した略語のほか，原則として，有斐閣『六法全書』の略語を用いる。

なお，「→」で示された条文は，準用関係を示している。

＜主な法令等略語一覧＞

意　匠	意匠法
景　表	不当景品類及び不当表示防止法
実　用	実用新案法
商　標	商標法
著　作	著作権法
特　許	特許法
独　禁	私的独占の禁止及び公正取引の確保に関する法律
民	民法
民　訴	民事訴訟法
TRIPS 協定	知的所有権の貿易関連の側面に関する協定
パリ条約	工業所有権の保護に関するパリ条約

(2) 判例等表示

　　最(大)判(決)　　最高裁判所（大法廷）判決（決定）
　　高　　判（決）　高等裁判所判決（決定）
　　知財高判　　　　知的財産高等裁判所判決
　　地　　判（決）　地方裁判所判決（決定）
　　支　　判　　　　高裁または地裁の支部判決
　　公取委審判審決等　公正取引委員会による審決・決定・命令等
　　なお，判例等の表示の後に示された〔　〕書きは当該判例等の事件名を示す。

(3) 雑誌名等の略語

　　民　　集　　最高裁判所民事判例集
　　刑　　集　　最高裁判所刑事判例集
　　知的裁集　　知的財産権関係民事・行政裁判例集
　　無体裁集　　無体財産権関係民事・行政裁判例集
　　高民集　　　高等裁判所民事判例集
　　下民集　　　下級裁判所民事裁判例集
　　刑　　月　　刑事裁判月報
　　審決集　　　公正取引委員会審決集
　　判　　時　　判例時報
　　判　　タ　　判例タイムズ
　　金　　判　　金融・商事判例
　　最判解民事篇　最高裁判所判例解説民事篇
　　ジュリ　　　ジュリスト
　　百　　選　　中山信弘＝大渕哲也＝茶園成樹＝田村善之編『意匠・商標・不正競争判例百選』（有斐閣，2007年）

(4) 文献略語

　　コンメ　　　金井重彦＝山口三惠子＝小倉秀夫編著『不正競争防止法コンメンタール〔改訂版〕』（レクシスネクシス・ジャパン，2014年）
　　逐　　条　　経済産業省知的財産政策室編著『逐条解説不正競争防止法〔第2版〕』（商事法務，2019年）
　　注解（上）（下）
　　　　　　　　小野昌延編著『新・注解不正競争防止法〔第3版〕（上）（下）』（青林書院，2012年）
　　小野＝松村　小野昌延＝松村信夫著『新・不正競争防止法概説〔第2版〕』（青林書院，2015年）

渋　谷	渋谷達紀『不正競争防止法』(発明推進協会，2014年)
田　村	田村善之『不正競争法概説〔第2版〕』(有斐閣，2003年)
松　村	松村信夫『新・不正競業訴訟の法理と実務──最新の判例・学説に基づく実務解説』(民事法研究会，2014年)
山　本	山本庸幸『要説不正競争防止法〔第4版〕』(発明協会，2006年)

第1章 不正競争防止法の概要

第1節 不正競争防止法とは

※POINT※
- ◆ 不正競争防止法は，不正競争の防止及び不正競争に係る損害賠償に関する措置等を講じるものであり，その目的は，事業者間の公正な競争及びこれに関する国際約束の的確な実施を確保し，もって国民経済の健全な発展に寄与することである。
- ◆ 不正競争行為は，2条1項に列挙されている。
- ◆ 不正競争防止法に基づいて差止請求や損害賠償請求をすることができる者は，不正競争によって営業上の利益を侵害される（侵害された）者である。

1 概　説

不正競争防止法は，昭和9 (1934) 年に制定された（旧法）。その後，数度の改正を経て，平成5年に全面的な改正が行われた（現行法）[1]。

自由経済社会においては，事業者は競争者と顧客獲得のために競い合っている。そのような競争は，それが価格や品質によるものである場合には，顧客にとってより優れた商品や役務が提供されるようにし，また社会的に資源が効率的に配分されるようにする機能を発揮するのであり，維持・発展されるべきものである。他方，価格や品質によらない競争である不正競争は，上記の競争の機能を果たさないもので，禁圧される必要がある。

---

1) 不正競争防止法の沿革については，逐条2〜22頁参照。

第1章　不正競争防止法の概要

　不正競争防止法は，不正競争の防止及び不正競争に係る損害賠償に関する措置等を講じるものであり，その目的は，事業者間の公正な競争を確保し，もって国民経済の健全な発展に寄与することにある（1条)[2]。

　また，不正競争防止法1条は，同法の目的に，事業者間の公正な競争に関する国際約束の的確な実施の確保を含めている。「国際約束」とは，国際的な取極である条約や協定等でわが国がその履行を約束したものであり，不正競争防止法が的確な実施を確保しようとする国際約束には，工業所有権の保護に関するパリ条約（パリ条約)，虚偽の又は誤認を生じさせる原産地表示の防止に関するマドリッド協定（マドリッド原産地表示協定)，商標法条約，知的所有権の貿易関連の側面に関する協定（TRIPS協定)，国際商取引における外国公務員に対する贈賄の防止に関する条約等がある（⇒本章第3節)。

2　不正競争

　不正競争防止法が防止しようとする不正競争行為は，2条1項に定義されている。以下のものであり，これらについては第2章各節において詳しく述べる。

①　周知な商品等表示主体の混同行為（1号）
②　著名な商品等表示の冒用行為（2号）
③　商品形態の模倣行為（3号）
④　営業秘密に係る不正行為（4号〜10号）
⑤　限定提供データに係る不正行為（11号〜16号）
⑥　技術的制限手段に係る不正行為（17号・18号）
⑦　ドメイン名に係る不正行為（19号）
⑧　品質等誤認行為（20号）
⑨　信用毀損行為（21号）
⑩　代理人等の商標無断使用行為（22号）

---

[2]　最判平成18年1月20日民集60巻1号137頁〔天理教豊文教会事件〕は，「不正競争防止法は，営業の自由の保障の下で自由競争が行われる取引社会を前提に，経済活動を行う事業者間の競争が自由競争の範囲を逸脱して濫用的に行われ，あるいは，社会全体の公正な競争秩序を破壊するものである場合に，これを不正競争として防止しようとするもの」と述べている。

3 不正競争の規律

不正競争防止法は，不正競争の防止及び不正競争に係る損害賠償に関する措置等を講じている。具体的には，不正競争の防止のために，3条において，不正競争行為によって営業上の利益を侵害される（おそれがある）者は，その営業上の利益を侵害する（おそれがある）者に対し，その侵害の停止（予防）を請求することができると規定されている（⇒第3章第2節）。また，不正競争に係る損害賠償として，4条において，故意・過失による不正競争行為によって営業上の利益を侵害された者は，その侵害者に対して，これによって生じた損害の賠償を請求することができると定められている（⇒第3章第3節）。さらに，民事的な救済のほかに，一定の不正競争行為を行った者には刑事罰が科される（21条⇒第4章第2節）。刑事罰は，不正競争行為と定められていない，外国の国旗等の商業上の使用や国際機関の標章の商業上の使用，外国公務員等に対する不正の利益の供与等（16条〜18条⇒第4章第3節〜第5節）に対しても科されている。

| 用語解説① | 不法行為 |

> 違法かつ有責に他人の権利・利益を侵害する行為。不法行為により権利・利益を侵害された者には，不法行為を行った者に対する，損害賠償請求権が発生する（民709条）。

ある事業者が不当な競争行為を行い，それによって他者の利益を侵害することは，民法709条の不法行為※となり得る。もっとも，民法の伝統的な理解によれば，不法行為の救済は原則として損害賠償に限られる。これに対して，不正競争防止法では，不正競争行為によって営業上の利益を侵害される者に，損害賠償請求に加えて，差止請求が認められている。この点で，不正競争防止法は，不法行為法の特別法と位置づけられる。

4 不正競争防止法の特徴

(1) 限定列挙主義

わが国の不正競争防止法の特徴として，まず，禁圧されるべき不正競争行為が限定列挙されている点がある。これに対して，例えば，ドイツの不正競争防止法は，「不公正な取引行為は，許されない」（ドイツ不競法3条1項）という一般条項を定めている。

限定列挙主義には，規制される競争行為を明確に定めることにより，当事者の予測可能性，法的安定性に資するという利点がある。その一方，社会・市場の変化に伴って発生する新しい不当な競争行為を防止するのに法改正を待たなければならず，迅速な対応ができないという欠点がある。平成5年の現行法制定の際に，不正競争防止法に一般条項を設けるべきかどうかが議論されたが，法的安定性を重視して，限定列挙主義が維持された。

(2) 請求権者の限定

前述したように，不正競争防止法に基づいて差止請求や損害賠償請求をすることができる者は，営業上の利益を侵害される（侵害された）者に限られ，消費者や消費者団体は，これらの請求をすることはできない。また，自ら営業を行っていない事業者団体も，請求権者ではない。

この点は，特に，商品・役務の原産地や品質等について誤認させるような表示をする行為である，品質等誤認行為（2条1項20号）の場合に問題となる。この不正競争行為は，特定の競争者に向けられたものでないことが多く，そのため，個々の競争者が差止請求をする意欲を欠き，不正競争防止法によっては，この不正競争行為によって惹起される消費者の誤認が是正され難いからである。そこで，平成5年の現行法制定の際に，事業者団体や消費者団体等にも請求権を付与するべきかどうかについても議論されたが，結局，見送られた[3]。

---

3) 事業者団体や消費者団体に差止請求権を認めることを主張する近時の論考として，宗田貴行「不正競争防止法への団体訴訟制度の導入について」紋谷暢男教授古稀記念『知的財産権法と競争法の現代的展開』（発明協会，2006年）1097頁，野々山宏「消費者契約法に関わる訴訟および消費者団体訴訟制度の現状・問題点・展望」日本経済法学会年報29号（2008年）71，89～90頁。

第2節　不正競争防止法と知的財産法・独占禁止法等との関係

❖ POINT ❖

◆ 不正競争防止法の一部は知的財産法に含まれるが，同法による知的財産の保護は，特許法や著作権法のような，知的財産を権利として構成し，それに物権的な効果を与えるという方法ではなく，知的財産を一定の利用行為から保護するという方法による。

◆ 独占禁止法は公正かつ自由な競争の促進を目的とするもので，競争秩序の維持を図る点で不正競争防止法と共通している。

1　概　説

不正競争防止法による不正競争の規律の一部は，知的財産を保護するものであり，知的財産法に含まれる。また，不正競争防止法は，独占禁止法（「私的独占の禁止及び公正取引の確保に関する法律」）と密接な関係を有している。

2　知的財産法との関係

知的財産法とは，知的財産の保護と利用に関するルールを定める法分野であり，知的財産は，一般的に，財産的な価値のある情報を指す。不正競争防止法による不正競争の規律の一部は，知的財産を保護するものである[4]。例えば，営業秘密に係る不正行為に対して差止請求権や損害賠償請求権を認めることにより，営業秘密，すなわち，秘密として管理されている公知ではない，事業活動に有用な技術上・営業上の情報（2条6項）が保護されているのである。

知的財産法には特許法や著作権法も含まれるが，これらと不正競争防止法とでは，知的財産の保護方法が異なる。特許法や著作権法は，発明（特許2条1項）や著作物（著作2条1項1号）という知的財産を権利として構成し，これに物権的※な効果を与えて保護している（権利付与法）。これに対して，不正競争防止法は，知的財産を権利として構成することはしないで，一定の利用行為を

---

[4] 不正競争の規律のすべてが知的財産を保護するものではない。例えば，品質等誤認行為（2条1項20号）の対象である商品・役務の品質や内容は知的財産に当たらない。

> **用語解説②　物権と債権**
>
> 物権とは特定の物を直接かつ排他的に支配できる権利である。これに対して、債権は特定の人に対して特定の行為を請求できる権利である。物権も債権も財産権の一種である。

規律するという方法により保護している（行為規整法）。

3　独占禁止法等との関係

独占禁止法（「私的独占の禁止及び公正取引の確保に関する法律」⇒第5章）は、私的独占や不当な取引制限、不公正な取引方法を禁止等する法律であるが、不正競争防止法と密接な関係を有している。独占禁止法は、「公正且つ自由な競争」の促進を目的としており（独禁1条）、公正な競争を確保しようとする不正競争防止法と同様に、競争秩序の維持を図るものである[5]。

不正競争防止法と独占禁止法の大きな違いは、主たる規制手段である。不正競争防止法の主たる規制手段は、差止請求や損害賠償請求という民事的請求であり、これに対して、独占禁止法の主たる規制手段は、公正取引委員会（公取委）による排除措置命令等の行政規制である。もっとも、独占禁止法違反行為に対しては、私人（消費者も含む）の差止請求や損害賠償請求も認められている（独禁24条・25条等）。

ところで、不正競争防止法2条1項20号の不正競争行為（品質等誤認行為）は、独占禁止法が規制する不公正な取引方法（独禁2条9項6号ハ）に該当する場合がある。また、この不正競争行為は、景品表示法（「不当景品類及び不当表示防止法」⇒第5章第4節3(2)）[6]が規制する不当表示（景表5条）に当たる場合もある。不当表示となる場合には、消費者庁長官が措置命令を行うことにより、当該表示行為の差止め等を命じることができる（景表7条）。また、適格消費者団体[7]は、差止請求をすることが認められている（景表30条）。

---

5) 根岸哲「独占禁止法と不正競争防止法」金子晃ほか監修『企業とフェアネス』（信山社、2000年）95頁。
6) 景品表示法は、昭和37年に独占禁止法の特例法として制定されたが、平成21年の消費者庁の発足により、公正取引委員会から消費者庁に移管された。

第3節 不正競争に関係する国際条約

❖*POINT*❖

◆ 不正競争に関係する国際条約として，工業所有権の保護に関するパリ条約（パリ条約），虚偽の又は誤認を生じさせる原産地表示の防止に関するマドリッド協定（マドリッド原産地表示協定），商標法条約，知的所有権の貿易関連の側面に関する協定（TRIPS協定），国際商取引における外国公務員に対する贈賄の防止に関する条約等がある。

1 概説

　不正競争に関係する国際条約として，工業所有権の保護に関するパリ条約（パリ条約），虚偽の又は誤認を生じさせる原産地表示の防止に関するマドリッド協定（マドリッド原産地表示協定），商標法条約，知的所有権の貿易関連の側面に関する協定（TRIPS協定），国際商取引における外国公務員に対する贈賄の防止に関する条約等がある。

　わが国は，これらの条約を締結した以上，これらの条約規定を国内で実施する義務を負うのは当然であるが，不正競争防止法は，その目的を定める1条において，「国際約束の的確な実施を確保する」ことを明示している。

2 工業所有権の保護に関するパリ条約（パリ条約）

　工業所有権の保護に関するパリ条約（パリ条約）は，1883年に締結され，その後に数度の改正が行われている。わが国は1899年に加入した。この条約が適用される国は工業所有権の保護のための同盟（パリ同盟）を形成するとされており（パリ条約1条(1)），そのような国は同盟国と呼ばれる。

　パリ条約1条(2)は，「工業所有権の保護は，特許，実用新案，意匠，商標，

---

7) 「適格消費者団体」は，消費者契約法2条4項において，「不特定かつ多数の消費者の利益のためにこの法律の規定による差止請求権を行使するのに必要な適格性を有する法人である消費者団体……として第13条の定めるところにより内閣総理大臣の認定を受けた者」と定義されている。

サービス・マーク，商号，原産地表示又は原産地名称及び不正競争の防止に関するものとする」と規定し，同条約2条(1)は，工業所有権の保護に関し，同盟国に対して，その法令が内国民に対し現在与えており又は将来与えることがある利益を，他の同盟国の国民に与えることを義務づけている。いわゆる内国民待遇原則である。不正競争の防止は工業所有権の保護に含まれるから，わが国は，日本国民に与える不正競争に対する保護を，パリ条約の同盟国の国民にも与えなければならない。

　不正競争の防止に関して，パリ条約には，周知商標の保護（6条の2），代理人等による商標の使用の規制（6条の7）を初めとする，様々な規定があるが，特に重要なのは，10条の2である。同条(1)は，「各同盟国は，同盟国の国民を不正競争から有効に保護する」と定め，同条(2)は，「工業上又は商業上の公正な慣習に反するすべての競争行為は，不正競争行為を構成する」と定めている。「工業上又は商業上の公正な慣習」の具体的内容は明らかとされておらず，不正競争行為を構成する条件をどのようにするかは各同盟国に委ねられていると解される[8]。

　これに対して，同条(3)は，「特に，次の行為，主張及び表示は，禁止される」として，「1　いかなる方法によるかを問わず，競争者の営業所，産品又は工業上若しくは商業上の活動との混同を生じさせるようなすべての行為」，「2　競争者の営業所，産品又は工業上若しくは商業上の活動に関する信用を害するような取引上の虚偽の主張」，「3　産品の性質，製造方法，特徴，用途又は数量について公衆を誤らせるような取引上の表示及び主張」，と定めている。これらの行為については，各同盟国は禁止することが義務づけられる。

3　虚偽の又は誤認を生じさせる原産地表示の防止に関するマドリッド協定（マドリッド原産地表示協定）

　虚偽の又は誤認を生じさせる原産地表示の防止に関するマドリッド協定（マドリッド原産地表示協定）は，パリ条約19条の特別の取極として，1891年に締結され，その後に数度の改正を経ている。わが国は1953年に加入した。

　同協定1条により，同協定が適用される国又はその中にある場所を原産国又

---

[8]　後藤晴男『パリ条約講話〔第13版〕』（発明協会，2007年）480頁。

は原産地として直接又は間接に表示している虚偽の又は誤認を生じさせる表示を有するすべての生産物は，各締約国において輸入の際における差押え，輸入禁止が行われる。

4 商標法条約

商標法条約は，各国の商標登録手続の簡素化及び調和を図ることを目的とした条約であり，1994年に採択された。この条約も，パリ条約19条の特別の取極である。わが国は1997年に加入した。

商標法条約は，わが国では，主として商標法に関わるものであるが，パリ条約の規定で標章に関するものの遵守義務を定めており（15条），商標法条約の締結により，代理人等の商標無断使用行為（不競2条1項22号⇒第2章第11節）の保護対象国にこの条約の締約国が追加された。

5 知的所有権の貿易関連の側面に関する協定（TRIPS協定）

知的所有権の貿易関連の側面に関する協定（TRIPS協定）は，1994年に締結されたWTO（世界貿易機関）設立協定の附属書1Cであり，WTO加盟国はこの協定を遵守しなければならない。わが国は当初からWTO加盟国である。

TRIPS協定も，内国民待遇原則を定めている（TRIPS協定3条）。さらに，同協定4条は，「知的所有権の保護に関し，加盟国が他の国の国民に与える利益，特典，特権又は免除は，他のすべての加盟国の国民に対し即時かつ無条件に与えられる」と規定している。いわゆる最恵国待遇原則である。そのため，わが国が他の国の国民に与える保護は，すべてのWTO加盟国の国民にも与えることが義務づけられる。また，同協定2条1項は，パリ条約遵守義務を規定しており，わが国は，WTO加盟国に対して，パリ条約の規定を遵守しなければならない[9]。

不正競争に関し，TRIPS協定の中で特に注目されるのは，39条において，開示されていない情報の保護が定められていることである。39条1項は，加盟国は，パリ条約10条の2に規定する不正競争からの有効な保護を確保する

---

[9] TRIPS協定がパリ条約10条の2を取り込んでいるかどうかについては，鈴木將文「ECの地理的表示制度を巡るWTO紛争に係るパネル報告書の分析」AIPPI 51巻8号（2006年）474, 482頁参照。

ために，開示されていない情報を保護する旨を規定している。TRIPS 協定に結実する GATT（関税と貿易に関する一般協定）ウルグアイラウンド交渉において，このような情報の保護が議論されたことが，不正競争防止法の平成 2 年改正により，営業秘密の保護制度（⇒第 2 章第 5 節）が新設される 1 つの契機となった[10]。

6　国際商取引における外国公務員に対する贈賄の防止に関する条約

　国際商取引における外国公務員に対する贈賄の防止に関する条約は，国際商取引における公正な競争を維持するために，外国公務員に対する贈賄，不正な利益供与の防止を目的として，1997 年に OECD（経済協力開発機構）において採択されたものである[11]。同条約 1 条 1 項は，「締約国は，ある者が故意に，国際商取引において商取引又は他の不当な利益を取得し又は維持するために，外国公務員に対し，当該外国公務員が公務の遂行に関して行動し又は行動を差し控えることを目的として，当該外国公務員又は第三者のために金銭上又はその他の不当な利益を直接に又は仲介者を通じて申し出，約束し又は供与することを，自国の法令の下で犯罪とするために必要な措置をとる」と規定している。

　わが国は 1998 年に締結した。同条約の国内実施のために，不正競争防止法 18 条に，外国公務員等に対する不正の利益の供与等の禁止が定められている（⇒第 4 章第 5 節）。

---

10) また，TRIPS 協定は，「地理的表示」の保護を定めている。「地理的表示」とは，「ある商品に関し，その確立した品質，社会的評価その他の特性が当該商品の地理的原産地に主として帰せられる場合において，当該商品が加盟国の領域又はその領域内の地域若しくは地方を原産地とするものであることを特定する表示」である（同協定 22 条 1 項）。同協定 22 条 2 項は，地理的表示に関して，商品の地理的原産地について公衆を誤認させるような使用の防止を定めており，不正競争防止法 2 条 1 項 20 号はこれに対応している。さらに，同協定 23 条 1 項は，ぶどう酒及び蒸留酒の地理的表示について，公衆の誤認を要件としない追加的保護を義務づけている。この義務は，「酒税の保全及び酒類業組合等に関する法律」によって履行されているが，平成 26 年に，農林水産物等の地理的表示に関して，いわゆる地理的表示法（「特定農林水産物等の名称の保護に関する法律」）が制定された。同法については，内藤恵久『地理的表示法の解説』（大成出版社，2015 年），今村哲也「地理的表示法の概要と今後の課題について」ジュリ 1488 号（2016 年）51 頁参照。

11) 同条約については，通商産業省知的財産政策室監修『外国公務員贈賄防止――解説改正不正競争防止法』（有斐閣，1999 年）2～27 頁，北島純『解説外国公務員贈賄罪』（中央経済社，2011 年）26～39 頁，梅田徹『外国公務員贈賄防止体制の研究』（麗澤大学出版会，2011 年）参照。

なお，国際連合において，2003 年に採択された，自国の公務員，外国公務員及び公的国際機関の職員に係る贈収賄を含む汚職や資金洗浄等の腐敗行為の防止を目的とする，腐敗の防止に関する国際連合条約（国連腐敗防止条約）については，わが国は 2017 年に締結した[12]。

---

12) 同条約については，畦地英稔「腐敗の防止に関する国際連合条約の発効」時の法令 2049 号（2018 年）39 頁参照。

第2章 不正競争行為

第1節 総　論

> **◆POINT◆**
> ◆ 不正競争行為は2条1項各号に列挙されており、不正競争行為によって営業上の利益を侵害される者は侵害者に対して差止め等を請求することができる。
> ◆ 不正競争行為であっても、19条1項各号に定める行為については、差止請求等に関する規定が適用されない。
> ◆ 「営業」は広く解され、営利目的の事業に限られない。

1　概　説

不正競争防止法が防止しようとする不正競争行為は、2条1項に定義されている。不正競争行為によって営業上の利益を侵害される者は、侵害者に対して差止請求をすることができる（3条⇒第3章第2節）。また、故意・過失※による不正競争行為によって営業上の利益を侵害された者は、侵害者に対して損害賠償請求をすることができる（4条⇒第3章第3節）。さらに、一定の不正競争行為に対しては、刑事罰が科される（21条⇒第4章第2節）。ただし、19条1項は、同項各号に定める行為については、差止請求や損害賠償請求、刑事罰に関する規定が適用されない旨を定めている。よって、この適用除外に該当する場合には、不正競争行為を行っても、差止めや損害賠償を請求されない。

2　不正競争

2条1項に定義されている不正競争行為は、前に述べたことの繰り返しにな

第2章 不正競争行為

> **用語解説③　故意と過失**
>
> 「故意」とは，自分の行為から一定の結果が発生することを認識していることをいう。
>
> 「過失」とは，注意していれば，自分の行為から一定の結果が発生することを予見できたにもかかわらず（予見可能性），不注意によりそれを予見できなかったため，結果が発生することを回避できなかったこと（結果回避義務違反）をいう。不注意や結果回避義務違反の程度によって重過失と軽過失に分けられる。

るが，以下のものである。

① 周知な商品等表示主体の混同行為（1号）　他人の周知な商品等表示と同一・類似の商品等表示を使用して，他人の商品・営業と混同を生じさせる行為である。

② 著名な商品等表示の冒用行為（2号）　他人の著名な商品等表示と同一・類似のものを，商品等表示として使用する行為である。

③ 商品形態の模倣行為（3号）　他人の商品の形態を模倣した商品を譲渡等する行為である。

④ 営業秘密に係る不正行為（4号～10号）　営業秘密を不正に取得，使用又は開示する行為及び技術上の秘密（営業秘密のうち，技術上の情報であるもの）の不正使用行為により生じた物を譲渡等する行為である。

⑤ 限定提供データに係る不正行為（11号～16号）　限定提供データを不正に取得，使用又は開示する行為である。

⑥ 技術的制限手段に係る不正行為（17号・18号）　営業上用いられている技術的制限手段の効果を妨げる無効化装置等や役務を提供する行為である。

⑦ ドメイン名に係る不正行為（19号）　図利加害目的で，他人の特定商品等表示と同一・類似のドメイン名を使用する権利を取得・保有し，又はそのドメイン名を使用する行為である。

⑧ 品質等誤認行為（20号）　商品・役務の原産地や品質等について誤認させるような表示をする行為である。

⑨ 信用毀損行為（21号）　競争関係にある他人の営業上の信用を害する虚偽の事実を告知・流布する行為である。

⑩ 代理人等の商標無断使用行為（22号）　パリ条約の同盟国等における商標に関する権利を有する者の代理人・代表者等が，当該商標と同一・類似の商標を無断で使用する行為である。

これらのうち，①・⑧・⑨・⑩は以前から定められていたものである。④は

平成2年改正により新設されたものであり，②と③は平成5年の現行法制定の際に定められたものである。⑥は平成11年改正により，⑦は平成13年改正により，⑤は平成30年改正により，新設されたものである[1]。

3 適用除外

2条1項各号に列挙される不正競争行為が行われても，それが19条1項各号に定める行為に該当する場合には，差止請求や損害賠償請求，刑事罰に関する規定は適用されない。適用除外となる行為は，具体的には以下のものである。

  (a) ①・②・⑧・⑩の不正競争行為について，商品・役務の普通名称や慣用表示を普通に用いられる方法で使用等する行為（普通名称等の使用。1号）

  (b) ①・②・⑩の不正競争行為について，自己の氏名を不正の目的でなく使用等する行為（自己の氏名の使用。2号）

  (c) ①の不正競争行為について，他人の商品等表示が周知になる前から，同一・類似の商品等表示を不正の目的でなく使用等する行為（先使用。3号）

  (d) ②の不正競争行為について，他人の商品等表示が著名になる前から，同一・類似の商品等表示を不正の目的でなく使用等する行為（先使用。4号）

  (e) ③の不正競争行為について，他人の商品の形態を模倣した商品を，イ）日本国内での最初の販売から3年経過後に譲渡等する行為，及びロ）善意無重過失で取得した者が譲渡等する行為（5号）

  (f) ④の不正競争行為のうち，営業秘密を不正に取得，使用又は開示する行為について，営業秘密を取引により善意無重過失で取得した者が使用・開示する行為（6号）

  (g) ④の不正競争行為のうち，技術上の秘密の不正使用行為により生じた物を譲渡等する行為について，営業秘密を使用する行為に対する差止請求権が時効消滅（15条1項）した後にその営業秘密を使用する行為により生じた物を譲渡等する行為（7号）

  (h) ⑤の不正競争行為について，イ）限定提供データを取引により善意で取得した者が開示する行為，及びロ）その相当量蓄積されている情報が無償で公

---

1) 田村17頁以下は，不正競争として禁止すべき行為類型として，(i)競争減殺行為，(ii)不当需要喚起行為，(iii)成果冒用行為，(iv)外部不経済惹起行為を挙げ，①〜⑦（ただし，同書出版後に新設された⑤を除く）・⑩が(iii)の範疇に，⑧・⑨が(ii)の範疇に属すると述べる。

衆に利用可能となっている情報と同一の限定提供データを取得・使用・開示する行為（8号）

（i）⑥の不正競争行為について、技術的制限手段の試験・研究のために用いられる技術的制限手段の効果を妨げる無効化装置等や役務を提供する行為（9号）

なお、(b)・(c)の場合には、営業上の利益を侵害される者は自己の商品・役務との混同を防ぐのに適当な表示を付すべきことを請求することはできる（19条2項）。

4　営業上の利益

前述したように、不正競争防止法に基づき差止めや損害賠償を請求することのできる者は、不正競争行為によって営業上の利益を侵害される（侵害された）者である。

「営業上の利益」とは、事業者が営業を遂行するうえで享受する経済的価値である。収支計算上の利益に限られず、事業活動における信用・名声・ブランド価値等の事実上の利益も含まれる[2]。

「営業」は、広く解され、営利目的の事業に限られないとされている。下級審裁判例では、広く経済上その収支計算のうえに立って行われるべき事業を含むとの基準のもと、病院経営事業[3]、尺八音楽の研鑽・振興を目的とする公益法人の事業[4]、少林寺拳法の普及・発展を目的とする公益法人の事業[5]、日本舞踊の家元が行うその普及事業[6]、学校法人による私立学校経営事業[7]が、営業に当たると判断されてきた。

最高裁は、天理教豊文教会事件[8]において、それまでの下級審裁判例と同様に、「社会通念上営利事業といえないものであるからといって、当然に同法の

---

2) 逐条162頁。
3) 東京地判昭和37年11月28日下民集13巻11号2395頁〔京橋中央病院事件〕。
4) 大阪高決昭和54年8月29日判タ396号138頁〔都山流尺八楽会事件〕。
5) 大阪地判昭和55年3月18日無体裁集12巻1号65頁〔日本少林寺拳法事件1審〕（同旨：大阪高判昭和59年3月23日無体裁集16巻1号164頁〔同事件2審〕）。
6) 大阪地決昭和56年3月30日無体裁集13巻1号507頁〔花柳流事件1審〕（抗告棄却：大阪高決昭和56年6月26日無体裁集13巻1号503頁〔同事件2審〕）。
7) 東京地判平成13年7月19日判時1815号148頁〔呉青山学院事件〕。
8) 最判平成18年1月20日民集60巻1号137頁〔天理教豊文教会事件〕。

第1節 総　論

適用を免れるものではない」と述べた。その一方で，「そもそも取引社会における事業活動と評価することができないようなものについてまで，同法による規律が及ぶものではないというべきである」としており，取引社会における事業活動と評価することができるかどうかを問題とするようである。この事件は宗教法人の活動が問題となったものであり，同判決では，「宗教儀礼の執行や教義の普及伝道活動等の本来的な宗教活動に関しては，営業の自由の保障の下で自由競争が行われる取引社会を前提とするものではなく，不正競争防止法の対象とする競争秩序の維持を観念することはできないものであるから，取引社会における事業活動と評価することはできず，同法の適用の対象外であると解するのが相当である」と述べられた[9]。

　差止めや損害賠償を請求することができる者（請求権者）である，不正競争行為によって営業上の利益を侵害される（侵害された）者が，具体的にどのような者であるかは，すべての不正競争行為に共通するものではないので，本章各節において述べる[10][11]。

---

[9]　同判決は，続けて，「それ自体を取上げれば収益事業と認められるものであっても，教義の普及伝道のために行われる出版，講演等本来的な宗教活動と密接不可分の関係にあると認められる事業についても，本来的な宗教活動と切り離してこれと別異に取り扱うことは適切でないから，同法の適用の対象外であると解するのが相当である。これに対し，例えば，宗教法人が行う収益事業（宗教法人法6条2項参照）としての駐車場業のように，取引社会における競争関係という観点からみた場合に他の主体が行う事業と変わりがないものについては，不正競争防止法の適用の対象となり得るというべきである」と述べた。

[10]　請求権者に関する論考として，高部眞規子「営業上の利益」牧野利秋＝飯村敏明編『新・裁判実務大系：知的財産関係訴訟法』（青林書院，2001年）424頁，鈴木將文「不正競争防止法上の請求権者」高林龍ほか編『現代知的財産法講座Ⅰ：知的財産法の理論的探究』（日本評論社，2012年）425頁，西田昌吾「請求主体」牧野利秋ほか編『知的財産訴訟実務大系Ⅱ』（青林書院，2014年）414頁。

[11]　「営業上の利益」については，かつては差止請求権を行使できる資格を定める訴訟要件であると解する見解があったが（豊崎光衛『工業所有権法〔新版・増補〕』〔有斐閣，1980年〕478頁），実体的要件と捉えるのが通説的見解である。

第2節　周知な商品等表示主体の混同行為

> **POINT**
> ◆　2条1項1号は，他人の周知な商品等表示と同一・類似の商品等表示を使用して，他人の商品・営業と混同を生じさせる行為を不正競争行為と定めている。
> ◆　商品等表示とは，ある事業者の商品・営業と他の事業者の商品・営業を識別する表示である。
> ◆　混同とは，商品・営業の出所に関する誤認を指し，狭義の混同のほか，広義の混同も含まれる。
> ◆　1号の不正競争行為に関する適用除外として，普通名称等の使用，自己の氏名の使用及び先使用が定められている。
> ◆　1号に基づき差止め等を請求することができる者は，「他人」，すなわち商品等表示主体であるとするのが通説的見解である。

1　概　説

　他人の周知な商品等表示と同一・類似の商品等表示を使用して，他人の商品・営業と混同を生じさせる行為（周知な商品等表示主体の混同行為）は，不正競争行為に該当する（2条1項1号）。旧法では，1条1項1号に他人の商品と混同させる行為が，同項2号に他人の営業と混同させる行為が規定されていたが，平成5年の全面改正により，本号に一本化された。

　他人の周知な商品等表示と同一・類似の表示（以下，単に「類似表示」という）を，当該他人に無断で使用して，需要者に商品・営業の出所[12]を誤認させる行為が行われると，当該他人は，その営業努力によって獲得し，その商品等表示に化体された営業上の信用がただ乗りされて，顧客を奪われ，また類似表示使用者の商品・営業の質が劣悪なものであれば，営業上の信用が損なわれることになる。1号は，このような行為を防止して，周知な商品等表示に化体された営業上の信用を保護するとともに，公正な競争を確保しようとするものであ

---

12)　営業の場合には，「出所」という表現は適切ではないが，以下では，営業の主体という意味で，営業の出所という語を用いる。

る。

　1号の不正競争行為が行われても，19条1項1号～3号に規定される普通名称等の使用，自己の氏名の使用又は先使用に該当する場合には，差止請求や損害賠償請求，刑事罰に関する規定は適用されない。

　1号に基づき差止め・損害賠償を請求することができる者については，「他人」，すなわち周知な商品等表示主体がこれに当たることは明らかであるが，請求権者が「他人」に限られるかどうかについては議論がある。

　以下では，1号の要件として，商品等表示，周知性，他人性，類似性，混同，規制対象行為について説明し，その後に，適用除外，請求権者について述べる。

2　商品等表示

> **CASE 2-1**　Xは，かに料理店を営み，関西地方及び東海地方に多くの店舗を有している。Xの店舗の正面には，松葉がにを模した大きな動く看板αが掲げられている。Yは，Xと同様に，かに料理店を営み，その店舗の正面に，看板αに酷似した看板βを掲げている。Yの行為は1号の不正競争行為となるか。
> 　この場合，Yの店舗が，名古屋市内に所在する場合と，札幌市内に所在する場合で違いはあるか。

(1)　概　説

　商品等表示とは，「人の業務に係る氏名，商号，商標，標章，商品の容器若しくは包装その他の商品又は営業を表示するもの」(2条1項1号括弧書)，つまり，商品の出所を示す表示（商品表示）と営業の主体を示す表示（営業表示）を合わせたものである。商品等表示は，ある事業者の商品・営業と他の事業者の商品・営業を識別する表示であり，この自他商品・営業識別機能を前提として，出所表示機能や品質保証機能，宣伝広告機能を発揮し，これらに基づいて顧客吸引力を有する。したがって，自他商品・営業識別機能ないし商品・営業の出所表示機能を果たさない表示は，商品等表示に該当しない。

　「商品」については，かつては有体物に限ると解されていた[13]。しかしなが

13）　東京高判昭和57年4月28日無体裁集14巻1号351頁〔タイポス書体事件〕。

ら，東京高裁がモリサワタイプフェイス事件においてデジタルフォント化された書体を商品と認め[14]，現在では，市場における流通の対象物となる有体物又は無体物と解されている[15]。

「営業」は，前述したように，営利を目的とする事業に限定されず，広く取引社会における事業活動を含む（⇒本章第1節4）。

(2) 商品の形態

(a) **商品等表示該当性**　商品等表示の種類として，氏名，商号，商標，標章，商品の容器・包装が例示されているが，これらに限られず，商品の形態も商品等表示となり得る。

商品の形態は，本来的には，商品としての機能・効用の発揮や商品の美観の向上等のために選択されるものであり，商品の出所を表示するものではないが，一般的に，①特定の商品の形態が同種の商品と識別し得る独自の特徴を有し，かつ，②それが長期間にわたり継続的にかつ独占的に使用され，又は短期間であっても強力に宣伝されるなどして使用された結果，自他商品識別機能を有することがあると解されている[16]。この考え方によると，商品の形態については，商品等表示該当性が認められると周知性要件も満たされることになり，両者の認定は重なることとなる[17]。なお，例示されている商品の容器・包装も，本来，商品の出所を表示するものではないため，基本的に，商品の形態と同様の取扱いとなろう[18]。

商品の形態の商品等表示該当性を実際に肯定した裁判例は少ないが，最近の肯定例として，角質除去具事件[19]では，角質除去具である原告商品を販売する原告が，被告商品を販売する被告に対して差止め等を請求した事案において，

---

14) 東京高決平成5年12月24日判時1505号136頁〔モリサワタイプフェイス事件〕。
15) 逐条62頁，注解（上）103頁〔芹田幸子〕，田村67頁。
16) 東京地判平成15年7月9日判時1833号142頁〔ユニット家具事件〕，東京地判平成16年7月28日判時1878号129頁〔カルティエ時計事件〕，東京地判平成17年2月15日判時1891号147頁〔マンホール用ステップ事件〕，東京地判平成17年5月24日判時1933号107頁〔マンホール用足掛具事件〕，東京地判平成18年9月28日判時1954号137頁〔耳かき事件〕，大阪地判平成19年3月22日判時1992号125頁〔大阪みたらし小餅事件〕，大阪地判平成19年4月26日判時2006号118頁〔連結ピン事件〕，知財高判平成24年12月26日判時2178号99頁〔眼鏡タイプのルーペ事件〕，大阪地判平成28年5月24日判時2327号71頁〔スーツケース事件〕，知財高判平成28年7月27日判時2320号113頁〔エジソンのお箸事件〕等。

東京地裁は，原告商品が，①角質除去具としての本体部分（原告円筒管）が直径約4mmの「極細」で，長さ約7.5cmの「コンパクトな円筒管」である点，②原告円筒管の材質がステンレス製で，光沢のあるシルバー色である点等において形態上の特徴があり，かつ，その販売開始後，被告商品の販売が開始された「平成19年11月26日ころまでの約1年2か月の間に，多くの全国的な雑誌，新聞，テレビ番組等で繰り返し取り上げられて，原告商品の形態が写真や映像によって紹介されるなど効果的な宣伝広告等がされるとともに，原告商品の販売数も販売開始当初から飛躍的に増加し，……美容雑貨の全国的なヒット商品としての評価が定着するに至ったものと認められる」，「上記認定事実によれば，原告商品の上記形態は，遅くとも平成19年11月26日ころまでには，全国の美容雑貨関係の取引業者及び美容に関心の高い女性を中心とした一般消費者の間において，特定の営業主体の商品であることの出所を示す出所識別機能を獲得するとともに，原告商品を表示するものとして需要者である上記取引業者及び一般消費者の間に広く認識されるに至ったものと認めるのが相当である」と述べた。そして，被告商品の形態が原告商品の形態と類似し，被告商品と原告商品との混同を生じるおそれがあることから，被告の行為が1号の不正競争行為に当たると判断した。

角質除去具事件

原告商品

被告商品

17) 田村123頁参照。これに対して，上記の考え方とは異なり，商品等表示該当性と周知性要件を区別する考え方もある。東京地判平成18年7月26日判タ1241号306頁〔ロレックス時計事件〕では，「ある商品の形態が極めて特殊で独特な場合には，その形態だけで商品等表示性を認めることができるが，形態が特殊とはいえなくても，特徴ある形態を有し，その形態が長年継続的排他的に使用されたり，短期であっても強力に宣伝されたような場合には，当該形態が出所表示機能を獲得し，その商品の商品等表示になっていると認めることができる場合がある」と述べられた。東京高判平成14年5月31日判時1819号121頁〔電路支持材事件〕も参照。この点に関し，谷有恒「周知商品等表示混同惹起行為（1）」牧野利秋ほか編『知的財産訴訟実務大系Ⅱ』（青林書院，2014年）345頁参照。
18) 例えば，大阪地判平成20年10月14日判時2048号91頁〔マスカラ容器事件〕。
19) 東京地判平成22年9月17日（平成20年（ワ）25956号）〔角質除去具事件1審〕（控訴棄却：知財高判平成23年3月24日（平成22年（ネ）10077号）〔同事件2審〕）。

なお，3号（⇒本章第4節）においては，商品の形態は模倣から保護され，1号とは異なり，周知な商品等表示であることは必要ではない。ただし，1号では周知な商品等表示である限り保護されるのに対して，3号の保護は日本国内において最初に販売された日から起算して3年に限られる（19条1項5号イ）。また，商品の形態は，商標法において立体商標として保護される場合がある[20]。

(b) **技術的形態** 商品の形態が技術的機能に由来するものである場合にも，商品等表示として保護されるであろうか。裁判例では，まず，そのような形態は特許法等によって保護されることを考慮して，特許法等と不正競争防止法の調整の観点から商品等表示としての保護を否定するものがあった[21]。その後，特許法等と不正競争防止法とは保護法益も保護要件も異なるとして，商品等表示として保護され得ると解するものも現れた[22]。

しかしながら，近時においては，保護を否定するのが一般的である[23]。そのような裁判例には，その理由として特許法等との調整を挙げるもののほか，出所表示機能の保護という1号の趣旨に基づいて，機能を実現するために不可避な形態は商品等表示とならないとするものがある。後者の例として，ルービック・キューブ事件判決は，「同種の商品に共通してその特有の機能及び効用を発揮するために不可避的に採用せざるを得ない商品形態にまで商品等表示としての保護を与えた場合，……同号が目的とする出所表示機能の保護を超えて，共通の機能及び効用を奏する同種の商品の市場への参入を阻害することとなってしまうが，このような事態は，実質的に競合する複数の商品の自由な競争の下における出所の混同の防止を図る同号の趣旨に反するものといわざるを得ない。したがって，同種の商品に共通してその特有の機能及び効用を発揮するために不可避的に採用せざるを得ない形態は，同号にいう『商品等表示』に該当しないと解すべきである」と述べた[24]。

---

20) 茶園成樹編『商標法〔第2版〕』（有斐閣，2018年）49～50頁［村上画里］。さらに，著作権法において美術の著作物（著作10条1項4号）として保護される可能性がないではない。茶園成樹編『著作権法〔第2版〕』（有斐閣，2016年）34～38頁［濱口太久未］。
21) 例えば，東京地判昭和41年11月22日判時476号45頁〔組立式押入れタンス事件〕。
22) 例えば，東京高判昭和58年11月15日無体裁集15巻3号720頁〔伝票会計用伝票事件〕。
23) 例えば，前掲注16) 東京地判平成17年2月15日，前掲注16) 東京地判平成17年5月24日，前掲注16) 大阪地判平成19年4月26日，大阪地判平成23年10月3日判タ1380号212頁〔水切りざる事件〕，前掲注16) 知財高判平成28年7月27日。
24) 東京高判平成13年12月19日判時1781号142頁〔ルービック・キューブ事件〕。

原告商品　　　　　　イ号商品

なお，商品の形態全体が技術的機能を実現するためのものではない場合（このような場合が通常であろう），技術的形態を保護しないとしても，その他の形態の保護の可能性も否定されるわけではない。上記ルービック・キューブ事件では，結論的には1号該当性が否定されたのであるが，この点が示されている。判決は，原告商品の形態が全体として商品等表示に当たることを認めたうえで，原告商品は立体的に組み合わされたブロック体を任意の方向に回転させ，各面を構成するブロックの色をそろえて遊ぶパズル玩具であり，原告商品の形態中の「全体形状が正六面体であり，その各面が9個のブロックに区分され，各面ごとに他の面と区別可能な外観を呈しているという形態」は同種の商品に共通してその特有の機能及び効用を発揮するために不可避的に採用せざるを得ない形態であると判断し，これを除外した原告商品の具体的形態を要部として，イ号商品等の被告商品の形態と比較し，非類似であるとした[25]。

(3) 色　彩

色彩については，裁判例は，商品等表示となる可能性を認めつつも，色彩が古来存在し，特定人が独占することによって競争が不当に制限されることになるという問題を考慮して，保護に消極的である。ある判決は，「単一の色彩が特定の商品に関する商品表示として不正競争防止法上保護されるべき場合があ

---

25) この点については，谷・前掲注17) 368〜371頁，宮脇正晴「商品形態の商品等表示該当性」パテント67巻4号（別冊11号）(2014年) 12, 17〜18頁参照。

るとしても，当該色彩とそれが施された商品との結びつきが強度なものであることはもちろんとして，①当該色彩をその商品に使用することの新規性，特異性，②当該色彩使用の継続性，③当該色彩の使用に関する宣伝広告とその浸透度，④取引者や需要者である消費者が商品を識別，選択する際に当該色彩が果たす役割の大きさ等も十分検討した上で決せられねばならず，それが認められるのは，自ずと極めて限られた場合になってくるといわざるを得ない」と述べた[26]。

(4) 題 号

書籍や映画等の題号については，裁判例では，その書籍や映画等の内容を指標するものであって，商品・営業の出所を示すものではないと解されている[27]。これと同様に，他人の商品等表示と同一・類似の表示を題号として使用する行為は，商品等表示としての使用とはならないことになろう[28]。

(5) 店舗デザイン

近時の興味深い問題として，店舗デザインの保護がある[29]。特徴的な店舗デザインを採用した事業者は，他の事業者がこれと同一・類似の店舗デザインを使用できないように，その店舗デザインの保護を受けることができるであろうか。2条1項1号による保護のためには，店舗デザインが商品等表示となる必要がある。この点について，コメダ珈琲事件決定[30]は，「店舗の外観（店舗の

---

[26] 大阪高判平成9年3月27日知的裁集29巻1号368頁〔it'sシリーズ事件〕。東京地判平成18年1月31日判時1938号149頁〔胃潰瘍治療薬カプセル及びPTPシート③事件〕，大阪地判昭和41年6月29日下民集17巻5＝6号562頁〔戸車コマ事件〕も参照。なお，大阪高判昭和60年5月28日無体裁集17巻2号270頁〔三色ラインウェットスーツ事件〕は，いわゆる色落ちの配色をした三色ラインを使用したウェットスーツについて，看る者に他と際立った特別の印象を与えていることから，出所表示機能を有することを認めた。

[27] 知財高判平成17年10月27日（平成17年（ネ）10013号）〔超時空要塞マクロス事件〕，東京地判平成18年12月27日判時2034号101頁〔宇宙戦艦ヤマト事件〕，大阪高判平成20年10月8日（平成20年（ネ）1700号）〔時効の管理事件〕，東京地判平成26年8月29日（平成25年（ワ）28859号）〔巻くだけダイエット事件1審〕，知財高判平成27年2月25日（平成26年（ネ）10094号）〔同事件2審〕。茶園成樹「著作物の題号と不正競争防止法」村林隆一先生傘寿記念『知的財産権侵害訴訟の今日的課題』（青林書院，2011年）337頁参照。なお，宮脇正晴「不正競争防止法による著作物の題号の保護」斉藤博先生御退職記念『現代社会と著作権法』（弘文堂，2008年）379頁。

外装，店内構造及び内装）は，通常それ自体は営業主体を識別させること（営業の出所の表示）を目的として選択されるものではないが，……①店舗の外観が客観的に他の同種店舗の外観とは異なる顕著な特徴を有しており，②当該外観が特定の事業者（その包括承継人を含む。）によって継続的・独占的に使用された期間の長さや，当該外観を含む営業の態様等に関する宣伝の状況などに照らし，需要者において当該外観を有する店舗における営業が特定の事業者の出所を表示するものとして広く認識されるに至ったと認められる場合には」，店舗の外観全体が商品等表示に該当すると述べた。そして，この決定では，喫茶店事業を営む債権者の店舗外観が周知の商品等表示に当たり，債務者の店舗外観と類似し，混同のおそれが生じているとして，債権者の差止請求を認めた。この決定によると，店舗外観は商品の形態と同様に取り扱われることになるように思われる[31]。

---

28) 前掲注27）知財高判平成17年10月27日，東京地決平成2年2月28日無体裁集22巻1号108頁〔究極の選択事件〕。東京地判平成11年2月19日判時1688号163頁〔スイングジャーナル事件〕は，書籍の題号として使用されている表示が商品表示に当たるとしたうえで，「自己の商品表示中に，他人の商品等表示が含まれていたとしても，その表示の態様からみて，専ら，商品の内容・特徴等を叙述，表現するために用いられたにすぎない場合には，同法同号所定の他人の商品等表示を使用したものと評価することはできない」と述べた。同旨：東京地判平成11年8月31日判時1702号145頁〔ゴーマニズム宣言事件〕，東京高判平成14年2月28日（平成12年（ネ）5295号）〔デールカネーギー事件〕，東京地判平成21年11月12日（平成21年（ワ）657号）〔朝バナナ事件〕。なお，東京高判平成16年11月24日（平成14年（ネ）6311号）〔ファイアーエムブレム事件2審〕。
29) 横山久芳「店舗デザインの法的保護の現状と課題」学習院大学法学会雑誌53巻2号（2018年）63頁参照。
30) 東京地決平成28年12月19日（平成27年（ヨ）22042号）〔コメダ珈琲事件〕。
31) 大阪地判平成19年7月3日判時2003号130頁〔ごはんや食堂事件1審〕（控訴棄却：大阪高判平成19年12月4日（平成19年（ネ）2261号）〔同事件2審〕）も参照。また，店舗デザインは，営業方法と密接な関連性を有することが多く，特定の営業方法を実現するために不可避的に採用せざるを得ないものであれば，技術的形態の場合と同様に，商品等表示該当性は否定されることになろう。前掲大阪高判平成19年12月4日，大阪地判平成22年12月16日判時2118号120頁〔西松屋事件〕（この事件は商品陳列デザインに関する）参照。

> CASE 2-1において，Xの店舗の正面に掲げられた松葉がにを模した大きな動く看板αは，商品等表示となり得る。大阪地裁は，かに看板事件[32]において，そのような看板が，他に例を見ない奇抜性，新規性を有し，しかも，現在かに料理店で一般に使われているものではないことから，自他営業識別性を有すると判断した。

3 周知性

(1) 概説

商品等表示が保護されるためには，登記や登録は不要であるが，周知，すなわち「需要者の間に広く認識されている」ことが必要である。周知性要件は，現行法制定の際に削除すべきかどうかが議論されたが[33]，1号は登録されていない表示を保護するものであるから，保護に値する一定の事実状態を形成している場合に初めて保護の対象とすることが適切であるとの観点から，存続させることになった[34]。

周知性の認識の主体である「需要者」とは，問題となる商品・営業の取引者・需要者であり，周知性の有無は，当該商品・営業の性質，取引の形態，宣伝活動の態様等によって総合的に判断される。

(2) 周知性の地域的範囲

周知性は全国的に認められる必要はなく，一地方において広く認識されるものであれば足りる[35]。例えば，勝烈庵Ⅰ事件[36]では，横浜市を中心とするその近傍地域，勝烈庵Ⅱ事件[37]では，横浜駅ないし横浜市中区常盤町付近を中心とした周辺地域において広く認識されていることから，周知性が認められた。

商品等表示の保護は，それが周知である地域のみに及ぶのであり，類似表示との関係では，1号の不正競争が成立するためには，類似表示の使用地域にお

---

32) 大阪地判昭和62年5月27日無体裁集19巻2号174頁〔かに看板事件〕。
33) 土肥一史「不正競争防止法における周知性」ジュリ1005号（1992年）25頁参照。
34) 逐条68頁。
35) 最決昭和34年5月20日刑集13巻5号755頁〔アマモト事件〕。
36) 東京地判昭和51年3月31日判タ344号291頁〔勝烈庵Ⅰ事件〕。
37) 横浜地判昭和58年12月9日無体裁集15巻3号802頁〔勝烈庵Ⅱ事件〕。

いて周知性が認められなければならない。勝烈庵Ⅱ事件では，神奈川県横浜市に本店があるXが同県鎌倉市大船所在のY$_1$と静岡県富士市所在のY$_2$に対して差止請求をしたという事案において，Xの表示が鎌倉市大船付近では周知であるとしてY$_1$に対する請求は認容され，他方，富士市では周知ではないとしてY$_2$に対する請求は棄却された[38]。

なお，商標法による保護は全国的に及ぶものであるが，その保護を受けるためには商標登録出願をし，商標登録を受けなければならない。これに対して，1号においては，出願や登録は必要なく，周知性を獲得すれば保護される一方，その保護は周知地域に限られるのである。

> CASE 2-1においては，Xの店舗の正面に掲げられた看板αは商品等表示となり得るのであり，実際に識別機能を果たし，さらにXの商品等表示として周知となっているならば，Yが看板αに酷似した看板βを使用する行為は1号の不正競争行為となる可能性がある。もっとも，そのためには，看板αが周知である地域が問題となる。看板αは，Yの店舗が名古屋市内に所在する場合，少なくとも名古屋市内で周知である必要がある。看板αがXの店舗のある関西地方及び東海地方でしか周知でないのであれば，Yの店舗が札幌市内に所在する場合には，1号の不正競争行為は成立しない。

(3) 周知性の獲得時期

周知性は，差止請求については現在（事実審の口頭弁論終結時），損害賠償請求についてはこの請求の対象とされている類似表示の使用等がされた時点において具備されていることが必要であり，かつ，それで足りる[39]。したがって，周知性の獲得時期が類似表示の使用開始時期よりも先でなければならないわけではないが，類似表示の使用開始時期が先である場合には，先使用の適用除外

---

38) 周知性が限られた地域のみに認められる場合に，差止めを当該地域に限定して命じる裁判例がある。東京地判平成25年11月21日（平成24年（ワ）36238号）〔メディカルケアプランニング事件〕，大阪地判平成9年6月26日（平成8年（ワ）8935号）〔スマイル事件〕。この点に関し，松川充康「周知性の地理的範囲及び先使用表示等との関係」牧野ほか編・前掲注17) 395, 399～401頁，野上誠一＝大門宏一郎「差止請求において地理的範囲・時的範囲が問題となる場合の主文のあり方」L&T別冊4号（2018年）50頁参照。

39) 最判昭和63年7月19日民集42巻6号489頁〔アースベルト事件〕。

(19条1項3号⇒本章本節8(4))が問題となる。

(4) 周知性の獲得経緯

商品等表示が周知となる状態を招来するのに，商品等表示主体が不正競争の目的を有していた等の場合に，周知性要件が満たされるかどうかについては見解が分かれている。否定説は，不正競争防止法は公正な競争秩序を維持しようとするものであり，不正競争の目的等が存在した周知の事実状態の招来は保護に値しないと解する[40]。他方，肯定説は，周知性要件が満たされないと解すると，混同状態が解消されないままとなってしまうことを問題視し，事実状態として周知であれば周知性要件は満たされると主張する[41]。

他の論点として，周知性の獲得は商品等表示主体が自ら使用した結果であることが必要であるかどうかという問題がある。最高裁は，第三者により特定の企業の商品・営業であることを示す表示として用いられ，そのような表示として広く認識されるに至ったものも，周知性要件を満たすと解している[42]。

---

[40] 注解（上）288頁［三山峻司］。宮崎地判昭和48年9月17日無体裁集5巻2号301頁〔村上屋事件〕は，「他人が不正競争の目的で自己の商号等と混同・誤認される恐れのある商号等を使用しているからといっても，一方においてその冒用を難ずる主体みずからが，その他人（冒用者）を目し，不正競争の目的で商号等を不正使用している事実があるときには，信義則にてらし，保護の資格を欠き，少なくとも右他人（冒用者）に対し，その商号等使用の差止を請求することは権利の濫用として許されない」と述べた。また，仙台高判平成4年2月12日判タ793号239頁〔アースベルト事件差戻審〕は，周知性が虚偽の特許表示等の反良俗的の行為によって獲得されたものである場合には，不正競争防止法に基づく請求をすることはできないと述べた。

[41] 田村56頁，小松一雄編『不正競業訴訟の実務』（新日本法規，2005年）207頁［守山修生］。東京地判昭和62年3月20日判タ651号211頁〔ベルモード事件〕，大阪地判平成9年7月17日知的裁集29巻3号703頁〔NEO・GEO事件1審〕，大阪高判平成10年12月21日知的裁集30巻4号981頁〔同事件2審〕参照。

[42] 最判平成5年12月16日判時1480号146頁〔アメックス事件〕。この事件は，X（アメリカン・エキスプレス・インターナショナル社）がYによる「アメックス・インターナショナル」等の表示（Y表示）の使用の差止めを求めたもので，Xが「アメックス」表示の使用を開始したのは，YがY表示の使用を開始した昭和55年1月以降であったが，昭和54年末までには，この語が新聞記事等においてXの略称として使用されたことにより，同社の営業を示す表示として広く認識されていたことから，Yの行為が不正競争であり，先使用の適用除外が認められないとして，Xの請求が認容された。

(5) 周知性の承継

周知な商品等表示を有する企業が会社の組織変更や合併等の形式的な法人格の変更を行った場合，周知性は新企業に承継され，新企業が1号による保護を受ける[43]。そのような場合以外に，周知な商品等表示を譲り受けた者が周知性を承継するかについては，裁判例は，当該表示に係る事業の承継があった場合を除き[44]，否定的に解しており[45]，学説の多くも同様である[46]。その理由として，1号が保護するのは周知な商品等表示に化体された譲渡人の事業の信用であり，それと異なる譲受人の事業を保護する必要はなく，また登記や登録制度がないために，周知性の承継を認めると，二重譲渡の場合に混乱が生じるおそれがあること等が挙げられている。

4 他人性

保護されるのは，「他人」の周知な商品等表示である。他人，すなわち商品等表示主体とは，商品等表示が特定の事業者の商品・営業を識別するものとして広く認識されている場合の当該特定の事業者であり，商品等表示に化体された信用の主体である。その事業者の具体的名称は知られていなくてもよい。

「他人」は，単一の事業者に限らず，複数の事業者からなるグループであってもよいと解されている。裁判例で認められたものとして，旧財閥系の企業グループ[47]あるいは親会社と系列会社からなる企業グループ[48]，フランチャイズチェーン[49]，芸道の流派・家元制度[50]がある。また，商品化事業のグルー

---

43) 東京地判昭和40年2月2日判時409号39頁〔山形屋事件〕。
44) 東京高判昭和48年10月9日無体裁集5巻2号381頁〔花ころも事件〕，大阪地判昭和53年6月20日無体裁集10巻1号237頁〔公益社事件〕，大阪地判昭和55年3月18日無体裁集12巻1号65頁〔日本少林寺拳法事件1審〕，東京高判平成12年10月31日金判1127号41頁〔壁の穴事件〕，東京地判平成15年6月27日判時1839号143頁〔アフト事件〕。
45) 札幌高決昭和56年1月31日無体裁集13巻1号36頁〔バター飴容器事件〕，名古屋地判平成2年3月16日判時1361号123頁〔アメ横事件〕，前掲注27）東京地判平成18年12月27日。
46) 中山信弘「不正競争防止法上の保護を受ける地位の譲渡可能性」小野昌延先生還暦記念『判例不正競業法』（発明協会，1992年）41頁，田村198〜199頁，注解（上）287頁〔三山〕，小松編・前掲注41）211頁〔守山〕，竹田稔＝服部誠『知的財産権訴訟要論（不正競業・商標編）』（発明推進協会，2018年）58頁。なお，渋谷63頁。
47) 例えば，大阪高判昭和41年4月5日高民集19巻3号215頁〔三菱建設事件〕。
48) 例えば，大阪地判昭和46年6月28日無体裁集3巻1号245頁〔積水開発事件〕。
49) 東京地判昭和47年11月27日無体裁集4巻2号635頁〔札幌ラーメンどさん子事件〕，金沢地小松支判昭和48年10月30日無体裁集5巻2号416頁〔8番ラーメン事件〕。

プについて，最高裁は，「他人」には，「特定の表示に関する商品化契約によって結束した同表示の使用許諾者，使用権者及び再使用権者のグループのように，同表示の持つ出所識別機能，品質保証機能及び顧客吸引力を保護発展させるという共通の目的のもとに結束しているものと評価することができるようなグループも含まれる」と述べている[51]。

ところで，商品の製造元と販売元が分かれている等の，商品・営業の提供を複数の事業者が分担していた場合，いずれの事業者が「他人」であるかが争われることがある。裁判例は，商品・役務の提供の態様を決定する者と解するもの[52]と，需要者が商品・営業の出所と認識する者と解するもの[53]に分かれている[54][55]。

---

50) 大阪地決昭和56年3月30日無体裁集13巻1号507頁〔花柳流事件1審〕（抗告棄却：大阪高決昭和56年6月26日無体裁集13巻1号503頁〔同事件2審〕）。

51) 最判昭和59年5月29日民集38巻7号920頁〔フットボール事件〕。この事件はアメリカのプロ・フットボールリーグであるNFLに加盟するプロフットボールチームの名称・シンボルマークの表示が問題となったものであった。その後の下級審裁判例では，漫画等のキャラクターの商品化事業のグループの他人性が認められている。東京地判平成2年2月28日判時1345号116頁〔ミッキーマウス事件〕，東京高判平成4年5月14日知的裁集24巻2号385頁〔ポパイ事件〕，東京地判平成14年12月27日判タ1136号237頁〔ピーターラビット事件〕。

52) 東京地判平成14年11月14日（平成13年（ワ）15594号）〔ファイアーエムブレム事件1審〕（2条1項1号・2号の「規定によって保護されるべき者は，商品に関する信用の保持者たる主体，すなわち当該商品の製造，販売等の業務に主体的に関与する事業主体に限られるものというべきであり，これを具体的にいえば，原則として，当該表示を付した商品について，その品質等を管理し，販売価格や販売数量を自ら決定する者が，これに該当する」）。東京地判平成16年12月15日判時1928号126頁〔撃事件〕，東京高判平成17年3月16日（平成16年（ネ）2000号）〔アザレ化粧品（東京）事件〕，大阪高判平成17年6月21日（平成15年（ネ）1823号）〔アザレ化粧品（大阪）事件〕等。

53) 前掲注28）東京高判平成16年11月24日（「『他人』に該当するかどうかは，商品等表示についていえば，当該商品等表示の内容や態様，当該商品の広告・宣伝の規模や内容，品質保証表示のあり方などに照らし，当該商品等表示が何人のものとして需要者に認識されているかによって定める」）。東京地判平成23年7月20日（平成21年（ワ）40693号）〔常温快冷枕　ゆーみん事件〕，東京地判平成26年1月20日（平成25年（ワ）3832号）〔FUKI事件〕等。

54) 田村善之「分業体制下における不正競争防止法2条1項1号・2号の請求権者──対内関係的アプローチと対外関係的アプローチの相剋」知的財産法政策学研究40号（2012年）75，99〜100頁は，前者の考え方を支持する。

55) 裁判例では，商品の製造元と販売元の双方が商品等表示主体とされる場合には，一方から他方に対する差止請求は，当該他方が使用する表示は「他人の商品等表示」に当たらないとして棄却されるのが一般的である。これに対して，田村・前掲注54）101頁は，出所混同の防止のために，「表示が複数の商品等主体を示すものとして周知である場合には，当該主体間で相互に請求が認められることが原則」と主張する。

5 類 似 性

 1号の不正競争行為となるには，他人の周知な商品等表示と「同一若しくは類似」の商品等表示が使用されなければならない。最高裁は，類似性の判断に当たっては，「取引の実情のもとにおいて，取引者，需要者が，両者の外観，称呼，又は観念に基づく印象，記憶，連想等から両者を全体的に類似のものとして受け取るおそれがあるか否かを基準として判断するのを相当とする」と判示した[56]。学説には，禁圧すべきは混同であるから，類似性の要件に対してあまり実質的な意味をもたせず，混同のおそれが認められるときは表示の類似を認めてよいとする見解があるが[57]，最高裁は，類似性要件が混同要件とは別個のものであることを前提として，上述の類似性の判断基準を示したと解される[58]。

 表示の類否は，両表示を同時同所において比較する対比的観察ではなく，時と所を異にした離隔的観察の方法により，表示の中で自他商品・営業識別機能を発揮する特徴的な部分である要部を中心に，表示を全体として観察して判断される[59]。

---

56) 最判昭和58年10月7日民集37巻8号1082頁〔日本ウーマンパワー事件〕，前掲注51）最判昭和59年5月29日。

57) 渋谷達紀「判批」判例評論303号（1984年）45頁，紋谷暢男「判批」昭和58年度重要判例解説（1984年）242頁。

58) 石井彦壽「判解」最判解民事篇昭和58年406〜407頁，清永利亮「判解」最判解民事篇昭和59年311頁参照。田村82頁は，類似性要件には，普通名称には至らないが，双方の表示に共通する部分が独占を認めるべき部分ではない場合に類似性を否定するという方法で，どの程度の範囲まで表示に排他的な効力を認めるべきかという法的価値判断を実現するための道具として働くことがあると述べる。

59) 類似性を否定した裁判例として，大阪高判平成10年5月22日判タ986号289頁〔SAKE CUP事件〕，東京高判平成13年12月26日判時1788号103頁〔リーバイス事件〕，東京地判平成16年3月5日判時1854号153頁〔セイジョー事件〕，東京地判平成16年5月28日判時1868号121頁〔KITAMURA事件〕，大阪地判平成24年9月20日判タ1394号330頁〔正露丸Ⅱ事件〕。

第2章　不正競争行為

6　混　　同

> **CASE 2-2**　Xは，世界的に知られたファッション雑誌αを発行する会社である。Yは，不動産の売買等を業とする会社で，βという名称のマンションを建築・分譲した。βがαと類似している場合，Xは，Yの行為が1号の不正競争行為であるとして，βの使用の差止めを請求することができるか。

(1)　概　　説

　混同とは，区別すべきものを同一のものと間違えることであるが，1号の混同は，「他人の商品又は営業と混同」と規定されていることから，商品等表示自体に関する誤認ではなく，商品・営業の出所に関する誤認を意味する。すなわち，類似表示の使用が混同を生じるかどうかについては，周知な商品等表示と類似表示に関して誤認されるか否かが問題となるのではなく，商品・営業の出所として周知な商品等表示主体と類似表示使用者に関して誤認されるか否かが問題となるのである。

　混同が生じているかどうかは，①周知な商品等表示の周知度，②周知な商品等表示と類似表示との類似性の程度，③周知な商品等表示主体の商品・営業と類似表示使用者の商品・営業の類似性の程度，等を考慮して，類似表示使用者の商品・営業の平均的な需要者を基準として判断される。一般的には，①の表示の周知度，②の表示間の類似性，③の商品・営業間の類似性が高くなれば，混同が生じやすくなるということができる。

　混同要件が満たされるためには，現実に混同が生じていることは必要ではなく，混同のおそれがあれば足りる。

　混同を肯定した裁判例として，コトブキ事件を紹介する。菓子類の販売業者であるYが，菓子業界において周知性を有しているXの営業表示に類似する表示を使用していたため，XはYの行為が1号の不正競争行為に当たるとして差止請求を行った。1審の京都地裁は混同を否定したが[60]，2審の大阪高裁は，Xの商品は洋菓子中心，Yの商品は観光土産の和菓子であり，両者の商品

---

[60]　京都地判平成8年9月5日知的裁集28巻3号407頁〔コトブキ事件1審〕。

構成には差異があるが、ともに同じ菓子類であって密接に関連する品目であり、また、Xはフランチャイズ店等での販売活動を行うのに対し、Yは駅構内のキオスクやホテルの売店等における販売活動を行うという販売方法の差異も顧客層の差異といえる程の顕著な違いをもたらすものではないとして、混同を肯定し、Xの請求を認容した[61]。

(2) 狭義の混同と広義の混同

1号の混同に、出所の同一性が誤認される場合、すなわち、類似表示使用者が周知な商品等表示主体であると誤認される場合が含まれることは明らかである。判例は、さらに、出所は同一ではなく別個ではあるが、周知な商品等表示主体と類似表示使用者との間に密接な関連性が存在すると誤認される場合も混同に含まれると解している。前者は狭義の混同、後者は広義の混同と呼ばれている。

最高裁は、混同を生ぜしめる行為には「他人の周知の営業表示と同一又は類似のものを使用する者が同人と右他人とを同一営業主体として誤信させる行為のみならず、両者間にいわゆる親会社、子会社の関係や系列関係などの緊密な営業上の関係が存するものと誤信させる行為をも包含する」[62]、また、「周知の他人の商品表示又は営業表示と同一又は類似のものを使用する者が、自己と右他人とを同一の商品主体又は営業主体と誤信させる行為のみならず、自己と右他人との間に同一の商品化事業を営むグループに属する関係が存するものと誤信させる行為をも包含」[63]すると判示している。

狭義の混同は、周知な商品等表示主体と類似表示使用者が同一であると誤認されるものであるから、両者が同業種である場合に生じるのが通常であり、異業種である場合には生じにくい。これに対して、広義の混同は、両者が異業種であっても生じ得る[64]。

広義の混同に関する裁判例には、例えば、不動産の売買等を業とする会社が、

---

61) 大阪高判平成10年1月30日知的裁集30巻1号1頁〔コトブキ事件2審〕。
62) 前掲注56) 最判昭和58年10月7日。
63) 前掲注51) 最判昭和59年5月29日。
64) 前掲注51) 最判昭和59年5月29日は、周知な商品等表示主体と類似表示使用者との間に競争関係があることを要しないと述べる。

衣料品等を製造販売する会社の周知な商品等表示に類似の表示を使用することが混同を生じさせるおそれがあると判断されたもの[65]，自動車用タイヤの製造販売を主たる業とし，レストランガイドの発行も行う者の周知な商品等表示と同一の表示を，サンドイッチ，弁当等の製造販売等を行う者が使用する行為が混同を生じさせる行為に該当すると判断されたもの[66]がある。

なお，平成5年改正により，著名な商品等表示の冒用行為を，混同を要件とせずに，不正競争行為と定める2号（⇒本章第3節）が新設されたが，最高裁は，1号の「混同を生じさせる行為」には，従来どおり広義の混同を惹起する行為が包含されることを確認している[67]。

> CASE 2-2において，Yの行為が1号の不正競争行為となるためには，Yによるβの使用が混同を生ぜしめるものでなければならない。Xはファッション雑誌の発行会社であり，Yは不動産会社であり，両者の業種は相当に異なるため，狭義の混同が生じるとは考え難いが，広義の混同が生じる可能性はあろう。このCASEは，VOGUE事件[68]を素材としたものであり，この事件の判決は，原告標章である「VOGUE」が，わが国においては一般的に使用される語ではないこと，その周知度が極めて高いこと，原告標章と被告標章である「ラ ヴォーグ南青山」は称呼・観念において同一であって，類似すること，両標章の使用される商品の間に関連性が認められ，需要者が共通し，被告標章が使用されるマンションが「VOGUE」誌等の高級でファッショナブルなイメージと同じイメージで販売されていること等を総合的に考慮すれば，「被告標章は，これに接した需要者に対し，原告標章を連想させ，原告らと同一の商品化事業を営むグループに属する関係又は原告らから使用許諾を受けている関係が存するものと誤信させるものと認められる」[69]と述べて，原告の差止請求を認容した。

---

65) 大阪高判平成4年8月26日知的裁集24巻2号489頁〔ミキハウス事件〕。
66) 東京地判平成10年3月30日判時1638号57頁〔ミシュラン事件〕。
67) 最判平成10年9月10日判時1655号160頁〔スナックシャネル事件〕。この事件は，高級婦人服等で世界的に著名な「シャネル」の表示を使用するXが，千葉県松戸市内で「スナックシャネル」という名称で飲食店を営業するYに対して差止め等を請求したというものであった。最高裁は，「シャネル」の表示の周知性が極めて高いこと，ファッション関連業界における経営多角化の傾向等から，「一般の消費者が，Yとシャネル・グループの企業との間に緊密な営業上の関係又は同一の商品化事業を営むグループに属する関係が存すると誤信するおそれがある」と判断した。
68) 東京地判平成16年7月2日判時1890号127頁〔VOGUE事件〕。

7 規制対象行為

1号によって規制される行為は，①他人の周知な商品等表示と同一・類似の商品等表示の使用，②その商品等表示を使用した商品の譲渡，引渡し，譲渡・引渡しのための展示，輸出，輸入，電気通信回線を通じた提供，である。

ここでいう「使用」について，いくつかの裁判例は，他人の周知な商品等表示と同一・類似の表示を商品又は営業を示すものとして用いることであり，商品等表示として，つまり自他商品・営業識別標識として使用していない場合には，商品等表示の使用には当たらないと解している[70]。自他商品・営業識別機能を果たす態様で使用されていない表示によっては，周知な商品等表示の自他商品・営業識別機能や出所表示機能を害することにはならないからである。商標法における，商標として使用されていなければ商標権侵害とはならないとする商標的使用論[71]と同様の考え方である。これに対して，学説には，商品等表示として使用されているかどうかは，混同要件の中で考慮すれば足りるとする見解もある[72]。

8 適用除外

(1) 概　説

1号の不正競争行為に当たる類似表示の使用等が行われても，19条1項1号（普通名称等の使用）・2号（自己の氏名の使用）・3号（先使用）に定める行為に該当する場合には，差止請求や損害賠償請求，刑事罰に関する規定は適用されな

---

[69] 周知な商品等表示主体と類似表示使用者との間に表示の使用許諾関係が存するとの誤認が混同に含まれるかどうかについては，上野達弘「混同の意味」パテント65巻13号（別冊8号）（2012年）12，23〜25頁，茶園成樹「混同要件」高林ほか編・前掲注10）405，415〜424頁参照。

[70] 東京地判平成12年6月29日判時1728号101頁〔モデルガン事件〕，東京地判平成13年1月22日判時1738号107頁〔タカラ本みりん事件〕，東京地判平成14年7月15日判時1796号145頁〔mp3事件〕，仙台地判平成19年10月2日判時2029号153頁〔福の神仙臺四郎事件〕，仙台地判平成20年1月31日判タ1299号283頁〔つつみ人形事件〕，東京地判平成30年5月11日（平成28年（ワ）30183号）〔SAPIX事件〕。また，知財高判平成23年3月28日判時2120号103頁〔ドーナツクッション事件〕は，類似表示が出所識別表示として使用されていない場合には，当該表示を使用する者の商品であることを示す「商品等表示」に当たらないとして，1号の不正競争行為の成立を否定した。

[71] 茶園編『商標法〔第2版〕』・前掲注20）223〜231頁〔茶園〕参照。

[72] 田村96頁注（3）。

い。よって，類似表示の使用等を行う者は，その行為を継続することができる。適用除外は，訴訟手続では抗弁事由として位置づけられる。

(2) 普通名称等の使用

19条1項1号は，商品・営業の普通名称又は同一・類似の商品・営業について慣用されている商品等表示（慣用表示）を普通に用いられる方法で使用等する行為を定めている。普通名称や慣用表示は，取引に際して必要な表示であり，いかなる事業者も使用することを欲するものであるからである。

普通名称とは，商品・営業の一般的な名称として使用されるものである。商標法26条1項2号・3号では，商品・役務の普通名称のほか，商品の産地や品質等，役務の提供の場所や質等を普通に用いられる方法で表示する商標には商標権の効力が及ばない旨を規定している[73]。不正競争防止法19条1項1号の普通名称には，これらの商品・営業の属性を記述的に表示するものも含まれると解されている[74]。裁判例として，黒酢事件では，醸造酢について使用される「くろす」，「黒酢」等の表示が黒味を帯びた食酢の性状を表現する普通名称であるとされ[75]，タヒボ事件では，「タヒボ」の名称が南米産の樹木茶の原材料を示す普通名称とされ[76]，正露丸Ⅱ事件では，「正露丸」がクレオソートを主成分とする胃腸薬の普通名称であるとされた[77][78]。

---

[73] 茶園編『商標法〔第2版〕』・前掲注20) 217〜219頁〔茶園〕参照。
[74] 逐条237頁, 小松・前掲注41) 253頁〔守山〕, コンメ418頁〔杉山一郎〕。
[75] 鹿児島地判昭和61年10月14日無体裁集18巻3号334頁〔黒酢事件1審〕, 福岡高宮崎支判昭和62年9月7日無体裁集19巻3号302頁〔同事件2審〕。
[76] 大阪高判平成11年10月14日（平成11年（ネ）473号）〔タヒボ茶事件〕。
[77] 前掲注59) 大阪地判平成24年9月20日。元来が自他商品・営業識別力を有し, 特定の事業者の商品等表示であったものが, 取引者・需要者において商品・営業の一般名称と認識されることにより, 普通名称となる場合がある（普通名称化）。また, 反対に, 普通名称であった表示が商品等表示に転換することもあり得ないではない。この点について, 大阪高判平成19年10月11日判時1986号132頁〔正露丸Ⅰ事件〕は, 他の事業者の名称使用の自由を考慮して,「普通名称の商品等出所表示への転換を認めるに当たっては, 例えば, 同業他者が消滅し, 当該特定の者のみが当該名称を使用して当該商品ないしサービスを提供するような事態が継続し, あるいは, 何らかの事情により当該商品ないしサービスが一旦, 全く提供されなくなり, 一時, 人々の脳裏から当該名称が消え去った後, 当該特定の者が当該名称を自己の商品等表示（商標）として当該商品ないしサービスの提供を再開するなどの事態が生じ, 当該名称が当該特定の者の商品等表示（商標）と認識されるようになったこと等を要するというべきである」と述べている。

慣用表示とは，普通名称とはなっていないが，取引者間において一般に慣習上自由に使用されている表示であり，例えば，弁当の「幕の内」である。

「普通に用いられる方法」とは，普通名称等の使用態様が，一般取引上普通に行われる程度のものをいう[79]。そのため，普通名称・慣用表示であっても，これを極めて特殊な字体で表したり，特別の図案を施したりして，特定の商品を指示するに足るよう技巧を施して使用することは，「普通に用いられる方法」に当たらない[80]。

なお，他人の表示が普通に用いられる方法による普通名称・慣用表示である場合には，通常，その表示は自他商品・営業識別機能を発揮せず，よって商品等表示に当たらないため，そもそも1号の不正競争行為は成立しない。そのため，普通名称等の使用の適用除外が問題となるのは，一般的に，他人の表示が普通に用いられる普通名称・慣用表示ではなく，商品等表示であるが，その類似の範囲に普通に用いられる方法による普通名称・慣用表示が含まれる場合であろう[81]。

(3) 自己の氏名の使用

19条1項2号は，自己の氏名を不正の目的ではなく使用等する行為を定めている。自己の氏名を使用する利益を保護するものである。

「自己の氏名」とは，自然人の氏名のみを対象とし，法人の名称は含まれないと解されている[82]。法人の名称は，自然人の氏名とは異なり，法人が自ら選

---

78) なお，19条1項1号の普通名称については，「ぶどうを原料又は材料とする物の原産地の名称であって，普通名称となったもの」は除かれる（同号括弧書）。この点は，虚偽の又は誤認を生じさせる原産地表示の防止に関するマドリッド協定（マドリッド原産地表示協定⇒第1章第3節3）4条1項に基づくものであり，特に20条の不正競争行為（品質等誤認行為）に関わるものである（⇒本章第9節7）。

79) なお，田村105～106頁。

80) 大阪地判平成12年12月14日（平成9年（ワ）11649号等）〔Dフラクション事件〕。

81) 安永武央「周知表示・著名」牧野利秋＝飯村敏明編『新・裁判実務大系：知的財産関係訴訟法』（青林書院，2001年）438，451～452頁。

82) 静岡地浜松支判昭和29年9月16日下民集5巻9号1531頁〔山葉楽器事件〕，大阪地判平成12年10月12日（平成10年（ワ）9655号）〔和田八事件1審〕，大阪高判平成13年9月27日（平成12年（ネ）3740号）〔同事件2審〕，小野＝松村483頁，注解（下）1276頁〔木村修治〕，田村108頁，山本374頁，小松編・前掲注41）256頁〔守山〕。反対：東京地判平成14年10月15日判時1821号92頁〔バドワイザー事件〕，コンメ423頁〔金井重彦＝高橋淳〕。

択するものであって，変更も自由であるため，その名称を用いる必然性が高くないからである。「氏名」については，氏及び名であるとする見解[83]と，氏又は名のいずれか一方だけでもよいとする見解[84]が対立している。

「不正の目的」とは，「不正の利益を得る目的，他人に損害を加える目的その他の不正の目的」である（19条1項2号括弧書）。

1号の不正競争行為が行われても，それが自己の氏名の使用であれば，当該行為によって営業上の利益を侵害される者は，差止め・損害賠償を請求することはできないが，混同を防ぐのに適当な表示を付すべきことを請求することができる（19条2項1号）。この混同防止表示付加請求の相手方は，自己の氏名を使用等する者であり，他人の氏名が使用された商品を取り扱う流通業者に対して請求することはできない。

(4) 先使用

> **CASE 2-3** Xは喫茶店を経営する会社であり，その喫茶店は1990年から宮城県内を中心に設けられ，2010年から東北地方の他県にも展開されている。Xの商品等表示αは，2005年頃には宮城県内において需要者の間に広く認識されるようになり，2018年頃には東北地方全体において周知となっている。Yは2008年から青森市内において喫茶店を経営しており，その商品等表示βはαに類似している。
> 　(1) Xは，Yに対して，βの使用差止めを請求することができるか。
> 　(2) Yが仙台市内において喫茶店を新設して，βを使用しようとする場合，Xはそのβの使用差止めを請求することができるか。

19条1項3号は，他人の商品等表示が周知になる前から，同一・類似の商品等表示を使用する者又はその商品等表示に係る業務を承継した者がその商品等表示を不正の目的でなく使用等する行為を定めている。類似表示を使用する者の既得利益を保護するものである。

---

83) 小野＝松村484頁，渋谷100頁。
84) 前掲注50）大阪地決昭和56年3月30日，山本374頁。大阪地判平成21年7月23日判時2073号117頁〔わたなべ皮フ科事件〕では，氏のみの使用について19条1項2号の適用を認めたが，この点の検討は行われていない。

先使用の適用除外の要件として，まず，①他人の商品等表示が周知性を獲得する以前から，類似表示が使用されていなければならない。類似表示の使用と他人の商品等表示の周知性獲得の先後が問題となるのであり，類似表示の使用開始が，他人の商品等表示の周知性獲得前であれば，その使用開始の後であってもよい。また，周知性が獲得されたのが一部地域に限られる場合には，その後に類似表示の使用が開始されても，その使用が他地域におけるものであれば，この要件は満たされる。

類似表示の使用は，3号に明示的に規定されていないが，他人の商品等表示が周知となる前から現在に至るまで継続していなければならないと解されている。ただし，正当な理由により一時的に中断していても，継続性は否定されない。また，使用される類似表示やその使用態様も同一でなければならないが，厳密に同一である必要はなく，同一性の認められる範囲内の変更は許される[85]。周知な商品等表示に接近させる変更については，使用の継続性が否定される場合が多いであろうし[86]，また，次に述べる不正の目的が問題となることもあろう。

次に，②類似表示は，不正の目的でなく使用されなければならない。不正の目的でなく使用することは，類似表示の使用開始時から現在に至るまで継続しなければならず，使用開始時には不正の目的がなくても，その後に不正の目的での使用となれば，適用除外は認められない。

先使用の適用除外は，他人の商品等表示が周知性を獲得する以前から類似表示を使用する者だけでなく，類似表示に係る業務を承継した者も主張することができる。

類似表示の使用等が1号の不正競争行為に当たっても，それが先使用の適用除外に該当する場合，当該行為によって営業上の利益を侵害される者は，差止め・損害賠償を請求することはできないが，自己の氏名の使用の場合と同様に，類似表示を使用等する者に対して，混同防止表示付加請求をすることができる（19条2項2号）。

---

[85] 前掲注44）大阪地判昭和55年3月18日参照。
[86] 東京地判昭和44年3月19日判時559号60頁〔フシマンバルブ事件〕，東京地判昭和49年1月30日無体裁集6巻1号1頁〔ユアサ事件〕参照。

CASE 2-3 の(1)については，Y による β の使用開始は 2008 年であり，α が宮城県内で周知性を獲得した 2005 年頃よりも後であるが，その周知性が β が使用される青森市内にも及ぶようになった 2018 年頃よりも前である。そのため，Y の使用に不正の目的がなければ，先使用の適用除外が認められて，X は β の使用差止めを請求できないことになる。

(2)については，Y が β を使用することについて先使用の適用除外が認められるとしても，それは青森市内での使用に限られる。Y が新たに β を仙台市内において使用することについては，仙台市内においては既に α が周知となっているため，先使用の適用除外は認められない。そのため，その使用が混同を生ぜしめるものである場合には，X はその差止めを請求することができる。

9 請求権者

(1) 総　説

1 号に基づいて差止めや損害賠償を請求することができるのは，1 号の不正競争行為によって営業上の利益を侵害される（侵害された）者である[87]。「他人」すなわち商品等表示主体は，商品等表示に化体された信用の主体であり，また混同の対象であるから，請求権者に当たることは明らかである。最高裁も，特定の表示に関する商品化契約によって結束した同表示の使用許諾者，使用権者及び再使用権者のグループが他人に当たるとした後，「営業上の利益を害されるおそれがある者には，周知表示の商品化事業に携わる周知表示の使用許諾者及び許諾を受けた使用権者であって，同項〔旧法 1 条 1 項〕1 号又は 2 号に該当する行為により，再使用権者に対する管理統制，周知表示による商品の出所識別機能，品質保証機能及び顧客吸引力を害されるおそれのある者も含まれる」と判示している[88]。

(2) 「他人」との関係

そして，請求権者は「他人」に限られるとするのが通説的見解である[89]。リ

[87) 最判昭和 56 年 10 月 13 日民集 35 巻 7 号 1129 頁〔マクドナルド事件〕は，旧法「1 条 1 項 1 号にいう商品の混同の事実が認められる場合には特段の事情がない限り営業上の利益を害されるおそれがあるものというべき」と判示している。

88) 前掲注 51）最判昭和 59 年 5 月 29 日。

ズシャメル事件判決[90]は，2号に関するものであるが，1号に関しても参考になるので，紹介しよう。同判決は，2号の不正競争行為に対して差止め・損害賠償を求め得る主体については，「当該著名商品等表示に化体された信用・名声を自らの信用・名声とする者，すなわち当該著名商品等表示により取引者又は需要者から当該商品の製造者若しくは販売元又は当該営業の主宰者として認識される者と解するのが，相当である。けだし，著名商品等表示の冒用により，信用・名声の希釈化等により損害を受けるのは，右の者であるからである」と述べた。そして，「著名表示が企業グループとしての表示である場合には，中核企業はもちろんのこと，当該企業グループに属する企業であれば，不正競争防止法上の請求の主体となり得るし，フランチャイズ契約により結束した企業グループにおいては，フランチャイズチェーンの主宰者たるフランチャイザー及びその傘下のフランチャイジーが，請求の主体となり得る。しかし，単に流通業者として当該著名商品等表示の付された商品の流通に関与しただけの者は，これに含まれない」とした[91]。

これに対して，学説には，請求権者については，「他人」に当たるかどうかではなく，端的に具体的な営業上の利益が侵害されるかどうかで判断すべきとする見解も主張されている[92]。この見解によれば，上記リズシャメル事件では，海外ブランド品の輸入総代理店が請求権者に当たらないと判断されたが[93]，そ

---

89)　田村195頁。
90)　東京地判平成12年7月18日判時1729号116頁〔リズシャメル事件〕。
91)　前掲注39)最判昭和63年7月19日は，X_1（個人）が原告製品を考案して製品化し，X_2（会社）を設立し，これを通じて原告製品の販売を開始したという事案において，「X_1は，その主張自体から，自ら原告商標を使用して原告製品を販売する等の営業をしている者でないことが明らかであり，……被告製品の製造販売及び被告商標の使用等により営業上の利益，信用を害されることはない」と述べた。もっとも，この点について，水野武「判解」最判解民事篇昭和63年274頁では，X_1は原審において営業上の利益を害されるおそれのある者に該当する旨を積極的に主張立証しているわけではないことから，本判決はX_1の請求を棄却した原判決の結論を是認したものと解されると述べられている。西田昌吾「請求主体」牧野ほか編・前掲注17)414，419〜420頁参照。なお，田村195頁。
92)　髙部眞規子「営業上の利益」牧野＝飯村編・前掲注81)424頁，牧野利秋「不正競争防止法2条1項1〜3号の他人性」日本工業所有権法学会年報37号（2013年）153頁，西田・前掲注91)。鈴木・前掲注10)425頁も参照。
93)　なお，海外ブランド品の表示が，特に取引者の間で，輸入総代理店の商品・営業をも示す表示と認識されるようになっている場合には，輸入総代理店は「他人」に当たり，差止め等を請求することができる。大阪地判昭和56年1月30日無体裁集13巻1号22頁〔ロンシャン事件〕。

41

のような者も，混同を生ぜしめる行為により営業上の利益が侵害されることに基づいて差止め等の請求主体となり得るであろう[94]。

第3節　著名な商品等表示の冒用行為

❖ POINT ❖

- ◆　2条1項2号は，他人の著名な商品等表示と同一・類似のものを，商品等表示として使用する行為を不正競争行為と定めている。
- ◆　2号では，1号とは異なり，混同は要件ではないが，保護される商品等表示は著名なものでなければならない。
- ◆　2号の不正競争行為に関する適用除外として，普通名称等の使用，自己の氏名の使用及び先使用が定められている。
- ◆　2号に基づき差止め等を請求することができる者は，「他人」，すなわち商品等表示主体であるとするのが通説的見解である。

CASE 2-4　Xは高級婦人用バッグの販売を業とする会社であり，その使用する商品等表示αは全国的に著名なものである。Yは清涼飲料の販売を業とする会社である。

(1)　Yは，その販売する清涼飲料にαと同一の表示を付して，これを自己の商品であることを示す表示として使用しているが，その使用によってXの商品との混同は生じていない。Xは，Yに対して当該表示の使用の差止めを請求することができるか。

(2)　Yは，インターネット上に開設したホームページに，その販売する清涼飲料の背景に，αが付された高級婦人用バッグを持った女性が立っている写真を掲載している。その写真から，αを明瞭に認識することができる。Xは，Yに対して当該表示の使用の差止めを請求することができるか。

---

94)　髙部・前掲注92) 432頁，牧野・前掲注92) 167頁。

1 概　　説

　他人の著名な商品等表示と同一・類似の表示（以下，単に「類似表示」という）を，商品等表示として使用する行為（著名な商品等表示の冒用行為）は，不正競争行為に該当する（2条1項2号）。2号は，1号と比較すると，混同が要件とされていない点，その一方，保護される商品等表示は，周知では足りず，著名であることを要する点が特徴的である。

　商品等表示が極めてよく知られるようになると，それがもつ独自のブランドイメージが顧客吸引力を有し，個別の商品・役務を超えた独自の財産的価値を有するに至る場合がある。そのような著名表示を冒用する行為は，混同が生じていない場合であっても，その著名表示の有している顧客吸引力に「ただ乗り（フリーライド）」することができる一方で，長年の営業努力により高い信用・名声・評判を有するに至った著名表示とそれを使用してきた者との結びつきが弱められること（稀釈化，ダイリューション）になる。2号創設前の旧法下の裁判例には，著名表示の冒用行為に対して現実には混同を生じているとは考えられないような事案においても広義の混同を認定することで規制を行うものがあり[95]，そのような混同の認定は解釈論の限界を超えているという指摘があった。そこで，平成5年改正により，著名表示の冒用行為を，混同を要件とせずに不正競争行為とする2号が新設されたのである[96]。

　稀釈化（ダイリューション）の典型的な場面は，ある著名表示から想起されていたのが当該表示主体の商品・営業のみであった場合に，類似表示が使用されることによって，その使用者の商品・営業も想起されるようになって，その著名表示の価値が減殺されてしまうというものである。特に類似表示が使用される商品・営業が著名表示主体の商品・営業と隔絶したものであれば，著名表示

---

[95] 例えば，いわゆるディズニーキャラクターを利用したアニメーション等を使用する各種の事業や遊園地の経営等を行うX（ザ・ウォルト・ディズニー・カンパニー）が，Yがその経営するパチンコ店において「DISNEY」等の表示を使用する行為の差止め仮処分を求めた事案において，仮処分決定を認可したもの（福岡地判平成2年4月2日判時1389号132頁〔西日本ディズニー事件〕），カメラ等の安売り店を経営するX（ヨドバシカメラ株式会社）の，「ヨドバシポルノ」等の表示を使用していわゆる大人のおもちゃを販売するYに対する差止請求を認容したもの（東京高判昭和57年10月28日無体裁集14巻3号759頁〔ヨドバシポルノ事件〕）である。
[96] 逐条76頁。

第2章　不正競争行為

のイメージが損なわれる場合がある。学説では，この場合を，稀釈化とは区別して，イメージ毀損（ポリューション）と呼ぶことが多い[97]。

2号に基づき差止め等を請求することができる者については，1号の場合（⇒本章第2節9）と同様に解されており，「他人」，すなわち商品等表示主体であるとするのが通説的見解である。

以下では，まず，2号の要件として，著名性，「自己の商品等表示として」の使用，類似性について説明する。商品等表示，他人性については，1号におけるそれ（⇒本章第2節2・4）と同様である。その後に，適用除外について述べる。

2　著名性

2号において保護される商品等表示は著名なものでなければならない。2号では，混同が生じるおそれがない場合にも保護が及ぶことから，著名性は周知性よりも高い知名度が必要であり，通常の経済活動において，相当の注意を払うことによりその表示の使用を避けることができる程度に知られていることが必要であると解されている[98]。学説には，2号はただ乗りや稀釈化から商品等表示を保護するものであるので，著名な商品等表示とは高い信用・名声・評価が備わったものであるとする見解がある[99]。

著名性の地域的範囲については，全国的あるいはそれに近い範囲で知られていることを要求する見解[100]と，周知性と同様に，類似表示が使用される地域を含む一定地域で著名であれば足りるとする見解[101]に分かれている。

---

97)　宮脇正晴「著名商標の保護」日本工業所有権法学会年報31号（2007年）99，102〜103頁参照。21条2項2号は，著名な商品等表示の冒用行為に対する刑事罰として，「他人の著名な商品等表示に係る信用若しくは名声を利用して不正の利益を得る目的で，又は当該信用若しくは名声を害する目的で」行う場合を処罰の対象としている。前者はただ乗り（フリーライド），後者はイメージ毀損（ポリューション）を想定するものである（⇒第4章第2節3）。

98)　逐条78頁。また，東京地判平成20年12月26日判時2032号11頁〔黒烏龍茶事件〕は，「ある商品の表示が取引者又は需要者の間に浸透し，混同の要件（不正競争防止法2条1項1号）を充足することなくして法的保護を受け得る，著名の程度に到達するためには，特段の事情が存する場合を除き，一定程度の時間の経過を要すると解すべきである」と述べた。

99)　竹田＝服部・前掲注46）86頁，山本102頁，安永武央「周知表示・著名」牧野利秋＝飯村敏明編『新・裁判実務大系：知的財産関係訴訟法』（青林書院，2001年）438，449〜450頁。田村242頁は，表示の特別顕著性が必要であると述べる。

100)　逐条78頁，小野＝松村234頁，山本101頁，竹田＝服部・前掲注46）86頁。

需要者層については，全需要者層にとって著名であることは必要ではなく，一定の階層にのみ著名であることでよいと解されている[102]。ある判決は，問題となる商品等表示が学校教育及びこれに関連する分野において著名になっていたとして，この要件の充足を認めた[103]。

3 「自己の商品等表示として」の使用

2号は，明示的に，著名な商品等表示と同一・類似の表示を「自己の商品等表示として」使用等する行為を不正競争行為と定めている。したがって，類似表示を使用しても，それが商品等表示としての使用でなければ，2号の不正競争行為とはならない[104]。例えば，他人の著名な商品等表示を自己の商品・役務の広告中に記述的に使用する行為は，それによって，当該表示がもつブランドイメージが利用される場合であっても，2号の不正競争行為とはならない。

最近の裁判例では，Aという名称（本件名称）を用いて飲食店（本件店舗）を経営するXが，インターネット上に公開されている「食べログ」と称するウェブサイト（本件サイト）を運営管理しているYに対し，本件サイト内のウェブページ（本件ページ）に本件店舗に関する情報を掲載し，本件名称等を表示していることが2号の不正競争行為に該当すると主張した事案において，「Yが本件サイト内に本件ページを掲載して一般に公開することにより行っている本件名称を表示する行為は，ユーザー会員が本件店舗の評価等に関する口コミを投稿し，一般消費者が本件サイトを利用するに当たって，本件店舗を本件サイト内において特定したり，本件ページのガイドや口コミが本件店舗に関するものであることを示したりするために用いているもので，本件サイトの内容の一部を構成するにすぎないものといえる」から，Yが自己の商品等表示としてXの商品等表示と同一・類似のものを使用していると認めることはできないと

---

101) 田村 243 頁。
102) 田村 244 頁。小野＝松村 241 頁も参照。
103) 東京地判平成 13 年 7 月 19 日判時 1815 号 148 頁〔呉青山学院事件〕。東京地判平成 12 年 12 月 21 日（平成 11 年（ワ）29234 号）〔虎屋事件〕も参照。
104) 東京地判平成 12 年 6 月 29 日判時 1728 号 101 頁〔モデルガン事件〕は，その理由として，自他商品を識別する機能を果たす態様で用いられていない表示によっては，「著名な商品等表示の顧客吸引力を利用し，出所表示機能及び品質表示機能を害することにはならないからである」と述べた。

4 類似性

2号の類似性について，いくつかの裁判例は，1号の類似性（⇒本章第2節5）と同様に，「取引の実情の下において，需要者又は取引者が，両者の外観，称呼又は観念に基づく印象，記憶，連想等から両者を全体的に類似のものと受け取るおそれがあるか否かを基準に判断すべきである」と述べている[106]。

これに対して，学説では，2号が，混同ではなく，稀釈化等を防止するものであることに基づき，著名な商品等表示を容易に想起されるほどに類似しているかどうかを基準とする説が有力である[107]。裁判例にも，同旨を述べるものがある[108]。

---

105) 札幌地判平成26年9月4日（平成25年（ワ）886号）〔食べログ事件1審〕，札幌高判平成27年6月23日（平成26年（ネ）365号）〔同事件2審〕。
106) 大阪地判平成11年9月16日判タ1044号246頁〔アリナビック事件〕，前掲注103）東京地判平成13年7月19日，東京地判平成20年9月30日判時2028号138頁〔TOKYU事件〕，大阪地判平成24年9月20日判タ1394号330頁〔正露丸Ⅱ事件〕。
107) 田村246頁，小野＝松村249頁，注解（上）452頁［山名美加＝重冨貴光］，松村261頁，渋谷116頁，コンメ69頁［藤田晶子］，宮脇正晴「不正競争防止法2条1項2号における『類似』要件」同志社大学知的財産法研究会編『知的財産法の挑戦』（弘文堂，2013年）264，271頁。
108) 前掲注98）東京地判平成20年12月26日は，「2条1項2号における類似性の判断基準も，同項1号におけるそれと基本的には同様であるが，両規定の趣旨に鑑み，同項1号においては，混同が発生する可能性があるのか否かが重視されるべきであるのに対し，同項2号にあっては，著名な商品等表示とそれを有する著名な事業主との一対一の対応関係を崩し，稀釈化を引き起こすような程度に類似しているような表示か否か，すなわち，容易に著名な商品等表示を想起させるほど類似しているような表示か否かを検討すべきものと解するのが相当である」と述べた。大阪地判平成11年3月11日判タ1023号257頁〔セイロガン糖衣A事件〕も参照。

> CASE 2-4 の(1)については，X の使用する商品等表示 α は全国的に著名なものであり，Y は α と同一の表示を自己の商品等表示として使用している。そのため，Y の行為は 2 号の不正競争行為であり，X は β の使用差止めを請求することができる。β の使用によって混同は生じていないが，2 号では混同が要件ではないから，この点は問題とならない。
>
> (2)については，Y は α と同一の表示を使用している。それは，Y が α の有する高級なイメージを利用しようとするものであるかもしれないが，「自己の商品等表示として」の使用ではないので，2 号の不正競争行為は成立せず，X の差止請求は認められない。

ところで，学説では，2 号は，ただ乗りや稀釈化の防止を目的とするものであるにもかかわらず，著名表示と同一・類似の表示の使用としか規定されておらず，そのために著名表示の保護が過剰となるおそれがあるとして，規制範囲を制限しようとする見解が主張されている。そのような見解として，ただ乗りや稀釈化，イメージ毀損がない場合には，形式的に法文に該当しても実質的に不正競争行為ではないものとして請求を棄却するとの見解[109]，差止め等の要件である「営業上の利益の侵害」の有無につき，著名表示主体が被る不利益と類似表示の使用が認められないことによって第三者が制限される表示選択の自由とを比較衡量して判断するとの見解[110]がある。

5 適用除外

2 号の不正競争行為に対する適用除外として，普通名称等の使用（19 条 1 項 1 号），自己の氏名の使用（同項 2 号）及び先使用（同項 4 号）がある。1 号の不正競争行為の場合とほぼ同じである。

ただし，先使用については，適用除外が認められるのは，類似表示の使用が他人の商品等表示が（周知ではなく）著名になる前から開始されていなければならない。また，1 号の不正競争行為については，先使用の適用除外（同項 3 号）が認められる場合，その行為によって営業上の利益を侵害される者は混同防止表示付加請求をすることができるが（19 条 2 項 2 号），2 号の不正競争行為

---

[109] 小野＝松村 243～244 頁。松村 265 頁も参照。なお，山本 105 頁。
[110] 田村 248 頁。なお，小野＝松村 244～245 頁。

については，このような請求は規定されていない[111]。

第4節　商品形態の模倣行為

❖*POINT*❖

- ◆　2条1項3号は，他人の商品の形態を模倣した商品を譲渡等する行為を不正競争行為と定めている。
- ◆　「商品の形態」については，無体物の形態等に関して，様々な議論がある。
- ◆　「模倣」に該当するには，依拠性と実質的同一性を満たす必要がある。
- ◆　本号による保護は，「当該商品の機能を確保するために不可欠な形態」には及ばない。また，日本国内での最初の販売から3年経過後の行為，及び善意無重過失の取得者による行為についても，適用除外となっている。
- ◆　本号に基づく差止め等を請求することができる者は，原則として商品化を行った者である。

CASE 2-5　Xは婦人用バッグαを製造し，販売している。そのバッグは，収納がしやすいよう，内部の形状について工夫が施され，特徴的なものとなっていた。
　YはXの婦人用バッグを購入し，内部の形状も含めて，Xのバッグαを模倣したバッグβを製造し，販売している。
　Xは，Yの行為が2条1項3号の不正競争行為に該当するとして，バッグβの販売の差止めを請求した。この請求は認められるか。

1　概　説

他人の商品の形態を模倣した商品を譲渡等する行為（商品形態の模倣行為）は，不正競争行為に該当する（2条1項3号）。

3号の趣旨については，「他人が商品化のために資金・労力を投下した成果

---

[111]　2号の場合にも，19条2項2号を準用すべきとする見解として，小野＝松村560～561頁，注解（下）1320頁［木村修治］，コンメ458頁［岩谷敏昭］，安永・前掲注99）454頁。

を他に選択肢があるにもかかわらずことさら完全に模倣して，何らの改変を加えることなく自らの商品として市場に提供し，その他人と競争する行為は，競争上，不正な行為として位置付けられる必要が」あるものと説明されている[112]。

なお，本号の規制は，商品の形態に注目するものであって，商品の意匠（デザイン）を保護する意匠法と重複する点もあり，出願・審査等手続を経る必要のある意匠法による保護の前段階としての機能も指摘される[113]。

以下では，本号の要件として，商品の形態，模倣，規制対象行為について説明し，その後に，適用除外，請求権者について述べる。

2　商品の形態

(1)　概　説

本号は他人の商品の形態に係る模倣を規制するものであるが，ここでいう「商品の形態」については，「需要者が通常の用法に従った使用に際して知覚によって認識することができる商品の外部及び内部の形状並びにその形状に結合した模様，色彩，光沢及び質感」と定義されている（2条4項）。なお，この定義規定は後述の通り平成17年改正によるものである。

意匠法における「意匠」（意匠2条1項）とは異なり，「光沢及び質感」も明文上「商品の形態」の要素として認められている。また，ここでいう「知覚」とは，視覚及び触覚を指すものと理解されている[114]。

なお，具体的な商品の形態が対象となり，商品の抽象的なアイディアは「商品の形態」に含まれない[115]。また，独立して譲渡等の対象とならない商品の一部の形態のみを取り出して，「商品の形態」と取り扱うことも認められていない[116]。

以下，「商品の形態」に該当するか議論のあるものについて概観する。

---

112)　逐条81頁。
113)　茶園成樹編『意匠法』（有斐閣，2012年）12頁［茶園］。
114)　逐条36頁。
115)　例えば，東京高判平成12年11月29日（平成12年（ネ）2606号）〔サンドおむすび牛焼肉事件〕。

(2) 無体物

「商品の形態」に無体物の形態が含まれるか，議論がある。

この点，ソフトウェアの画面について，「商品の形態」に該当することを前提にしているかのように実質的同一性の判断を行っていると思われる裁判例があるものの[117]，ニュース記事の見出しについて「商品の形態」に該当しないとした裁判例もある[118]。

(3) セット商品

複数の商品をセット販売するような場合に，個々の商品ではなく，そのセット商品の形態について，「商品の形態」に含まれるか，議論がある。

裁判所は，小熊タオルセット事件[119]において，小熊の人形やタオル類等を包装箱等に収納したセット商品全体の形態を中心に，「商品の形態」を捉え，実質的同一性の判断を行った。しかし，学説には，使用時にセットが解体されることを理由に，この考え方を批判する見解もある[120]。

---

116) 東京地判平成17年5月24日判時1933号107頁〔マンホール用足掛具事件〕。ただし，「当該一部分に商品の形態の特徴があって，その模倣が全体としての『商品の形態』の模倣と評価し得るなど特段の事情」がある場合について，留保されている。東京地判平成25年4月12日（平成23年（ワ）8046号・平成23年（ワ）12978号）〔キャディバッグ事件〕も同旨。渋谷136〜137頁。なお，小野＝松村279頁，注解（上）483〜484頁〔泉克幸〕も参照。

117) 東京地判平成15年1月28日判時1828号121頁〔スケジュール管理ソフト事件〕。もっとも，本件は商品形態の実質的同一性が否定され，請求が棄却された事例である。注解（上）485〜486頁〔泉〕，渋谷135頁も参照。

118) 知財高判平成17年10月6日（平成17年（ネ）10049号）〔ヨミウリ・オンライン事件〕。逐条37頁，愛知靖之ほか『リーガルクエスト知的財産法』（有斐閣，2018）428頁［青木大也］も参照。

119) 大阪地判平成10年9月10日知的裁集30巻3号501頁〔小熊タオルセット事件〕。東京地判平成13年9月6日判時1804号117頁〔宅配鮨事件〕も参照。

120) 三村量一「商品の形態模倣について」牧野利秋ほか編『知的財産法の理論と実務第3巻』（新日本法規出版，2007年）280，286〜287頁。

第 4 節　商品形態の模倣行為

小熊タオルセット事件

原告商品

被告商品

(4) 商品内部の形態

かつて、商品の外部から知覚できない形態について、「商品の形態」に含まれるか争いがあった。

ドレンホース事件[121]において、裁判所は「商品の機能、性能を実現するための構造は、それが外観に顕れる場合には……『商品の形態』になりうるが、外観に顕れない内部構造にとどまる限りは『商品の形態』に当たらない」と指摘したうえで、ホース内部の形態について、「商品の形態」に該当しないと判示した。

他方、小型ショルダーバッグ事件[122]において、裁判所は、小型ショルダーバッグの内部の形態について、「この種の実用的な小型ショルダーバッグにおいては、需要者は、その内部構造も観察、確認するなどした上で購入するかどうかを決定するのが通常である」ことから、「商品の形態」に該当すると判示した。

こうした裁判例を踏まえて、平成 17 年改正において、「商品の形態」は「需要者が通常の用法に従った使用に際して知覚によって認識することができる商品の外部及び内部の」形状等であると規定されることとなった。このことからすると、通常の使用に際して需要者に外部から容易に認識され、需要者に注目される場合には、商品内部の形態であっても保護を受けられるとされてい

---

121) 大阪地判平成 8 年 11 月 28 日知的裁集 28 巻 4 号 720 頁〔ドレンホース事件〕。
122) 東京高判平成 13 年 9 月 26 日判時 1770 号 136 頁〔小型ショルダーバッグ事件〕。

る[123]。一方，そうでない商品内部の形態については，保護の対象に含まれないこととなる[124]。

> CASE 2-5 においては，X の製作したバッグαの内部の形状も，バッグを使用する際には認識することのできる形状と考えられることから，商品の形態に該当するであろう。Y は，そのような内部の形状も含めた，X の商品（バッグα）の形態を模倣した商品（バッグβ）を販売していることから，その行為は 3 号の不正競争行為に該当し，X はその差止めを請求することができる。

(5) 商品の容器・包装

2 条 1 項 1 号では，条文の文言上，商品と商品の容器・包装が区別されているが，本号では，文言上商品の形態のみが言及されており，その容器・包装がどのように取り扱われるかは明らかではない。

この点について，裁判所は，ワイヤーブラシセット事件において，本号の「『商品の形態』とは，商品の形状，模様，色彩，光沢等外観上認識できるものをいうが，商品の容器や包装についても，商品と一体となっていて，商品自体と容易に切り離せない態様で結びついている場合には，同号の『商品の形態』に含まれる」と指摘したうえで，包装（台紙及びブリスターパック）も「商品の形態」に含まれると判示した[125]。

もっとも，容器・包装を含めた形態が，商品としての機能を発揮する場面における形態であるか否かで判断するとしたうえで，上記事件における包装は商品使用時に取り外されるものであって，包装された状態の形態は「商品の形態」に該当しないとする見解もある[126]。

---

123) 逐条 36 頁。
124) この点を強く批判するものとして，田村善之「商品形態のデッド・コピー規制の動向——制度趣旨からみた法改正と裁判例の評価」知的財産法政策学研究 25 号（2009 年）33，58 頁。現行法下において，「取引の際にその内部形状がカタログ等で宣伝されているような場合」にも，その内部形状を商品の形態に含める見解として，コンメ 224〜225 頁〔伊藤真＝平井佑希〕も参照。なお，内部構造に係る「商品の形態」該当性を否定した近時の裁判例として，知財高判平成 28 年 11 月 30 日判時 2338 号 96 頁〔加湿器事件〕を参照。
125) 大阪地判平成 14 年 4 月 9 日判時 1826 号 132 頁〔ワイヤーブラシセット事件〕。同旨を述べたうえでの否定例として，大阪地決平成 8 年 3 月 29 日知的集 28 巻 1 号 140 頁〔ホーキンスサンダル事件〕。

3 模　　倣

(1) 概　説

　本号は他人の商品の形態を模倣した商品の譲渡等を規制するものであり，「模倣」の意義が問題となる。「模倣」については，「他人の商品の形態に依拠して，これと実質的に同一の形態の商品を作り出すことをいう」と定義されており（2条5項），大きく依拠性と実質的同一性の2つの要件に分けられる。なお，この定義規定も，文言の明確化のために，平成17年改正において導入されたものである。

(2) 依拠性

　「模倣」に該当するためには，まず，他人の商品の形態に依拠して，実質的に同一の形態の商品を作出する必要がある。ここでいう依拠とは，裁判例では，「当該他人の商品形態を知り，これを形態が同一であるか実質的に同一といえる程に酷似した形態の商品と客観的に評価される形態の商品を作り出すことを認識していること」と判示されている[127]。

　意匠法における意匠権の権利範囲とは異なり，独立に創作したものであれば，模倣に当たらないので，本号の規制の対象とはならない。

(3) 実質的同一性

　「模倣」に該当するためのもう1つの要件は，他人の商品の形態との実質的同一性である。ここでいう実質的同一性については，「他人の商品と作り出された商品を対比して観察した場合に，形態が同一であるか実質的に同一といえる程に酷似していること」を指すとしたうえで，「作り出された商品の形態が既に存在する他人の商品の形態と相違するところがあっても，その相違がわずかな改変に基づくものであって，酷似しているものと評価できるような場合には，実質的に同一の形態であるというべきであるが，当該改変の着想の難易，

---

126) 三村・前掲注120) 287〜288頁。
127) 東京高判平成10年2月26日知的裁集30巻1号65頁〔ドラゴンキーホルダー事件〕。なお，先行商品に依拠した模倣品にさらに依拠して製造された後発の模倣品について，先行商品の模倣を認める（間接的な依拠を認める）ものとして，コンメ235頁〔伊藤＝平井〕。

改変の内容・程度，改変による形態的効果等を総合的に判断して，当該改変によって相応の形態上の特徴がもたらされ，既に存在する他人の商品の形態と酷似しているものと評価できないような場合には，実質的に同一の形態とはいえない」とする裁判例がある[128]。この事件において，原告・被告両商品は，いずれも洋剣と竜のデザインを組み合わせたものであったが，裁判所は，特に竜について，被告商品の竜は双頭であってよく知られたデザインとは認められないことや，その形態も需要者に与える印象が強いものであったこと，また大きさ等も異なっていること等を指摘して，実質的同一性を否定している。

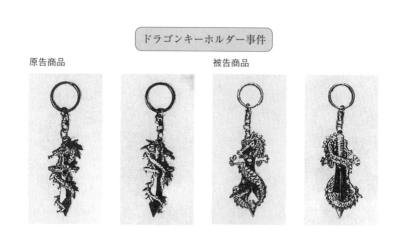

ドラゴンキーホルダー事件
原告商品　　　　　　　被告商品

実質的同一性を判断する主体については，当業者を基準とする立場[129]と，需要者を基準とする立場[130]とがある。

なお，機能的な形態の取扱いについては，後述する（⇒本章本節5(1)(a)）。

4　規制対象行為

本号で不正競争行為として規制されているのは，模倣した商品を「譲渡し，貸し渡し，譲渡若しくは貸渡しのために展示し，輸出し，又は輸入する行為」である。模倣行為自体は規制の対象に含まれていない。これは，模倣行為まで

---

128)　前掲注127）東京高判平成10年2月26日。
129)　田村・前掲注124）60頁。
130)　前掲注127）東京高判平成10年2月26日。三村・前掲注120）296頁。

規制の対象としてしまうと、試験研究のための模倣行為まで対象とされる等、規制が過度になってしまうためと説明されている[131]。もっとも、実際に模倣した商品が販売される「おそれ」がある場合には、模倣行為自体についても差止めの対象となる可能性はある（3条1項）[132]。

また、本号では、2条1項1号・2号にみられる「引き渡し」・「引渡しのために展示し」ではなく、「貸し渡し」・「貸渡しのために展示し」と規定されている。これは、2条1項1号・2号が、一般公衆における混同惹起を防ぐべく、公益的な観点から、物の現実的な支配の移転に対して規制を及ぼすのに対し、本号では事業者の営業上の利益が具体的に害される場合を規制するべく、賃借権のような権利を設定したうえで行われる支配の移転を規制するものであるためと説明されている[133]。

5　適用除外

(1)　「当該商品の機能を確保するために不可欠な形態」の保護除外

(a)　**「当該商品の機能を確保するために不可欠な形態」**　「商品の形態」であっても、「当該商品の機能を確保するために不可欠な形態」については、保護の対象とはならない。そのような形態を採用できなければ、ほかの者が市場に参入できなくなってしまうことから、特定の者の独占的利用に適さず、その模倣が競争上不正であると評価できないためである[134]。

この点、平成17年改正前においては、「当該他人の商品と同種の商品（同種の商品がない場合にあっては、当該他人の商品とその機能及び効用が同一又は類似の商品）が通常有する形態」を保護対象から除くものとされていた。しかし、その意味が不明確であると指摘されたことから、判例の蓄積等を踏まえ、平成17年に現在の文言に改められた[135]。もっとも、改正前に「商品の形態」

---

131) 逐条86〜87頁。そのため、自社内で、模倣品を大量に製造・使用しても、侵害にならないとの指摘もなされている。コンメ91頁〔伊藤＝平井〕。
132) 山本131頁。
133) 逐条86頁、山本131頁注(1)、コンメ90〜91頁〔伊藤＝平井〕。
134) 逐条77頁。ほぼ同旨の裁判例として、平成17年改正前のものであるが、例えば東京地判平成9年3月7日判時1613号134頁〔ピアス孔用保護具事件〕、東京地判平成15年10月31日判時1849号80頁〔換気用フィルタ事件1審〕、東京高判平成16年5月31日（平成15年（ネ）6117号）〔同事件2審〕。なお、これらの裁判例では、たとえ従前に同種の機能や効用を有する商品が存在していなかったとしても、同様であると指摘されている。

に含まれないとされていた形態については，改正後も保護の対象ではないとされている[136]。

実際上は，請求人の商品の形態と被請求人の商品の形態の実質的同一性を判断するに際して，当該商品の機能や効用と不可避的に結びついた部分において形態の共通性が認められたとしても，それによっては実質的同一性を基礎づけることはできないという形で機能することもある[137]。

(b) **商品の部品の形態の取扱い**　上記の点に関連して，ある商品の部品について，「当該商品の機能を確保するために不可欠な形態」に該当するか争いになり得る。これは，本体と部品とのジョイント部分等の形態は，部品の形態を選択する際に，互換性確保の観点から，一定の形態に必然的に決まる場合があるためである。この点については，エアソフトガンの交換用部品を巡って争われたいくつかの事例がある。なお，これらはすべて平成17年改正前の事件である。

まず，営業誹謗行為事件に係る大阪地裁判決[138]は，判断の前提となる形態模倣行為の有無を検討するに際して，部品がそれ自体として，本体とは別個の保護対象となることを指摘しつつ，その機能及び効用は本体のエア（ソフト）ガン中に組み込まれて，その機構の一部を構成する点にあることから，その点で不可避的に採らざるを得ない形態か否かを検討する必要があるとした。そのうえで，問題となったパーツは基本的に同種の商品が通常有する形態であるものの，模様等が付加されていることから，全体として同種の商品が通常有する形態であるとまではいえないと判断している。

次に，形態模倣行為自体が問題となった事件に係る東京地裁の1審判決[139]では，「特定の製品について，当初から本体に組み込まれている部品と同一の

---

135)　逐条86頁。
136)　逐条86頁。なお，平成17年改正前の「通常有する形態」には，いわゆる「ありふれた形態」も含まれると解されていた。「ありふれた形態」は，現行法の文言には含まれていないようにも思われるが，特段の資金や労力をかけることなく作り出せるものであるから，本号の趣旨に照らし，改正後も商品の形態に含まれないとする裁判例として，東京地判平成24年12月25日判時2192号122頁〔携帯ゲーム機用タッチペン事件〕。またそのような形態の商品の製造は「模倣」に当たらないと指摘するものとして，三村・前掲注120) 291頁参照。
137)　例えば，前掲注134) 東京高判平成16年5月31日。この点については，注解（上) 500～511頁〔泉〕参照。
138)　大阪地判平成10年11月26日（平成8年（ワ）8750号）〔エアソフトガン信用毀損事件〕。

形態の部品を本体の製造者・販売者等が修理等の目的のために別個に独立した商品として販売している場合（以下，右の部品を「純正部品」という。）において，第三者が純正部品と互換性を有する部品を独立した商品として販売しているとき（以下，右の部品を「互換性部品」という。）には，純正部品の形態は，法2条1項3号による保護の対象とならない」とする。その理由として，純正部品は本体との関係で形状が一義的に決まるか，交換用として当初の部品と同一又は極めて類似した形態となることが不可避であり，「独立した商品としての純正部品自体にはその形態について創意工夫が働く余地がないというべきであり，他方，右事情は互換性部品についても同様に当てはまることから，両者の形態は必然的に同一又は極めて類似するものとならざるを得ない」ためであるとする。その結果，請求人の部品の形態は通常有する形態とされ，不正競争行為の成立は認められなかった。

　これに対して，その控訴審[140]は，模倣者の製造販売が公正な競争行為として保障されるべきか否かが問題になるとし，「模倣者は，控訴人〔請求人－著者注〕エアソフトガンに着目し，その部品を製造するという選択をしたからこそ，……控訴人エアソフトガンの当該部品の特徴ある形態を不可避的に採用しなければならなくなっているのであり，模倣者による控訴人エアソフトガンの部品の特徴ある形態の模倣は，上記選択による必然的な結果の一つであるということができ，このような選択をする自由を，特徴ある形態の部品の保護を犠牲にしてまで，自由競争の名の下に保障することが，法の目的に適うとは考えられない」として，請求人のエアソフトガンの模倣が許されないことを根拠に，その部品の模倣についても同様であると判断した。その結果，通常有する形態の問題については特に考慮されず，実質的同一性があると判断された一部の部品について，不正競争行為の成立が認められた。

　以上のように，商品の部品の形態については，一切保護が及ばないとするものから，通常同様に保護が及ぶとするものまで，考え方が分かれている。

---

[139] 東京地判平成11年2月25日判時1682号124頁〔エアソフトガン事件1審〕。
[140] 東京高判平成14年1月31日判時1815号123頁〔エアソフトガン事件2審〕。以上の裁判例については，注解（上）511～516頁［泉］参照。

(2) 保護期間の制限

「日本国内において最初に販売された日から起算して3年を経過した商品について，その商品の形態を模倣した商品」を譲渡等する行為については，不正競争行為に対する差止請求等の条文を適用しないと規定されている（19条1項5号イ）。形態模倣行為が禁止されるのは，先行者の資金・労力の投下によって商品化された成果について，後行者がフリーライドすることが競争上不公正であるためであって，先行者が投資を回収し終えた後は，そのような不公正は生じないと考えられたため，このような期間制限が設けられている[141]。もちろん，商品のライフサイクルは様々で，投資回収に必要な期間もまちまちであろうが，各々の商品について個別具体的な判断をするとなると第三者の予見可能性を害するうえ，迅速な救済にも適しないと考えられたため，一律の期間が定められたと説明されている[142]。なお，3年と定められたのは，国際的なハーモナイゼーションの観点からと指摘されている[143]。

(a) 保護の始期

この規定で明らかになっているのは，保護期間の終期であって，保護の始期ではない。「日本国内において最初に販売された日」は，終期の起算点でしかなく，保護の始期ではないと理解されるからである。近時の裁判例では，保護の始期について，保護されるべき「他人の商品」該当性との関係で，「資金又は労力を投下して取引の対象となし得ること，すなわち，『商品化』を完了した物品であると解するのが相当であり，当該物品が販売されているまでの必要はない」とした上で，「取引の対象とし得る商品化は，客観的に確認できるものであって，かつ，販売に向けたものであるべきであり，量産品製造又は量産態勢の整備をする段階に至っているまでの必要はないとしても，商品としての本来の機能が発揮できるなど販売を可能とする段階に至っており，かつ，それが外見的に明らかになっている必要がある」と判示し，商品展示会に出展された加湿器について，「他人の商品」該当性を肯定したものがある[144]。

---

141) 逐条240頁，田村310頁，小野＝松村307頁。意匠制度との兼ね合いも指摘するものとして，渋谷144頁。
142) 大阪高判平成15年7月29日（平成15年（ネ）68号）〔家具調仏壇事件〕。逐条240頁も参照。
143) 逐条240～241頁。
144) 前掲注124) 知財高判平成28年11月30日。

(b) **保護の終期**　3年間の起算点である「日本国内において最初に販売された日」については，19条1項5号イの趣旨を説明した上で，投下資本の回収を開始することが可能となる，「開発，商品化を完了し，販売を可能とする段階に至ったことが外見的に明らかになった時」であるとし，商品展示会への出展を以て保護期間の起算点とした裁判例がある[145]。ちなみに，わが国での販売を起算点とする理由としては，販売開始時の調査範囲がわが国の国内のみで済むため，保護期間の終期が客観的に把握しやすくなる点や，国内の需要者において，国内外を問わず，商品の供給者が公平に取り扱われるようになる点が挙げられる[146]。

なお，最初の商品の販売から，モデルチェンジ等のために商品の形態が変更されることもある。特に些細な変更でも「最初に販売された日」の更新を認めてしまうと，これを繰り返すことによって実質的にその商品の形態の保護期間が延長されてしまうことにもなりかねない。この点について裁判例では，「『最初に販売された日』の対象となる『他人の商品』とは，保護を求める商品形態を具備した最初の商品を意味するのであって，このような商品形態を具備しつつ，若干の変更を加えた後続商品を意味するものではない」として，後続商品でなく，最初の商品の販売開始日を起算点としたものがある[147]。

(c) **期間経過後の保護**　裁判例では，「3年を経過した後の模倣行為については，当該模倣行為が公正な競争秩序を破壊する著しく不公正な方法で行われ，その結果，先行者に営業上，信用上の損害を被らせた場合など，公正かつ自由な競争として許容される範囲を著しく逸脱する行為と認められる特段の事情がない限り，違法性を欠き不法行為に該当しない」と指摘されており，その

---

[145] 前掲注124）知財高判平成28年11月30日。また，当該商品に係る大量の製造発注の事実から，その前に取引先への図面の提示及び受注があったことを認め，それを以て「最初に販売された日」を認定した神戸地決平成6年12月8日知的裁集26巻3号1323頁〔ハートカップS仮処分事件〕も参照。なお前掲知財高判平成28年11月30日では，「最初に販売された日」について，「商品の販売が可能となった状態が外見的に明らかとなった時をも含む」と判示されており，同判決からは，保護期間の終期の起算点と，(a)で触れた保護の始期とを連動させようとする態度が窺われるとする指摘がある（田村善之「加湿器事件判批」WLJ判例コラム93号（2017年）10頁参照，ただし一致しない場合があり得ることも指摘されている）。

[146] 逐条243頁注(6)。そのほか，注解（下）1306頁〔泉〕も参照。

[147] 東京高判平成12年2月17日判時1718号120頁〔建物空調ユニットシステム事件〕。前掲注124）知財高判平成28年11月30日も参照。

第2章　不正競争行為

用語解説④　善意と悪意
善し悪しとは関係なく，ある事実を知らないことを「善意」といい，ある事実を知っていることを「悪意」という。

ような特段の事情があれば，保護期間経過後であっても，民法上の不法行為（民709条）として損害賠償の対象となり得ることが指摘されている[148]。

なお，期間経過後であっても，期間経過前の不正競争行為に係る損害賠償請求は可能である。

(3) 模倣された商品の善意※取得者の保護

他人の商品形態を模倣したものであることにつき，譲受時に善意無重過失の譲受人が，その商品を譲渡等する行為は，適用除外とされている（19条1項5号ロ）。取引安全の見地から導入された適用除外である。譲受時に善意無重過失であればよく，譲受後に悪意に転じたとしても，適用除外は維持される。

ここでいう重過失の有無については，一般的には，商品の譲受時に，取引上払うべき当然の注意義務を尽くした場合に，容易に模倣の事実を知り得たか否かを判断するとされている[149]。

6　請求権者

CASE 2-6
XとYは共同で商品αを開発した。YはXに無断で，商品αの販売を開始した。また，第三者Zが，商品βの販売を開始した。商品βの形態は，商品αの形態に依拠して開発されたものであり，両商品の形態は実質的同一性を有する。 Xは，Y，Zに対して，差止請求を行うことができるか。

148）　前掲注142）大阪高判平成15年7月29日参照。逐条242頁注（2），コンメ440～441頁〔町田健一〕も参照。

149）　逐条208頁。善意無重過失を否定した事例として，例えば東京地判平成11年6月29日判時1692号129頁〔腕時計事件〕，善意無重過失を肯定した事例として，例えば東京地判平成20年7月4日（平成19年（ワ）19275号）〔プチホルダー事件〕。注解（下）1310頁〔泉〕は，この点について，「(イ)原告商品について宣伝広告がどの程度行われたか，マスコミや業界紙において取り上げられたかどうか，どの程度の量販売がなされたか，原告が当該業界において有名な企業であるかどうか，(ロ)被告は専門業者であったかどうか，適切な調査を行ったかどうか，(ハ)被告商品が原告商品とどの程度類似しているか……等の要素が考慮される」と指摘する。

(1) 問題の所在

本号に基づく差止めや損害賠償を請求することができる者については，特に個別に規定されているわけではなく，ほかの不正競争行為の場合と同様，営業上の利益を侵害される（又は侵害されるおそれのある）者の解釈に委ねられている（3条・4条）。また，本号では，「他人」の商品の模倣行為が規制される点にも注意が必要である。そこで以下，どのような者が本号に基づく請求を行えるのか，検討する。

(2) 商品開発者

この点，形態模倣規制が先行者の商品形態の開発に係る投資を保護するためのものであることからすると，「自ら費用，労力を投下して，当該商品を開発して市場に置いた者」が請求権者となることに争いはないであろう[150]。したがって，アイディアを出しただけの者や，デザインの制作のみを行った者は，これに該当しないといえよう[151]。

(3) 他人の商品の模倣者

他人の商品を模倣した者の商品を更に模倣した者に対して，最初の模倣者が差止め等の請求を行うことができるか，問題となる。裁判所は，原告が著名なブランドのバッグと酷似するバッグを販売していた事例において，「原告製品の形態は，著名なエルメス社のバーキンの形態を模倣したものであり，原告は，自ら費用，労力を投下して，商品を開発して市場に置いた者ということはできない」ため，原告は損害賠償請求をすることができる者に当たらないと判断し，その請求を認めなかった[152]。もっとも，この判断に対しては，最初の商品と模倣品，模倣品と更なる模倣品との間で実質的同一性が認められるものの，最初の商品と更なる模倣品との間で実質的同一性が認められない場合，誰も後の模倣者の行為を規制することができないという事態になり，不当であるとの指摘もある[153]。

---

150) 東京地判平成13年8月31日判時1760号138頁〔エルメス社バーキン事件〕。
151) 小野＝松村317頁。なお，開発資金を提供した者について，請求権者に含まれないとした裁判例として，東京地判平成16年2月24日（平成13年（ワ）26431号）〔猫砂事件〕。
152) 前掲注150) 東京地判平成13年8月31日。

(4) 共同開発者

複数の者が共同で開発した商品の形態が模倣される場合，共同開発者のそれぞれが，模倣者に対して請求することができると解されている[154]。

一方，そのような共同開発を行った者同士の間でも紛争は生じ得る。この場合，それぞれにとってその商品は自分が開発に関わった商品であって，「他人の商品」に該当しないため，お互いに対する本号に基づく請求は認められないとされている[155]。

(5) 独占的販売権者

独占的販売権者は，他人の開発した商品を販売する者であって，自ら商品開発を行うわけではないため，原則として請求権者には含まれないとも考えられる。しかし，特に海外ブランドに係る商品の日本での独占的販売権者等，形態模倣規制に基づき，日本国内の模倣品について，その請求を認めるべきニーズも存在する。

裁判例では，外国メーカー開発のキャディバッグについて，日本の独占的販売権者が差止めと損害賠償を請求した事例において，本号の趣旨に鑑みて，請求の主体は「形態模倣の対象とされた商品を，自ら開発・商品化して市場に置いた者に限られる」として，これを認めなかった事例がある[156]。一方で，請求権者について，「先行者から独占的な販売権を与えられている者（独占的販売権者）のように，自己の利益を守るために，模倣による不正競争を阻止して先行者の商品形態の独占を維持することが必要であり，商品形態の独占につい

---

153) 土肥一史「不正競争防止法2条1項3号に規定する商品形態模倣行為」特許研究35号（2003年）5，10頁。

154) 前掲注149）東京地判平成11年6月29日。

155) 東京地判平成12年7月12日判時1718号127頁〔猫の掌シミュレーションゲーム事件1審〕（東京高判平成12年12月5日〔平成12年（ネ）4198号〕〔同事件2審〕でも維持）等。支持するものとして，牧野利秋「形態模倣行為に対する請求の主体」『松田治躬先生古稀記念論文集』（東洋法規出版，2011年）29，42頁，高部眞規子「不正競争防止法の守備範囲」牧野利秋先生傘寿記念『知的財産権 法理と提言』（青林書院，2013年）897，909頁，渋谷147頁等。反対，田村321頁。

156) 東京地判平成11年1月28日判時1677号127頁〔キャディバッグ事件1審〕，東京高判平成11年6月24日（平成11年（ネ）1153号）〔同事件2審〕も維持。なお，原告独占販売権者は，外国メーカーから許諾を受けて，第三者に当該キャディバッグを生産させていたが，この点に関しても，原告は単なるライセンシーにすぎないとして，請求権者に当たらないとされた。

て強い利害関係を有する者も，3号による保護の主体となり得る」として，外国メーカーから独占的販売権を与えられていた者の請求を認めた事例もあり[157]，立場が分かれている。

この点については学説においても争いがあり，商品化等を行った者に限定すべきとする見解[158]，独占的販売権者等について請求権者を拡張する見解[159]や，さらに，一般の小売業者も請求権者に含まれ得るとする見解[160]もある。

> CASE 2-6のXとYは共同で商品αの開発を行った者であるから，商品αは，Yにとって「他人の商品」に該当しないといえよう。したがって，Xは，Yに対して，商品αの販売について，差止めを請求することはできない。
> Zの商品βの販売については，XとYが商品αの開発に共同で関わっていたことから，Xは単独で，Zに対して，その形態が商品αの形態と実質的同一性を有する商品βの販売について，差止めを請求することができる。

---

157) 大阪地判平成16年9月13日判時1899号142頁〔ヌーブラ事件〕。独占的販売権者である原告自身による商品化も認めた事案ではあるが，大阪地判平成23年10月3日判タ1380号212頁〔水切りざる事件〕も同旨。
158) 田村319〜321頁，井上由里子「不正競争防止法上の請求権者——成果開発と成果活用の促進の観点から」日本工業所有権法学会年報29号（2005年）141, 153頁，三村・前掲注120) 301〜302頁，横山久芳「判批」百選186〜187頁等。
159) 宮脇正晴「判批」判例評論567号（2006年）37, 41〜42頁等。少なくとも独占的販売権者の場合は請求権者に当たり得るとするものとして，注解（上）524頁〔泉〕。
160) 牧野・前掲注155) 45〜47頁，鈴木將文「不正競争防止法上の請求権者」高林龍ほか編『現代知的財産法講座Ⅰ：知的財産法の理論的探究』（日本評論社，2012年）425, 437頁，高部・前掲注155) 910〜911頁，渋谷146〜148頁。

第5節　営業秘密に係る不正行為

❖*POINT*❖

- ◆ 営業秘密とは，①秘密管理性，②有用性，③非公知性の要件を満たす技術上・営業上の情報である。
- ◆ 営業秘密に関する不正行為は，以下のものである（2条1項4号～10号）。
  ① 営業秘密の不正取得，不正取得した営業秘密の開示・使用（4号）
  ② 不正取得された営業秘密の悪意・重過失での取得・使用・開示（5号）
  ③ 不正取得された営業秘密の取得後における悪意・重過失での使用・開示（6号）
  ④ 営業秘密保有者から示された営業秘密の図利加害目的での使用・開示（7号）
  ⑤ 不正開示された営業秘密の悪意・重過失での取得・使用・開示（8号）
  ⑥ 不正開示された営業秘密の取得後における悪意・重過失での使用・開示（9号）
  ⑦ 技術上の秘密の不正使用行為により生じた物の譲渡等（10号）
- ◆ 取引による善意取得者の使用・開示行為に対する適用除外（19条1項6号）の要件は，以下の要件を満たす行為を対象とするものである。
  ① 取引によって営業秘密を取得したこと
  ② 取得の際に善意無重過失であったこと
  ③ 「取引によって取得した権原の範囲内」において使用・開示すること
- ◆ 営業秘密の不正使用行為により生じた物の譲渡等行為に対する適用除外（19条1項7号）は，消滅時効又は除斥期間が経過した後に当該営業秘密を使用する行為により生じた物を譲渡等する行為を対象とするものである。

1　概　説

(1) 営業秘密とは

営業秘密は，企業がその事業活動における努力の成果として獲得した情報で

あり，企業秘密と呼ばれることもある。

　営業秘密は，競争上高い価値を有する技術上の情報である場合には，その情報を模倣されてしまうと，企業の存続にまでも影響を及ぼすことがあるものである。このような技術上の情報を特許法等の産業財産権法によって保護することも一応考えられるが，香水や飲料の成分組成のように，模倣されやすく，模倣を発見することが困難な情報は，登録による公示制度を前提とする産業財産権法の保護にはなじまない。そこで，これらの技術上の情報は，産業財産権法の保護を求めるのではなく，秘密にしておくことによって，模倣から逃れることができるうえ，特許権等のように保護期間が限定されておらず，永久的に保護を受けることが不可能ではない。

　また，営業秘密には，技術上の情報のほか，顧客名簿や販売を促進するための接客マニュアルのように，産業財産権法によって保護されない営業上の情報もある。このような情報も企業にとってライバル企業に対し競争上優位に立つための重要な成果であるので，秘密にしておくことが通常である。

(2) 不正競争防止法上の保護

　このように，企業がその努力によって獲得した情報を秘密にしておくことは，情報を模倣から守る手段として重要な役割を果たすものである。しかしながら，情報を秘密として完全に守ることは容易ではない。産業スパイ行為はいうまでもないが，最近では，特に従業者の転職に伴う秘密情報の漏洩，使用等が問題となっている。そこで，不正競争防止法は，営業秘密に係る不正行為を不正競争行為と定めて，企業が相応の努力を払って獲得した有用な秘密情報を不正に取得・使用・開示する行為を禁止している。

　営業秘密に係る不正行為は，2条1項4号～10号に規定され，それらに対する差止請求（3条）と損害賠償請求（4条）が認められている。これらの請求をすることができる者は，営業秘密に係る不正行為によって営業上の利益を侵害される者であって，具体的には，営業秘密の保有者を指す。

　営業秘密に係る不正行為が不正競争行為の類型に加えられたのは，平成2年の改正であった。この改正の背景には，急速な事業活動の展開に伴い企業の競争優位性を保つために，営業秘密の重要性が高くなってきた一方，その事業活動において行った努力によって獲得した情報を他社に不正に取得・使用・開示

されてしまうことに対して，従前の不法行為（民709条）による損害賠償請求のみでは保護が不十分という認識から，国内における保護の要請が高くなってきたことがある。これに加えて，当時進行中であったガット・ウルグアイラウンド交渉において営業秘密の保護が議論されていたことから，営業秘密の保護に関する国際的ハーモナイゼーションの要請の高まりも立法の背景として挙げられる[161]。

その後，平成5年改正により，旧法下の規定文言を現代語に書き換える等の作業が行われたほか，営業秘密の定義規定が新設された。さらに，それまで営業秘密に係る不正行為について民事上の責任しか追及できなかったが，情報技術の進歩，人材の流動等に伴って他人の営業秘密を侵害することが容易になってきたため，平成15年には，営業秘密に係る不正行為のうち悪質性の高い特定の行為を刑事罰の対象とする改正が行われた。その後においても，平成17年，平成18年，平成21年の改正により，営業秘密の保護が強化されてきた。そして，平成23年において，公開裁判を原則とする刑事訴訟において営業秘密が公開されることを防止するために，営業秘密侵害罪に係る刑事訴訟手続の整備が行われた（⇒第4章第6節）。さらに，平成27年には，営業秘密侵害に対する抑止力を向上させるために，営業秘密侵害品の流通規制の導入，侵害罪の罰金刑の上限の引上げなどの改正が行われた。

以下では，営業秘密，営業秘密に関する不正競争行為について説明する。その後に，差止請求権・損害賠償請求権の消滅時効，適用除外について述べる。

2 営業秘密

企業が有する情報が営業秘密として不正競争防止法による保護を受けるためには，まず当該情報が「営業秘密」に該当しなければならない。2条6項は，営業秘密を，「秘密として管理されている生産方法，販売方法その他の事業活動に有用な技術上又は営業上の情報であって，公然と知られていないもの」と定義している。つまり，営業秘密として保護される情報は，①秘密として管理されていること（秘密管理性），②事業活動に有用な技術上又は営業上の情報で

---

[161] 逐条88頁。このガット・ウルグアイラウンド交渉は，最終的に，TRIPS協定（⇒第1章第3節5）の採択に結実した。

あること（有用性），③公然と知られていないこと（非公知性），の3つの要件を満たす必要がある。

(1) 秘密管理性

> CASE 2-7　化粧品会社 X は，長年の研究開発の結果，独自の抽出方法により植物由来のエキスから美白効果の高い成分を抽出し，主力商品である美白クリーム等の製造に使用している。X は，クリームの成分配合データを製品開発部において厳重に管理し，これにアクセスできる者を研究開発に従事する研究員のみに限定している。他方，抽出方法については，製造に携わる従業者全員に習得させ，これを記載したマニュアルを製造部門以外の従業者にも自由に閲覧することを許しているうえ，保管に関する特段の取決めをしていない。
>
> 　X の研究員であった Y は，X に勤務している間にクリームの成分配合データをコピーして持ち出して，転職先の別の化粧品会社に開示し，また記憶した抽出方法を使用して新製品開発に従事している。クリームの成分配合データと抽出方法は，X の営業秘密に当たるか。

(a) **秘密管理性とは**　営業秘密は，「秘密として管理されている」ものでなければならない。その趣旨は，これを要件としなければ，営業秘密の取得，使用又は開示を行おうとする者にとって，その行為の対象である情報が営業秘密であることを容易に知ることができず，自らの行為が不正競争行為となるかどうかの予見可能性が損なわれ，経済活動の安定性が阻害されるおそれがあるからである。

　営業秘密についてどの程度の管理がなされていれば，秘密管理性が認められるかについては，しばしば問題となる。一般的に，秘密管理性の要件を満たすためには，営業秘密に関して，その保有者が当該情報を秘密であると単に主観的に認識しているだけでは足りない。保有者が当該情報を秘密として管理しようとする意思（秘密管理意思）が，具体的状況に応じた経済合理的な秘密管理措置によって，従業員や取引先に明確に示された結果，従業員等が当該秘密管理意思を容易に認識できる必要がある[162]。

---

162)　逐条41頁。

秘密管理性が認められる典型的なケースとしては、機密や対外秘、公開禁止といった記載があって、かつ会社の金庫に厳重に保管されている書類や、アクセスできる者が制限され、若しくは社内規則に守秘義務が明示されている情報を挙げることができる。もっとも、要求される情報管理の程度や態様について、画一的な基準があるわけではなく、秘密として管理される情報の性質、保有形態、企業の規模等に応じて決定すべきと解されている。また、当該情報を利用しようとする者が、情報を保有する企業の従業者であるか外部者であるかによっても異なるとされている[163]。

　(b)　**裁判例**　裁判例には、会社のプライスリストについて、限られた従業員しかアクセスできず、アクセスする際にはパスワードを入力することが求められ、印刷する際には部門責任者の許可を要する場合に、パソコン上にパスワードを記載した付せんを貼っている者がいたことや、秘密管理の方法を定めたマニュアルがなく、印刷したものに「社外秘」等の押印をする取決めがなかったとしても、従業員にとってプライスリストが営業秘密であることを客観的に認識できたものと認められるとして、秘密管理性を肯定したものがある[164]。この裁判例は、会社のロボットシステムの設計図についても、設計室のキャビネットに保管され、設計室外に持ち出す場合には管理台帳への記入が求められ、サーバーに保管されている設計データ等にアクセスできる者が技術部門の従業員のみに限定され、設計図のコピーを交付するような外注先・仕入先との間で一部「秘密保持に関する念書」を取り交わしている場合に、得意先に対して守秘義務契約を締結していなかったとしても、会社の従業員において設計図等が営業秘密であるという認識又は認識可能性が失われるものではないと判示している。

　これに対して、店舗のレジ机横の棚の名刺ホルダー、レジ机内のノート及びパソコンに保管されていた顧客情報について、従業員が名刺ホルダー等を業務のため必要に応じて持ち出して使用しており、パソコン及びそこに入力されて

---

[163]　経済産業省は、企業が営業秘密に関する管理強化のための戦略的なプログラムを策定するのに参考となるものとして「営業秘密管理指針」を策定している。この指針は、経済産業省ウェブサイト（http://www.meti.go.jp/policy/economy/chizai/chiteki/trade-secret.html）から入手可能である。

[164]　名古屋地判平成20年3月13日判時2030号107頁〔アルミダイカスト製品の取出しロボットシステム事件〕。

いた顧客情報にはいずれもパスワードが設定されておらず、従業員が日常的にこれらの顧客情報を容易に取り扱うことができる実態にあり、当該顧客情報が秘密であることを示す表示などが付せられておらず、その保管について厳しく指示がされていたとの事実も認められないとして、当該顧客情報について秘密管理性を否定した裁判例がある[165]。

> CASE 2-7において、クリームの成分配合データは、秘密として管理されており、秘密管理性の要件を満たしていると解され、ほかの要件も満たせばXの営業秘密となる。これに対して、成分の抽出方法は、従業者個人の頭の中に記憶されており、身に付いた技能になっているうえ、Xは従業者が秘密と認識できる状態で適切に管理してはいないため、秘密管理性の要件を満たさずXの営業秘密には該当しないと解される。

(2) 有用性

> CASE 2-8 化粧品会社Xは、長年にわたって敏感肌用の化粧品を開発するために実験を重ね、その結果として製品には使用できないことが明らかになった成分に関するデータをまとめている。このようなデータは営業秘密となり得るか。

営業秘密として保護される情報は、「事業活動に有用な技術上又は営業上の情報」でなければならない。事業活動に有用でない情報については、その利用を不正競争行為として規制すべき必要性はないからである。

2条6項は、事業活動に有用な技術上又は営業上の情報として、生産方法と販売方法を例示している。生産方法の例としては、製品の設計図・製法、製造上のノウハウを、販売方法の例としては、顧客名簿や販売マニュアル、仕入れリストを、それぞれ挙げることができる。これらはいずれも、コストを投入して作り出され、生産、販売、サービス提供等の事業活動に有用なものであるといえる。

事業活動に現に用いられている情報でなくとも、将来あるいは潜在的に役に

---

165) 知財高判平成24年2月29日（平成23年（ネ）10061号）〔服飾品顧客情報事件〕。

立つ可能性が客観的に認められるものであれば，有用性は否定されない。さらに，積極的な意味で事業活動に利用できるものに限らず，例えば，失敗した実験のデータ等のような消極的な情報であっても，経費・時間の節減や失敗発生の防止に役に立つ場合があるから，事業活動上の価値が認められるのであれば，有用性をもつ情報に該当するものと考えられる。

> CASE 2-8 において，敏感肌用の化粧品に使用できない成分のデータは，製品開発の失敗を回避できるという意味で有用性が否定されないため，営業秘密となり得る。

一方，企業が有する情報の中には，犯罪の手口や脱税の方法，麻薬・覚せい剤等の禁制品の製造方法，贈賄，談合又は違法な操業に関する事実，役員の不祥事等も含まれる。これらの情報が世間に知れ渡ると，企業の信用が失墜し，営業成績が低下することもある。しかしながら，不正競争防止法の目的（1条⇒第1章第1節1）からすると，この法律により保護されるべき営業秘密は，国民経済の発展に役立つような社会的意義のあるものでなければならない。上記のような情報は，いずれも反社会的な性質のある情報であるから，保護に値する情報とはいえず，有用性が認められないものとして，営業秘密に当たらないと理解されている。

裁判例には，業者が不正に入手した地方公共団体作成の土木工事設定単価等の情報のうち非公開とされているものについて，その業者にとっては地方公共団体が設定した予定価格に近い最も有利な価格で落札することができる価値ある情報であるが，公共土木工事につき公正な入札手続を通じて適正な受注価格が形成されることを妨げるものであり，企業間の公正な競争と地方財政の適正な運用という公共の利益に反する性質を有するものであるとして，有用性を否定し営業秘密に該当しないと判断したものがある[166]。

---

166) 東京地判平成14年2月14日（平成12年（ワ）9499号）〔公共土木工事単価表事件〕。

(3) 非公知性

> **CASE 2-9** 化粧品会社Yは，その競争会社Xが市販している製品の美白化粧品の成分を分析し，Xが秘密として管理している美白成分の配合データを突き止めた。この場合に，Xが保有する配合データはXの営業秘密といえるか。また，化粧品会社Zが偶然にXの保有する配合データと同一の情報を，独自に開発し秘密として管理している場合，その配合データはZの営業秘密といえるか。

　営業秘密は「公然と知られていない」，すなわち非公知の状態にあることが必要である。なぜなら，一旦公然と知られた情報は，法的保護の対象であるかどうかが判別困難な状態で社会に流通するため，これを法的保護の対象とすることは，むしろ情報の自由な流通と利用を阻害し妥当ではないからである。

　非公知の状態とは，当該情報が刊行物に記載されていない等，保有者の管理下以外では一般的に入手することができない状態を意味する。保有者以外の者が問題となる情報を知り，その人数が多かったとしても，当該情報を知っている者に守秘義務が課されていれば，保有者の管理下にあることから，非公知の状態にあることとなる。逆に，たった1人であっても保有者の管理下にない部外者に知られてしまえば，当該情報は公知となる。

　ところで，市販されている製品に含まれている情報は，製品に対する分析によって認識することができる場合がある。いわゆるリバース・エンジニアリングである。リバース・エンジニアリングによって認識することのできる情報について，非公知性の要件は満たされるであろうか。

　ひと言でリバース・エンジニアリングといっても，それに費やされる労力・コストは様々である。リバース・エンジニアリングが容易にできるような場合には，製品を市販した時点で，保有者は情報が不特定の者に知られることを予想できたというべきであり，このような場合にまでその情報を営業秘密として保護する必要はない。裁判例には，光通風雨戸を組み立てるに当たって使用される補助的な部品に関する図面は，一般的な技術的手段を用いれば市販製品自体から再製することが容易な情報であるとして，非公知性の要件を欠くと判断したものがある[167]。

　これに対して，リバース・エンジニアリングが容易でない場合には，情報を

保持していることは，依然として保有者にとって競争者に対する優位性を意味するものであり，保護に値するため，非公知情報として扱われる。例えば，合計 6000 枚に上る精緻で高性能のセラミックコンデンサー積層機及び印刷機の設計図の電子データについて，リバース・エンジニアリングによってこれに近い情報を得ようとすれば，専門家により，多額の費用をかけ，長期間にわたって分析することが必要であるとして，積層機及び印刷機の相当台数が秘密保持契約なしに販売されたとしても非公知性が失われないと判断した裁判例がある[168]。

> CASE 2-9 において，Y によって，X の市販製品の成分分析というリバース・エンジニアリング行為によって得られた成分配合データは，リバース・エンジニアリングに費やされる労力・コストによって，非公知性が否定されるかどうかが変わってくる。仮に非公知性が否定されず，その他の要件も満たされて，当該成分配合データが X の営業秘密となるとすると，Z が X と無関係に同じ情報を自ら開発し保有することになった場合，両社がそれぞれその情報を秘密として管理し，一般に知られていない限り，非公知性が失われず，当該成分配合データは X の営業秘密であると同時に Z の営業秘密ともなり得る。しかし，Z が当該成分配合データを公知の状態にすれば，X が保有する同様の情報についても非公知性が失われる。

---

167) 知財高判平成 23 年 7 月 21 日判時 2132 号 118 頁〔光通風雨戸事件〕。
168) 大阪地判平成 15 年 2 月 27 日（平成 13 年（ワ）10308 号・平成 14 年（ワ）2833 号）〔セラミックコンデンサー事件〕。

3 営業秘密に関する不正競争行為

> **CASE 2-10** 健康食品を製造販売する甲社は、売れ筋商品であるダイエットサプリメント α の成分配合比を、役員及び技術者以外にはアクセスできないように厳重に管理し、また従業者全員との間で秘密保持義務を課す契約を締結している。
>
> (1) 甲社の競争会社乙社は、某大学教授Aと産学連携して健康食品を開発している。乙社から研究資金の提供を受けたAは、甲社のコンピュータに不正アクセスして α の成分配合比を入手し、これを自らが開発したものと称して乙社に提供した。その数日後、不正アクセスを発見した甲社の通報により、Aは逮捕され、その犯行は新聞等にも大きく取り上げられた。乙社はこれを知ったにもかかわらず、Aから提供された情報を利用して新商品を発売した。Aと乙社の行為はそれぞれ不正競争行為に該当するか。
>
> (2) 仮にAが、不正アクセスによってではなく、α の市販品のリバース・エンジニアリングによって成分配合比を入手し乙社に提供した場合に、Aと乙社の行為はそれぞれ不正競争行為に該当するか。
>
> (3) 甲社の役員Bは、α の成分配合比をコピーしたうえ、甲社を退職し丙社に転職した。Bは上記コピーを丙社に提供し、丙社はこれを利用して新商品を発売した。Bと丙社の行為はそれぞれ不正競争行為に該当するか。
>
> (4) 酒癖の悪い甲社の技術者Cはバーで泥酔し、居合わせた丁社の社長に α の成分配合比の情報を漏らしてしまった。丁社はこの情報を利用して新商品を発売した。Cと丁社の行為はそれぞれ不正競争行為に該当するか。
>
> (5) 戊社は α の成分配合比の技術情報を不正に入手し、これを利用して商品 β を製造し発売した。己社は β を大量に仕入れたのち、ニュース報道を通じて初めて戊社の不正入手行為を知った。しかし、その後も己社は β の小売販売を続けた。己社の行為は不正競争行為に該当するか。

(1) 概 説

不正競争防止法は、営業秘密に係る不正競争行為を7つに分けて、それぞれ2条1項4号～10号に規定している。この7つの不正競争行為は、次頁図の通り、大きく3つの類型に分けることができる。

第2章　不正競争行為

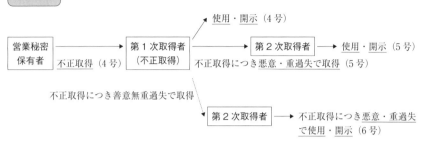

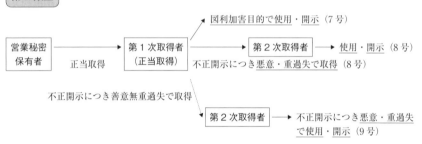

　第1類型は，営業秘密保有者から営業秘密が不正取得され，その営業秘密がその後転々流通する過程で行われる行為である。これらの行為は，2条1項4号〜6号に規定され，図では一番上に示された部分に該当する。不正取得行為の典型的な例として，産業スパイ行為が考えられる。

　第2類型は，営業秘密保有者から正当に示された営業秘密が不正に使用・開示され，その営業秘密がその後転々流通する過程で行われる行為である。これらの行為は，2条1項7号〜9号に規定され，図では真ん中に示された部分に該当する。

第1類型の行為であっても，第2類型の行為であっても，第2次取得者の行為が不正競争行為とされるためには，悪意・重過失という主観的要件が満たされる必要がある。この悪意・重過失という要件は，第2次取得者が第1次取得者による営業秘密不正取得行為ないし営業秘密不正開示行為の存在について知りながら，又は重大な過失により知らないで営業秘密を取得した場合に満たされる（2条1項5号・8号）。もっとも，第2次取得者が第1次取得者による営業秘密不正取得行為ないし営業秘密不正開示行為の存在について無重過失により知らないで営業秘密を取得した場合であっても，取得後に悪意・重過失に転じたときは，それ以降の使用・開示が不正競争行為となる（2条1項6号・9号）。
　第3類型は，第1類型及び第2類型の不正使用行為により生じた物が転々流通する過程で行われる行為（不競2条1項10号）である。図では一番下に示された部分に該当する。

(2) 営業秘密の不正取得，不正取得した営業秘密の使用・開示（4号）

　4号は，「窃取，詐欺，強迫その他の不正の手段により営業秘密を取得する行為（以下「営業秘密不正取得行為」という。）又は営業秘密不正取得行為により取得した営業秘密を使用し，若しくは開示する行為（秘密を保持しつつ特定の者に示すことを含む。次号から第9号まで，第19条第1項第6号，第21条及び附則第4条第1号において同じ。）」を不正競争行為と定め，不正の手段により営業秘密保有者から営業秘密を取得する営業秘密不正取得行為及び不正取得した営業秘密を使用・開示する行為を差止めの対象としている。
　営業秘密不正取得行為は，窃取，詐欺，強迫その他の不正の手段による取得行為に限定される。例えば，会社の得意先名簿を預かっている営業責任者を強迫して名簿をコピーさせて取得すること，サーバーに不正アクセスしてそこに格納されている設計図の電子データを複製して取得する行為がこれに該当する。これに対して，営業秘密に係る設計図に基づいて製造された市販の製品を購入し，リバース・エンジニアリングによって部品の規格，組立方法など営業秘密に当たる情報を探知する行為は，窃取，詐欺，強迫その他の不正の手段による取得行為ではないから，このような行為によって営業秘密を取得したとしても，4号の不正競争行為には当たらないと解される。なお，半導体集積回路の回路配置に関する法律12条2項は，リバース・エンジニアリングのために登録回

路配置を用いて半導体集積回路を製造する行為には，回路配置利用権の効力が及ばないと規定し，リバース・エンジニアリングを権利侵害ではないとする立場である。

> CASE 2-10の(1)において，甲社が秘密管理しているα商品の成分配合比は，営業秘密であると考えられ，Aがこれをコンピュータの不正アクセスにより取得する行為は，4号の営業秘密不正取得行為に該当する。これに対して，(2)のように，Aがリバース・エンジニアリングによって甲社の営業秘密を取得することは，4号の営業秘密不正取得行為には該当しないし，Aからこの情報を取得し使用する乙社の行為も，当然に不正競争行為には当たらない。

「使用」とは，自らの事業活動において，営業秘密をその本来の経済的用途に用いることである。例えば，製造ノウハウを用いて製品を製造することや，顧客名簿に基づいて販売の勧誘を行うことがこれに該当する。また「開示」とは，その営業秘密を公知のものにし，又は秘密の状態を保持しつつ特定の者に示すことである。例えば，顧客名簿を名簿業者に売却したり，製造ノウハウを競争会社にライセンスしたりすることがこれに該当する。なお，ここで説明した「使用」と「開示」の意味は，4号のみならず，5号〜10号において用いられる各用語にも妥当する。

(3) 不正取得された営業秘密の悪意・重過失での取得・使用・開示（5号）

5号は，「その営業秘密について営業秘密不正取得行為が介在したことを知って，若しくは重大な過失により知らないで営業秘密を取得し，又はその取得した営業秘密を使用し，若しくは開示する行為」を不正競争行為と定め，営業秘密に営業秘密不正取得行為が介在したという事実について，悪意・重過失が認められる状況のもとで，その営業秘密を取得する行為，及びこのようにして取得した営業秘密を使用・開示する行為を差止めの対象としている。

ここでいう「悪意」とは，その営業秘密について営業秘密不正取得行為が介在したという事実を知りながら営業秘密を取得する場合を指し，「重過失」とは，営業秘密不正取得行為が介在したという事実を知らないが，取引上当然払うべき通常の注意義務を果たせば容易にその事実を知ることができたのに，通常の注意義務に違反してただ漫然と営業秘密を取得する場合を指し，悪意の場

合とほぼ同視し得るほどのものをいう。

　例えば，窃取された顧客名簿と知りながら購入する行為は，不正取得された営業秘密の悪意での取得に該当し，不正競争行為である。このように悪意で取得した顧客名簿を使用・開示する行為も同じく不正競争行為に当たる。また，部外秘と押印された競争会社の新製品の設計図面の売却を持ちかけられた場合に，このような図面は通常社外に流出するはずがないと考えられるから，所持している者が入手した経緯についてしかるべき調査をすることなく購入したときには，重過失での取得に該当することになろう。他の会社から転職して中途採用された者が持ち込んだ情報を，転職先の会社が使用・開示する場合にも，予めその情報が前職の会社から不正に取得された営業秘密ではないことを確認する必要があろう。

　次に，ここでいう「営業秘密不正取得行為が介在したこと」とは，第2次取得者が転得によりその営業秘密を取得するまでの一連の流通過程におけるいずれかの段階において，営業秘密不正取得行為があったという事実をいう。例えば，Aが保有者から窃取した営業秘密を，Bが取引行為により取得した場合に，最終的に転得により営業秘密を取得した第2次取得者は，Aによる営業秘密不正取得の事実を知っていれば，悪意が認められることになる。

(4) 不正取得された営業秘密の取得後における悪意・重過失での使用・開示 (6号)

　5号は営業秘密に営業秘密不正取得行為が介在したという事実について，第2次取得者による悪意・重過失での取得及びその後の使用・開示を対象としているから，営業秘密が善意無重過失で取得された場合，すなわち，第2次取得者による営業秘密の取得が，営業秘密不正取得行為が介在したという事実を知らずに，かつ，知らないことについて重過失がない状況のもとで行われた場合には，同号の不正競争行為はないこととなる。これに対して，6号は，「その取得した後にその営業秘密について営業秘密不正取得行為が介在したことを知って，又は重大な過失により知らないでその取得した営業秘密を使用し，又は開示する行為」を不正競争行為と定め，営業秘密に営業秘密不正取得行為が介在したという事実について，第2次取得者が営業秘密の取得時には善意無重過失であったが，その後に悪意・重過失に転じた場合に，取得した営業秘密を使

用・開示する行為を差止めの対象としている。

　第2次取得者が悪意・重過失に転じるきっかけとして，営業秘密の保有者から営業秘密不正取得行為が介在したという事実につき警告を受けることが考えられるし，警察の摘発やニュースの報道等によって営業秘密不正取得行為の介在を知るに至る場合もあり得る。

　例えば，無重過失により第1次取得者が自ら研究開発した技術情報であると信じて購入した後，第1次取得者が産業スパイとして摘発されたというニュースに接したことによって，営業秘密不正取得行為の介在を知ったにもかかわらず，その営業秘密を使用し続け，又は他に転売しようとする行為は，本号の不正競争行為に当たる。

> CASE 2-10 の(1)において，乙社はAから甲社の営業秘密を取得した際に，Aの営業秘密不正取得行為につき善意無重過失であったといえそうであるが，その後Aの営業秘密不正取得行為を知ったにもかかわらず，これを利用して新商品を発売する行為は，6号における不正取得された営業秘密の取得後における悪意・重過失での使用に該当する。もっとも，このような場合には，後述する適用除外規定（19条1項6号⇒本章本節5）により一定の範囲内における使用・開示が許される。

(5) 営業秘密保有者から示された営業秘密の図利加害目的での使用・開示（7号）

　7号は，「営業秘密を保有する事業者（以下「営業秘密保有者」という。）からその営業秘密を示された場合において，不正の利益を得る目的で，又はその営業秘密保有者に損害を加える目的で，その営業秘密を使用し，又は開示する行為」を不正競争行為と定め，営業秘密保有者から正当に示された営業秘密を，図利加害目的で使用・開示する行為を差止めの対象としている。

　(a) **営業秘密保有者から営業秘密を「示された」**　7号に定める不正競争行為においては，営業秘密は，営業秘密保有者との間の雇用関係，下請関係又はライセンス契約等によって正当に示されたものである。つまり，4号の不正取得行為とは違い，営業秘密の取得自体は正当なものであるが，そのように正当

に取得した営業秘密を不正な目的で利用する行為が規制の対象とされている。

例えば，技術者が会社から製品の製造ノウハウを開示された場合や，営業担当者が会社から顧客名簿の取扱いを認められた場合が，営業秘密保有者である会社から営業秘密を示された場合に当たる。また，下請契約やライセンス契約に基づいて，下請会社やライセンシーが，営業秘密保有者から技術情報を開示された場合もこれに当たる。これに対して，ドラッグストアを営む会社が製薬会社の発売に係る医薬品等の商品の仕入価格を示してその価格で消費者に販売した事案において，仕入価格は買主が売買契約の締結行為ないし売買価格の合意を通じて原始的に取得し，売主から示されたものではないとして，これを開示する行為は7号の不正競争行為に該当しないと判断した裁判例がある[169]。

営業秘密保有者から営業秘密を示された際に，秘密保持義務・競業避止義務等の義務が，雇用契約や下請契約・ライセンス契約等の契約において明示的に約定されることが多い。これらの義務を課す契約が有効であれば，その義務に違反して営業秘密が使用・開示された場合には，図利加害目的の有無にかかわらず，営業秘密保有者は契約上の債務不履行を理由に，使用・開示をしないことを求める強制履行を請求することができるし（民414条），損害賠償を求めることもできる（民415条）。つまり，秘密保持義務等が容易に認められる場合には，営業秘密の保有者はあえて図利加害目的を立証して7号の不正競争行為の存在を主張する必要性は大きくない。これに対して，秘密保持義務等を明示的に約定した契約が締結されていない場合において，信義則ないし契約の付随義務としての秘密保持義務等を主張して営業秘密の使用・開示行為を差し止めることは容易ではないとされているから，このような場合において，図利加害目的による営業秘密の使用・開示行為の差止めを認めるところに，7号の意義があるといえる。

(b) **従業者が職務上開発した営業秘密である場合**　7号が適用されるためには，営業秘密保有者から「示された」営業秘密を図利加害目的で使用・開示する行為でなければならない。では，従業者が使用・開示する情報が，在職中に自らが開発した営業秘密である場合に，7号にいう営業秘密保有者から「示された」営業秘密に該当するであろうか。この問題に関して，これまで多くの

---

[169]　東京地判平成14年2月5日判時1802号145頁〔ダイコク原価セール事件〕。

議論がなされているが，営業秘密の「帰属」を論じる必要があるか否かを基準に，学説を2つに大別することができる。

　第1の説は，そもそも従業者が職務上開発した営業秘密の保有者は従業者本人なのか，それとも使用者なのかを論じるところから展開し，その判断基準として，知的財産法上の職務発明，職務著作等に関する規定の趣旨を考慮し，営業秘密の生成に至った発意，使用者の事業範囲と従業者の業務内容，従業者の貢献度等をもとに総合的に勘案すべきであると主張する[170]。この考えによれば，例えば従業者が開発した営業秘密が著作物（著2条1項1号）の性格を有していれば，従業者が職務上作成する著作物で使用者が自己の名義のもとで公表するものは，別段の定めがない限り，使用者が著作者となり原始的に著作権を取得すると定める著作権法15条[171]を類推して，当該営業秘密が使用者である企業に帰属し，従業者が使用・開示する行為は7号に該当する。これに対して，営業秘密が発明（特許2条1項）の性格を有するものであって，職務発明に関する特許法35条[172]を類推すれば，原則として従業者に原始的に帰属するとしても，使用者が特許を受ける権利を承継取得している場合には，その従業者は職務の範囲内において使用者から秘密の開示を受けていると法的に評価され，秘密保持義務に違反して使用・開示する行為は7号に該当すると主張されている[173]。さらに，これに類似する見解として，営業秘密の「保有者」を営業秘密について「使用権原または開示権原を有する事業者」と理解し，職務発明や職務上作成した顧客リストにつき従業者が本源的な保有者となって，契約により情報の使用避止義務ないし不開示義務を負うことになった場合に，従業者の使用・開示する行為は7号に該当するとする立場がある[174]。

　これに対して，第2の説は，営業秘密が発明と著作物の双方の性格を兼有する場合が少なくないのであって，その帰属を一義的に決定するのは困難であると主張し，営業秘密の帰属を決定する必要はないと説く[175]。この説は，7号の条文にいう「示した」ことを事実の問題と捉え，企業から開示を受けたので

---

[170] 山本 162～163 頁，鎌田薫「『財産的情報』の保護と差止請求権（5）」L&T 11 号（1990 年）44 頁。
[171] 茶園成樹編『著作権法（第2版）』（有斐閣，2016 年）70～75 頁［勝久晴夫］参照。
[172] 茶園成樹編『特許法（第2版）』（有斐閣，2017 年）43～50 頁［青木大也］参照。
[173] 鎌田・前掲注 170) 45 頁。
[174] 渋谷 153～155 頁。

はなく従業者が開発した営業秘密は 7 号の対象ではなく，この種の秘密に関しては，企業と従業者間の契約により秘密保持義務が課されている場合に，企業は従業者に対して債務の履行として使用・開示の差止めを請求することができ，従業者から営業秘密を開示された第三者に対しては，法律上の義務に違反して開示された営業秘密として，後述する 8 号の違反を問うことが可能であると解する[176]。

このように，学説は営業秘密の「帰属」を問題とするか否かで対立しているが，いかなる場合に従業者の使用・開示行為に対する差止めを認めるべきかという結論に関していえば，いずれの立場を採ってもあまり変わらないようにも思われる。なぜなら，第 2 の説では，使用者がその情報につき保護を受けるために，契約によって従業者に秘密保持義務等を課す必要があるし，第 1 の説でも，従業者が開発した情報を使用者の営業秘密として保護する前提として，秘密保持義務等を従業者に課して秘密管理性の前提を満たすことが必要だからである[177]。

裁判例では，マンションの販売会社 X_1 社の従業者であり，X_1 社の完全子会社であるマンションの管理会社 X_2 社の代理人又は使者でもあった Y らが，X_1 社を退職した直後に X_2 社と競争関係にある会社を設立し，携帯電話や記憶に残っていた X らの顧客情報を使用して営業活動を行ったという事案において，裁判所は，従業者が業務上取得した情報は当然に勤務先に帰属するとしたうえ，X_1 社が従業者に秘密保持義務を課していることなど会社の情報管理体制を検討して，当該顧客情報が X らの営業秘密に該当するとともに，Y らがこれを取得したのは X_2 社から「示された」ことによると認定したものがある[178]。

(c) **図利加害目的**　「不正の利益を得る目的」とは，公序良俗又は信義則に反する形で不当な利益を図る目的のことをいうものであり，営業秘密保有者と競争関係にある事業を行い自ら利益を得ることはもちろん，第三者に行わせ

---

175)　中山信弘「営業秘密の保護に関する不正競争防止法改正の経緯と将来の課題（上）」NBL 470 号（1991 年）11～12 頁，田村 343 頁。
176)　田村 343～344 頁，松村 521 頁。
177)　茶園成樹「営業秘密の民事上の保護」日本工業所有権学会年報 28 号（2004 年）43 頁。最近の議論の状況について，山根崇邦「不正競争防止法 2 条 1 項 7 号の『その営業秘密を示された場合』」小野昌延ほか編『不正競争の法律相談 I』（青林書院，2016 年）377～386 頁も参照。
178)　知財高判平成 24 年 7 月 4 日（平成 23 年（ネ）10084 号）〔投資用マンション営業秘密事件〕。

ることによって不正な利益を得させることも含む[179]。例えば，従業者が会社から開示された営業秘密であるノウハウを，転職先の会社に開示して不正な利益を得させることがこれに当たる。

　また，「その営業秘密保有者に損害を加える目的」とは，営業秘密の保有者に対し，財産上の損害，信用の失墜その他の有形無形の不当な損害を加える目的のことをいうが，損害が現実に生じることは必要ではない[180]。

　裁判例には，元従業者が就業規則や誓約書により秘密保持義務や競業避止義務を負っているにもかかわらず，退職した直後に競業を行う目的で会社を設立し，会社設立の直前ないし直後であって確たる顧客を有していない頃に集中して，元勤務先に帰属する顧客情報という営業秘密を使用して営業活動を行ったことは，図利加害目的によるものであると判断したものがある[181]。

> CASE 2-10 の(3)において，役員 B は秘密保持義務に違反して甲社から示された営業秘密を丙社に開示しており，丙社に不当な利益を得させ，又は甲社に不当な損害を加える目的があると認められ，7 号にいう営業秘密保有者から示された営業秘密の図利加害目的での開示に該当すると考えられる。これに対して，(4)の技術者 C が泥酔したことにより甲社から示された営業秘密を開示する行為は，秘密保持義務に違反した開示ではあるが，図利加害目的が認められないため，7 号の不正競争行為には当たらないであろう。

(6)　不正開示された営業秘密の悪意・重過失での取得・使用・開示（8 号）

　8 号は，「その営業秘密について営業秘密不正開示行為（前号に規定する場合において同号に規定する目的でその営業秘密を開示する行為又は秘密を守る法律上の義務に違反してその営業秘密を開示する行為をいう。以下同じ。）であること若しくはその営業秘密について営業秘密不正開示行為が介在したことを知って，若しくは重大な過失により知らないで営業秘密を取得し，又はその取得した営業秘密を使用し，若しくは開示する行為」を不正競争行為と定め，

---

179)　逐条 97 頁。
180)　逐条 98 頁。
181)　前掲注 178）知財高判平成 24 年 7 月 4 日。

7号の図利加害目的によって，又は守秘義務違反によって開示された営業秘密を，悪意・重過失により取得する行為，及びこのようにして取得した営業秘密を使用・開示する行為を差止めの対象としている。

8号は，5号と異なり，営業秘密不正開示行為が「介在したこと」だけでなく，営業秘密不正開示行為「であること」も含んでいる。これは，「介在」だけでは，その開示の直接的な相手として営業秘密を取得した行為が8号の対象ではないと解されるおそれがあるからである。

8号の括弧書にいう「秘密を守る法律上の義務」には，例えば，弁護士，公認会計士，税理士等の専門職について，法律上明文で規定されている守秘義務のほか，契約上の守秘義務も含むものと理解されている。例えば，弁護士が会社のライセンス契約交渉を担当することによって接した営業秘密をほかの会社に開示すること，退職した元従業者が雇用契約に定める退職後の一定期間における守秘義務に反して営業秘密を他人に開示することは，図利加害目的が認められないために7号の営業秘密不正開示行為には該当しない場合であっても，守秘義務違反の開示であることにつき悪意・重過失によって他の者が当該営業秘密を取得・使用・開示する行為は，8号の不正競争行為に該当する。

> CASE 2-10 の(3)において，丙社は，甲社から転職してきたBが営業秘密を開示することが，7号の営業秘密不正開示あるいは役員としての守秘義務に違反した開示であることを知っていたか，重大な過失により知らなかったと認められるため，その営業秘密を取得し，これを使用して新商品を発売することは，8号の不正開示された営業秘密の悪意・重過失での取得・使用に該当する。
>
> また，(4)においても，Cの開示は前述のように7号の不正競争行為には該当しないが，8号の括弧書にいう「秘密を守る法律上の義務」に違反した開示であり，丁社はこのことを知っていたか，重大な過失により知らなかったと認められるため，その営業秘密を取得し，これを利用して新商品を発売することは，やはり8号の不正開示された営業秘密の悪意・重過失での取得・使用に該当する。

(7) **不正開示された営業秘密の取得後における悪意・重過失での使用・開示（9号）**

9号は，「その取得した後にその営業秘密について営業秘密不正開示行為が

あったこと若しくはその営業秘密について営業秘密不正開示行為が介在したことを知って，又は重大な過失により知らないでその取得した営業秘密を使用し，又は開示する行為」を不正競争行為と定め，不正開示された営業秘密を善意無重過失によって取得した後，悪意・重過失に転じて，その取得した営業秘密を使用・開示する行為を差止めの対象としている。

営業秘密の不正開示について善意無重過失によりその営業秘密を取得する者が，悪意・重過失に転じることは，6号と同様に，営業秘密の保有者からの警告やニュース報道などによって生じ得る。例えば，下請会社が秘密保持契約に違反して，営業秘密保有者から開示された製造ノウハウを他の会社に売却した場合に，売却を受けた会社が営業秘密保有者から警告を受けたにもかかわらずそのノウハウを使用する行為は，本号の不正競争行為に該当する。もっとも，6号の場合と同様に，本号についても後述する適用除外が認められている。

(8) 営業秘密の不正使用行為により生じた物を譲渡等する行為（10号）

10号は，「第4号から前号までに掲げる行為（技術上の秘密（営業秘密のうち，技術上の情報であるものをいう。以下同じ。）を使用する行為に限る。以下この号において「不正使用行為」という。）により生じた物を譲渡し，引き渡し，譲渡若しくは引渡しのために展示し，輸出し，輸入し，又は電気通信回線を通じて提供する行為（当該物を譲り受けた者（その譲り受けた時に当該物が不正使用行為により生じた物であることを知らず，かつ，知らないことにつき重大な過失がない者に限る。）が当該物を譲渡し，引き渡し，譲渡若しくは引渡しのために展示し，輸出し，輸入し，又は電気通信回線を通じて提供する行為を除く。）」を不正競争行為と定め，技術上の秘密の不正使用により生じた物（営業秘密侵害品）を譲渡等する行為，又は，悪意・重過失で当該物を譲り受けた者がその物を譲渡等する行為を差止めの対象としている。これは平成27年改正により新設された規定であり，その目的は営業秘密の侵害行為自体に対する従前の規制のみならず，営業秘密侵害品の譲渡等をも規制することによって侵害行為に対する抑止力を向上させることである。

譲渡等規制の対象である営業秘密侵害品は，4号ないし9号に掲げる侵害行為のうち，技術上の情報を使用する行為により生じた物である。例えば，特定の化学物質の製造方法に係る営業秘密を使用して製造された化学物質がこれに

該当する。また、営業秘密侵害品の譲渡等の行為が規制される主体は、営業秘密侵害品を製造した本人に限らず、これを譲り受けた者も規制される主体に含まれる。ただし、取引の安全の観点から、譲り受けた時に営業秘密侵害品であることについて善意無重過失であった者は、その後に情を知るに至ったとしても、これを再譲渡等の行為をする場合は規制の対象から除外される。なお、本号について後述する適用除外規定（19条1項7号⇒本章本節5）がある。

> **用語解説⑤　時　効**
>
> 時効とは、ある事実状態が一定期間継続した場合、その事実状態を尊重するため、真実の権利関係にかかわらず、その事実状態に沿った権利の取得又は消滅の効果を認める制度である。消滅時効は権利を行使しない状態が一定期間継続した場合に、その事実状態を尊重するため、当該権利を消滅させる制度をいう。

> CASE 2-10 の(5)において、己社がβを仕入れた当時において善意無重過失と考えられるため、その後に戊社の不正入手行為を知るようになったとしても、βの小売販売を続ける行為は10号の不正競争行為には当たらないであろう。

4　差止請求権・損害賠償請求権の消滅時効※

(1) 概　説

　不正競争防止法は、営業秘密に関する不正競争行為に対する民事的救済として、営業秘密保有者に、不正競争行為を行う者に対する差止請求権を認めている（3条⇒第3章第2節）。しかしながら、他人の営業秘密を使用した生産活動や販売活動、研究開発活動が長期間継続した場合に、その使用行為が不正競争行為に該当するとしても、これに対する差止請求を認めることは、その使用行為を行っている者の雇用・取引関係等に著しい影響を与え、法的安定性を害することになる。

　そこで、15条1項は、営業秘密の不正使用が長期間継続したことによって生じた事実状態を保護し、社会関係や法律関係を早期に安定させるという観点から、営業秘密に関する不正競争行為に対する差止請求権について、3年の短期消滅時効と20年の除斥期間※を定めている。同条によれば、営業秘密の不

第2章　不正競争行為

> **用語解説⑥　除斥期間**
>
> 一定の期間の経過に権利消滅の効果を認める制度のことをいう。中断がない点や援用が不要である点などにおいて消滅時効と異なる。

正使用者が継続して営業秘密を使用する場合において，営業秘密保有者は不正使用の事実及び不正使用者を知った時から3年以内に差止請求を行わないときは，差止請求権は時効によって消滅し，その後に差止めを請求することはできないことになる。また，不正使用行為の開始の時から20年を経過したときは，営業秘密保有者が不正使用の事実等を知るか否かを問わず，差止請求権は消滅する。

また，4条本文は，故意・過失による営業上の利益侵害に対して損害賠償請求権を定めているが（⇒第3章第3節），同条ただし書※は，15条によって差止請求権が消滅した場合には，その後の営業秘密の使用行為により生じた損害について，損害賠償請求権が生じないと規定している。

(2) 営業秘密を継続して使用する行為

15条1項の消滅時効が対象とするのは，営業秘密を使用する行為を継続する場合である。「その行為を継続する場合」に限定するのは，使用を停止している状態では保有者が差止請求権を行使する可能性が乏しく，この期間を消滅時効の期間に算入することは，営業秘密保有者にとって酷になるからである[182]。ただし，営業秘密の継続使用中に中断があっても，その中断が一時的なもので，中断の前後における使用が一個の行為と評価することができるのであれば，使用行為の継続性に影響しない。

営業秘密に関する不正競争行為のうち，取得行為と開示行為は消滅時効の対象とされていない。これは，取得行為も開示行為も1回限りの行為であり，行為の継続によって生じた事実状態の保護とは無縁だからである。

(3) 消滅時効の計算

15条1項前段に定める3年の消滅時効は，営業秘密保有者が不正使用の事

[182) 逐条208頁。

第5節　営業秘密に係る不正行為

実と不正使用を行う者の双方を知った時から起算する。不正使用の差止めは，ある不正使用者に対してその営業秘密の使用を全面的に禁止するものであるから，同一の不正使用者であれば，その営業秘密について異なる用途に応じて別々の使用を始めたとしても，消滅時効が使用行為ごとに進行することはない。他方，不正使用者が複数であれば，消滅時効は不正使用者ごとに進行する。ただし，同一の不正使用者が，ある使用行為を停止した後，まったく別個に新たに使用を開始するような場合に

> **用語解説⑦　条文の読み方**
>
> (1) 前段と後段，本文とただし書
>   1つの条や項等の中で，文章が2つに区切られている場合，前側の文章を「前段」，後ろ側の文章を「後段」という。
>   ただし，「後段」が「ただし」という字句で始まっている場合は，前段を「本文」，後段を「ただし書」と呼ぶ。「ただし書」は本文に対する例外的な条件や除外例を規定している。
>
> (2) 柱　書
>   1つの条や項等の中で，号として箇条書きで列記された部分がある場合に，この列記以外の部分をいう。

は，新しい使用行為に対して消滅時効が独自に計算されることになろう。

　なお，15条1項前段は消滅時効として規定している以上，民法における時効の援用（民145条）と時効の中断（民147条）等の規定の適用に服することになる。

(4)　除斥期間

　15条1項後段の20年という期間は，通説的理解によれば除斥期間と解される。その起算点は，営業秘密を継続して使用する「行為の開始の時」である。この期間は除斥期間であるため，中断はなく，当事者の援用を待たずに，20年の経過によって差止請求権は確定的に消滅する[183]。

---

183) なお，令和2年4月1日より施行される「民法の一部を改正する法律」（平成29年法律第44号，債権法改正）において，後述する民法724条の不法行為に基づく損害賠償請求権に関する20年の期間を除斥期間とする解釈が見直され，消滅時効期間とすることが明記されたとともに，時効の「中断」が「更新」に用語が改められた。また，これに伴う関係法律の整備等に関する法律（平成29年法律第45号，令和2年4月1日施行）により，不正競争防止法15条が改正され，20年の期間を民法同様に消滅時効期間とすることが明記された。

(5) 損害賠償請求権の消滅時効

4条ただし書は、15条によって差止請求権が消滅した後の営業秘密の使用行為により生じた損害について、損害賠償請求権が生じないと規定している。逆にいえば、差止請求権が消滅時効ないし除斥期間によって消滅するまでの不正使用による損害については、損害賠償請求権は消滅するわけではなく、民法の一般不法行為の時効規定に従うことになる。

民法724条によれば、被害者等が損害及び加害者を知った時から3年間行使しないとき、又は不法行為の時から20年を経過したときに、損害賠償請求権が消滅する。したがって、例えば、営業秘密の不正使用行為が25年間続いている場合に、25年目に不正使用を知った営業秘密の保有者は、差止請求権が消滅した20年目以降の使用について損害賠償を請求できない（4条ただし書）。さらに、使用開始から5年目までの使用についての賠償は、不法行為の除斥期間によって消滅するため（民724条後段）、結局営業秘密保有者が賠償請求できるのは、使用開始の5年目から20年目までの分ということになる（下図参照）。

なお、不正競争防止法4条に規定する損害賠償請求権は、民法709条の不法行為に基づく損害賠償請求を排除するものではないため、同一の不正使用行為について、営業秘密の保有者が4条の損害賠償請求を行うことも、民法709条の損害賠償請求を行うことも可能である。上記例において、仮に民法上の不法行為が成立する場合には、使用開始の5年目から25年目までの分の損害についても、賠償請求ができることになる。

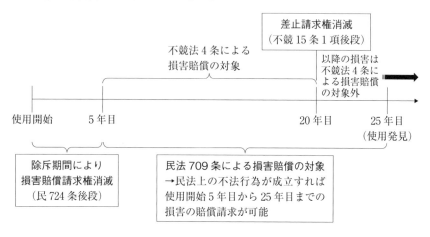

5 適用除外

(1) 概　説

　前述したように，不正競争防止法は，営業秘密を取得した際には営業秘密不正取得行為・営業秘密不正開示行為という事実について善意無重過失であっても，事後的に悪意・重過失に転じた場合に，その後の使用・開示は不正競争行為であると規定している（2条1項6号・9号）。しかしながら，これは営業秘密保有者を手厚く保護している規定であるといえる一方，取得者からすれば，流通する情報が保護を受けるべき営業秘密であるかどうかを必ずしも容易に知ることはできず，その情報を取得した際に善意無重過失であったにもかかわらず，事後的に悪意・重過失に転じたからといって，その営業秘密を利用する行為が一切禁止されるのは，情報の自由な流通を妨げるとともに，対価を払って営業秘密を取得した者に予期せぬ損害を与え，取引の安全をも害するものである。

　そこで，営業秘密の善意取得者を保護するために，19条1項6号には，2条1項6号・9号に定める不正競争行為に対する適用除外規定が設けられている。これによれば，取引行為によって善意無重過失で営業秘密を取得した者が，その後に悪意・重過失に転じても，その取引によって取得した権原の範囲内においてその営業秘密を使用・開示する行為については，差止請求や損害賠償請求，刑事罰の規定は適用されない。そのため，営業秘密保有者は差止めや損害賠償を請求することはできない。

　また，前述したように，営業秘密侵害品の譲渡等は不正競争行為である（2条1項10号）。他方，営業秘密に関する不正競争行為に対する差止請求権について，15条は3年の短期消滅時効と20年の除斥期間を定めている。この期間が経過した後は，営業秘密の不正使用行為に対してもはや差止請求ができなくなるのに，不正使用行為によって生じた営業秘密侵害品の譲渡等に対して規制し続けることはバランスを欠くものと考えられる。

　そこで，19条1項7号は，営業秘密の不正使用行為に対する差止請求権が消滅した後に当該使用行為によって生じた営業秘密侵害品を譲渡等する行為について，差止請求や損害賠償請求，刑事罰の規定は適用されないと定めている。以下では，19条1項6号と7号についてそれぞれ説明する。

(2) 営業秘密の善意取得者保護（19条1項6号）

(a) 「取引によって営業秘密を取得した」　19条1項6号によって差止請求等の規定の適用除外を受ける者は，「取引によって営業秘密を取得した者」であって，しかも，その取得の際に善意無重過失でなければならない。ここでいう「取引」には，営業秘密の譲渡契約やライセンス契約が当然含まれるし，有償か無償かも問わないが，相続や合併によって営業秘密を取得する場合は取引とはいえないので，これによって営業秘密を取得した者は，善意無重過失であっても適用除外を受けない。また，条文上は「取得した」となっているため，単に取引についての合意がなされているだけでは足りず，その営業秘密の引渡しや対価の給付を完了しているなどによって，営業秘密を使用・開示する権原を確実に取得したと認められる事情が必要とされる。

ところで，他社から転職してきた従業者との間の雇用契約がここでいう「取引」に含まれるかについて議論がある。一般的には，雇用契約は営業秘密を取得する取引とはいい難いが，従業者が有する情報の取得を目的とする雇用契約であれば，ライセンス契約等によって情報を取得しようとする場合と比べて会社の予測可能性を保護する必要性に違いがないので，このような雇用契約も取引に含まれると解されている[184]。もっとも，このような場合には，会社は従業者が当該情報につき守秘義務を負うことについて，情報の取得時に善意無重過失とは認められず，本号の適用除外を受けることができない可能性が高いだろう。

(b) 「取引によって取得した権原の範囲内」　取引によって善意無重過失で営業秘密を取得した者は，その取引によって取得した権原の範囲内においてその営業秘密の使用・開示行為が許される。

ここでいう「権原の範囲」とは，取得した営業秘密を自らの意思で使用・処分することができる範囲のことを指すが，典型的には，ライセンス契約に定められた営業秘密の使用に係る時間的ないし地域的範囲である。例えば，ライセンス契約によって，使用期間3年間，使用地域は関西という限定条件付きで営業秘密を取得したとすれば，その限定条件内の使用が当該取引による権原の範囲内となり，19条1項6号の適用により，営業秘密の本来の保有者はこれに

---

[184]　田村352頁。

対し差止め等を請求できない。しかし、3年間が経過した後の使用や使用制限地域外での使用は、「権原の範囲」を超えるものであるので、差止め等の対象となる。

また、いかなる取引であれば営業秘密を開示する権原までを取得し得るのかが問題となる。ライセンス契約においては、ライセンシーは通常秘密保持義務を課されるため、ライセンス契約という取引によって開示する権原まで取得したことにはならず、開示することは許されないだろう。これに対して、譲渡契約によって営業秘密を取得した場合には、権原に範囲の制限がないのが通常であり、本来はその営業秘密を開示しても適用除外を受けることができる。しかし、通常の取引では営業秘密が売買されることは稀であるとされ、売買によって営業秘密を取得した者には、悪意・重過失が認められる可能性が高いと考えられる[185]。さらに、取得者が善意無重過失であったとしても、一定水準以上の開示行為がなされる場合には、その営業秘密が非公知性を失って営業秘密でなくなるので、本来の営業秘密保有者はほかの利用者に対しても差止請求ができなくなるという不利益を被ることになる。善意無重過失の取得者の利益を重んじて営業秘密保有者にそこまでの不利益を与えることは均衡を失するとして、立法論的に開示が許容されている点を問題視する見解も主張されている[186]。

> 前述のように、CASE 2-10 の(1)において、乙社はAとの取引行為によって善意無重過失に甲社の営業秘密を取得したのであり、その後に悪意・重過失に転じても、その取引によって取得した権原の範囲内において、その営業秘密を使用し新商品を発売する行為については、19条1項6号により差止請求や損害賠償請求、刑事罰の規定は適用されない。

(3) 営業秘密侵害品の譲渡等（19条1項7号）

19条1項7号によって2条1項10号から除外される行為は、15条1項に定める期間の経過により差止請求権が消滅した後にその営業秘密を使用する行為により生じた物を譲渡等する行為である。したがって、営業秘密の不正使用行

---

185) 渋谷 174 頁。
186) 田村 352 頁。

為に対する差止請求権が消滅する前にその営業秘密を使用する行為により生じた物を、差止請求権が消滅した後に譲渡等する行為は不正競争行為から除外されない。また、15条1項の期間経過によって消滅するのは、営業秘密の使用を継続する特定の不正使用者に対する差止請求権であって、他の不正使用者に対する差止請求権に影響するものではないため、他の不正使用者がその営業秘密を使用する行為により生じた物を譲渡等する行為まで同様に不正競争行為から除外することを意味しない。

第6節　限定提供データに係る不正行為

❈POINT❈

- ◆ 限定提供データとは、ⓐ限定提供性、ⓑ電磁的管理性、ⓒ相当量蓄積性の要件を満たす技術上・営業上の情報である。ただし、秘密として管理されているものは除かれる（2条7項）。
- ◆ 限定提供データに係る不正行為は、以下のものである（2条1項11号〜16号）
  - ① 限定提供データの不正取得、不正取得した限定提供データの使用・開示（11号）
  - ② 不正取得された限定提供データの悪意での取得・使用・開示（12号）
  - ③ 不正取得された限定提供データの取得後における悪意での開示（13号）
  - ④ 限定提供データ保有者から示された限定提供データの図利加害目的での使用（管理任務違背の場合に限る）・開示（14号）
  - ⑤ 不正開示された限定提供データの悪意での取得・使用・開示（15号）
  - ⑥ 不正開示された限定提供データの取得後における悪意での開示（16号）
- ◆ 2条1項11号〜16号所定の不正競争行為に対する適用除外として、①取引による善意取得者の開示、②無償で公衆に利用可能となっている情報と同一の限定提供データの取得・使用・開示が定められている（19条1項8号）。

第 6 節　限定提供データに係る不正行為

1　概　　説

　第四次産業革命を背景に，データは企業の競争力の源泉としての価値を増しており，その利活用が適切に行われるようにすることが産業の発展にとって極めて重要となっている。しかしながら，利活用が期待されるデータは，一定の条件下で広く他人に提供されることを前提としており，前述した営業秘密（⇒本章第 5 節）として保護を受けることはできない。そこで，平成 30 年改正により，限定提供データに係る不正行為を不正競争行為とする 2 条 1 項 11 号～16 号が規定され，限定提供データ保護制度が新設された[187]。

　2 条 1 項 11 号～16 号に基づいて差止めや損害賠償を請求することができる者は，限定提供データ保有者（「限定提供データを保有する事業者」。2 条 1 項 14 号）であると解される。

　2 条 1 項 11 号～16 号所定の不正競争行為が行われても，①取引による善意取得者の開示，②無償で公衆に利用可能となっている情報と同一の限定提供データの取得・使用・開示の場合には，差止請求や損害賠償請求に関する規定は適用されない（19 条 1 項 8 号）。また，限定提供データを使用する行為に関しては，15 条 2 項において，営業秘密を使用する行為に関する差止請求権・損害賠償請求権の消滅時効を定める同条 1 項が準用されている。よって，限定提供データを不正に使用する者がその行為を継続する場合において，限定提供データ保有者はその事実及びその行為を行う者を知った時から 3 年以内に差止請求を行わないときは，差止請求権は時効によって消滅し，その後に差止めを請求することはできないことになる。不正使用行為の開始の時から 20 年を経過したときも同様である（15 条 2 項）。そして，15 条により差止請求権が消滅した後に限定提供データを使用する行為によって生じた損害については，損害賠償請求権が生じない（4 条ただし書）。

　なお，この不正競争行為に関しては，刑事罰の導入がデータの利活用を委縮させるおそれが懸念されて，刑事的規制は設けられなかった[188]。

---

187)　同制度の施行日は，2019 年 7 月 1 日である。同制度に関して，予見可能性を高めるためのガイドラインが作成されている。経済産業省「限定提供データに関する指針」（平成 31 年 1 月 23 日）〈https://www.meti.go.jp/policy/economy/chizai/chiteki/guideline/h31pd.pdf〉。

2 限定提供データ

(1) 定　義

限定提供データは2条7項に定義されている。これによると、限定提供データとは、ⓐ限定提供性、ⓑ電磁的管理性、ⓒ相当量蓄積性の要件を満たす技術上・営業上の情報である。ただし、営業秘密との重複を避けるために、秘密として管理されているものは除かれると定められている。また、後述するように（⇒本章本節4(2)）、無償で公衆に利用可能となっている情報と同一の限定提供データは、差止請求等の規定の適用除外の対象となっているため、保護されないものとなる。以下、ⓐ～ⓒの要件について説明する。

(2) 限定提供性

まず、限定提供データは、「業として特定の者に提供する情報」でなければならない。「業として」とは、データ保有者がデータを反復継続的に提供している場合を指す。「特定の者」とは、一定の条件の下でデータ提供を受ける者をいい、人数の多寡は問わない。会費を支払えば誰でも提供されるデータについては、会費を支払って提供を受ける者はこれに当たる。

(3) 電磁的管理性

次に、限定提供データは、「特定の者に提供する情報として電磁的方法（電子的方法、磁気的方法その他人の知覚によっては認識することができない方法をいう。……）により」蓄積・管理されていることを要する。この要件は、データ保有者がデータの提供を受ける「特定の者」以外の第三者にはアクセスできないように電磁的管理を行っていることをいう。データ保有者が「特定の者」に対してのみ提供するものとして管理する意思が明確に認識されることによって、データ利用者の予見可能性、経済活動の安定性を確保しようとするものである。

電磁的管理の具体的内容や管理の程度は、企業の規模・業態、データの性質

188）　経済産業省知的財産政策室「不正競争防止法平成30年改正の概要」NBL1126号（2018年）13, 19頁。

やその他の事情によって異なるであろう。電磁的管理の例としては、ユーザーの認証によって行われるID・パスワード管理や、データ暗号化がある[189]。

(4) 相当量蓄積性

そして、限定提供データは、「電磁的方法……により相当量蓄積」されるものでなければならない。この要件は、当該データが電磁的方法により有用性を有する程度の量存在していることをいう。「相当量」がどれくらいかは、当該データの性質に応じて、電磁的方法により蓄積されることによって生み出される付加価値、利活用の可能性、取引価格、収集・解析に当たって投じられた労力・時間・費用等が勘案されることになろう[190]。

3 限定提供データに係る不正競争行為

(1) 概 説

不正競争防止法は、限定提供データに係る不正競争行為を6つに分けて、それぞれ2条1項11号～16号に規定している。この6つの不正競争行為は、平成27年改正前の営業秘密に係る不正競争行為と同様に、大きく2つの類型に分けることができる。

第1類型は、限定提供データがアクセス権のない者によって不正取得され、その不正取得された限定提供データがその後転々流通する過程で行われる行為である。これらの行為は、2条1項11号～13号に規定される。第2類型は、限定提供データ保有者からアクセス権のある者に示された限定提供データが不正に使用・開示され、その限定提供データがその後転々流通する過程で行われる行為である。これらの行為は、2条1項14号～16号に規定される。

なお、営業秘密の場合、第1類型及び第2類型の不正使用行為により生じた物が転々流通する過程で行われる行為（2条1項10号）も不正競争行為となるが、現段階では限定提供データを使用することにより生じた物の価値へのデータの寄与度等が判然としないため、そのような物の譲渡は不正競争と定められていない[191]。

---

189) 経済産業省知的財産政策室・前掲注188) 16頁。
190) 経済産業省知的財産政策室・前掲注188) 16頁。
191) 経済産業省知的財産政策室・前掲注188) 17頁。

(2) 限定提供データの不正取得，不正取得した限定提供データの使用・開示（11 号）

11 号は，限定提供データ不正取得行為（「窃取，詐欺，強迫その他の不正の手段により限定提供データを取得する行為」），又は限定提供データ不正取得行為により取得した限定提供データを使用・開示する行為を定めている。営業秘密に関する 4 号と同様のものであり，「その他の不正の手段」も，窃盗罪や詐欺罪等の刑罰法規に該当するような行為に限らず，社会通念上，これと同等の違法性を有すると判断される公序良俗に反する手段を用いる場合も含まれると解される。

(3) 不正取得された限定提供データの悪意での取得・使用・開示（12 号）

12 号は，限定提供データ不正取得行為が介在したことについて悪意の場合に限定提供データを取得し，その取得した限定提供データを使用・開示する行為を定めている。営業秘密に関する 5 号に類似するものであるが，5 号は営業秘密不正取得行為の介在について悪意の場合だけでなく，重過失により知らなかった場合も対象とするが，12 号では悪意の場合のみが対象となる。

(4) 不正取得された限定提供データの取得後における悪意での開示（13 号）

限定提供データの取得・使用・開示行為は，その取得時に限定提供データ不正取得行為が介在したことについて善意であれば，12 号には該当しない。これに対して，13 号により，取得後に悪意となった場合に取得した限定提供データを開示する行為は不正競争となる。営業秘密に関する 6 号に類似するが，13 号では，取得後に悪意となった場合の開示行為だけを対象とし，使用行為を対象としていない。

(5) 限定提供データ保有者から示された限定提供データの図利加害目的での使用・開示（14 号）

14 号は，限定提供データ保有者から示された限定提供データを，図利加害目的で（「不正の利益を得る目的で，又はその限定提供データ保有者に損害を加える目的で」）使用・開示する行為を定めている。営業秘密に関する 7 号と同様であるが，14 号における使用については，図利加害目的のみならず，「限定提供データの管理に係る任務に違反して行うもの」であることが要件とされており，

不正競争となる場合を横領・背任に相当する悪質性の高い行為に限定している[192]。

(6) 不正開示された限定提供データの悪意での取得・使用・開示（15号）

15号は，14号の図利加害目的によって不正開示された限定提供データを悪意で取得・使用・開示する行為を定めている。営業秘密に関する8号に類似するが，12号と同様に，限定提供データ不正開示行為（14号に規定する場合において同号に規定する目的でその限定提供データを開示する行為）であること又は限定提供データ不正開示行為が介在したことについて悪意の場合のみが対象となる。

(7) 不正開示された限定提供データの取得後における悪意での開示（16号）

16号は，限定提供データの取得後に，限定提供データ不正開示行為があったこと又は限定提供データ不正開示行為が介在したことについて悪意となった場合に，取得した限定提供データを開示する行為を定めている。営業秘密に関する9号に類似するが，13号と同様に，取得後に悪意となった場合の開示行為だけを対象としている。

4 適 用 除 外

(1) 限定提供データの善意取得者保護

限定提供データの取得者は，その取得時に限定提供データ不正開示行為であること又は限定提供データ不正取得行為・不正開示行為が介在していたことについて善意であっても，その後に悪意になった場合には取得した限定提供データを開示する行為は不正競争となる（2条1項13号・16号）。このような取扱いは，限定提供データ保有者を手厚く保護するものであるが，その一方，限定提供データの取得者に不測の不利益を与え，取引の安全を害することになる。

そこで，営業秘密に関する19条1項6号と同様に，上記の場合，取引によって限定提供データを取得した者がその取引によって取得した権原の範囲内においてその限定提供データを開示する行為には，差止請求や損害賠償請求に関する規定は適用されないことになっている（19条1項8号イ）。

---

192) 経済産業省知的財産政策室・前掲注188) 18頁。

(2) 無償で公衆に利用可能となっている情報と同一の限定提供データ

無償で公衆に利用可能となっている情報については，自由な流通を促進すべきであるから[193]，そのような情報と同一の限定提供データを取得・使用・開示する行為には，差止請求や損害賠償請求に関する規定は適用されない（同号ロ）。

第7節　技術的制限手段に係る不正行為

❖ *POINT* ❖

◆ 2条1項17号・18号は，技術的制限手段の効果を妨げる無効化装置等や役務を提供する行為を不正競争行為と定めている。

◆ 影像の視聴等を一律に制限する技術的制限手段については17号が，特定の者以外の者に対して影像の視聴等を制限する技術的制限手段については18号が，それぞれ規定している。

◆ 技術的制限手段の試験研究のために用いられる装置等の譲渡等や役務の提供については，適用除外となっている。

1　概　　説

営業上用いられている技術的制限手段について，その効果を妨げ，制限されていた影像の視聴等を可能にする機能を有する装置等を譲渡等する行為，及び，技術的制限手段の効果を妨げ，影像の視聴等を可能にする役務を提供する行為は，不正競争行為に該当する（2条1項17号）[194)195)]。また，特定の者以外の者

---

193)　経済産業省知的財産政策室・前掲注188）16頁。

194)　技術的制限手段に係る不正競争行為に関する平成30年改正の施行日は，不正競争防止法等の一部を改正する法律の施行期日を定める政令により，条文番号に係る箇所を除き，他の改正箇所よりも早く，平成30年11月29日と定められている。

195)　なお，著作権法においても，「技術的保護手段」についての規制が存在している（著作2条1項20号）。具体的には，悪意で技術的保護手段を回避して複製を行った場合，私的複製に係る著作権の権利制限が及ばないとされ（著作30条1項2号），また技術的保護手段を回避する装置等の提供行為等が刑事罰の対象とされている（著作120条の2第1号・2号）。さらに近時，新たに「技術的利用制限手段」（著作2条1項21号）に係る規制も導入されている。

に対して影像の視聴等を制限する技術的制限手段についても，同様である（同項18号）。17号・18号に基づき，差止請求等を行うことができるのは，原則として営業上の利益を確保するために技術的制限手段を用いているコンテンツ提供事業者である[196]。

　これらの規定の趣旨は以下の通りである。コンテンツ[197]に係る対価回収を確実なものとするため，コンテンツ提供事業者は，無断コピーや無断アクセスを防止するべく，いわゆるコピー管理技術やアクセス管理技術といった技術的制限手段を開発し，利用している。しかしこれを無効化する装置等も出回ってしまうことから，その対策のため，コンテンツ提供事業者は大きな負担を強いられることとなる。そこで，「コンテンツ提供事業の存立基盤を確保し，コンテンツ提供事業者間の競争秩序を維持する」観点から，これらの無効化装置等の提供行為等について，不正競争行為として規制を及ぼすことにしたのである[198]。

　以下では，まず，2条1項17号について，次に，同項18号について説明する。その後に，17号・18号に関する適用除外について述べる。

---

[196] 注解（上）611頁［小松陽一郎］参照。また，「迂回された技術的制限手段を施すことにつき権限を有している者」（田村393頁）とする見解もある。

[197] 不正競争防止法の条文上，コンテンツという文言は存在しないが，産業構造審議会知的財産政策部会デジタルコンテンツ小委員会及び情報産業部会基本問題小委員会デジタルコンテンツ分科会合同会議報告書「コンテンツ取引の安定化・活性化に向けた取り組みについて」（1999年）1頁では，流通方法や媒体を問わず，「真に取引の対象となっている情報を示す言葉」として用いるとされている。注解（上）600頁［小松］も参照。また，コンテンツの創造，保護及び活用の促進に関する法律では，「映画，音楽，演劇，文芸，写真，漫画，アニメーション，コンピュータゲームその他の文字，図形，色彩，音声，動作若しくは映像若しくはこれらを組み合わせたもの又はこれらに係る情報を電子計算機を介して提供するためのプログラム……であって，人間の創造的活動により生み出されるもののうち，教養又は娯楽の範囲に属するもの」と定義されている（同法2条1項）。

[198] 逐条117頁。

第2章　不正競争行為

2　17号で規制される行為

> **CASE 2-11**　Xは，影像の記録を阻止する信号を付された映画のDVDを販売している。
> 　Yは，パソコンにおいて当該信号を無効化するプログラムを記録した媒体を店頭で販売し，またインターネットを通じて当該プログラムを送信している。
> 　Zは，当該信号を解析し，自分用にこれを無効化するためのプログラムを作成し，自分のパソコンにインストールして，当該暗号を無効化した。
> 　Y，Zの行為は本号の不正競争行為に該当するか。

(1)　「営業上用いられている技術的制限手段」

　2条1項17号で問題となる「技術的制限手段」については，2条8項において定義されている。具体的には，電磁的方法（人の知覚によって認識することができない方法。2条8項参照）により，影像の視聴等を制限する手段であって，次の2種類の方式によるものである。すなわち，①視聴等するための機器が特定の反応をするような信号（信号検知の結果，視聴等を制限するものも，逆に可能にするものも含まれる）[199]を記録・送信する方式によるもの（例えば，CGMS：Copy Generation Management System）と，②影像等自体について，視聴等するための機器において，一定のルールによる変換が必要となるような状態で記録・送信する方式によるもの（例えば，スクランブル放送）である。

　なお，平成30年改正前は，①の信号について，文言上，「影像，音若しくはプログラムとともに」記録媒体に記録される等の必要があったが，例えばソフトウェア自体は体験版として入手することができるが，さらにシリアル番号を入力することで製品版として認証され，ソフトウェアの機能が全て使用可能となるような，いわゆるアクティベーション方式の技術的制限手段も保護対象であることを明確にするべく，平成30年改正において上記文言が削除された[200]。

---

199)　知財高判平成26年6月12日（平成25年（ネ）10067号）〔マジコン事件〕。
200)　経済産業省知的財産政策室・前掲注188）20頁，逐条50～51頁。

「営業上用いられている」という要件は、「技術的制限手段」をある営業活動に用いていることを示しており[201]、営利目的の有無を問わず[202]、広く解釈されるべきものである[203]。

なお、18号に相当する技術的制限手段については、括弧書において、17号の対象から除かれている。

(2) 技術的制限手段によって制限されている行為

技術的制限手段によって制限されている行為は、条文では、「影像若しくは音の視聴、プログラム[204]の実行若しくは情報[205]の処理又は影像、音、プログラムその他の情報の記録」と規定されており、①影像や音の視聴、プログラムの実行及び情報の処理、すなわち影像等へのアクセスと、②影像や音やプログラムその他の情報の記録、すなわち影像等のコピーという、2種類の行為を指す。本号の条文上はまとめて、「影像の視聴等」と呼称される。

なお、平成30年改正により、「情報」(電磁的記録に記録されたデータ)が保護対象に追加された。具体的には、従来の影像や音の視聴、プログラムの実行に加えて、(影像、音、プログラムを含む)情報の処理が追加され、また従来の「影像、音若しくはプログラムの記録」について、さらに情報も包括した書きぶりとして、「影像、音、プログラムその他の情報の記録」と改められた[206]。これにより、例えば、ゲームのセーブデータに施されている暗号を無効化し、書き換えるための装置の販売等が規制の対象となるとされている[207]。

---

201) 例えば、プライバシー保護の目的等による暗号は、これに含まれないことになる。逐条123頁。
202) 松村573頁。
203) 渋谷201頁。
204) 「プログラム」は、「電子計算機に対する指令であって、一の結果を得ることができるように組み合わされたもの」と定義されている(2条9項)。
205) 「情報」については、17号で、「電磁的記録(電子的方式、磁気的方式その他人の知覚によっては認識することができない方式で作られる記録であって、電子計算機による情報処理の用に供されるものをいう。)に記録されたものに限る」とされている。
206) 経済産業省知的財産政策室・前掲注188) 20頁、逐条124頁参照。
207) 経済産業省知的財産政策室・前掲注188) 20頁。

第 2 章　不正競争行為

(3) 規制の対象となる装置・プログラム・指令符号
　(a) 技術的制限手段の無効化機能を有する装置・プログラム・指令符号
　技術的制限手段の効果を妨げることにより、技術的制限手段によって制限されている影像の視聴等を可能にする機能を有する装置・プログラム・指令符号が規制の対象である[208]。

　ここでいう装置には、それを組み込んだ機器及び装置の部品一式で組立容易なものも含むとされており、例えば、信号の効果を解除する機能を有する装置であるチップを組み込んだ視聴機器等も、対象に含めることで、規制の潜脱を防いでいる。また同様に、プログラムについても、後述の記録媒体等を伴う譲渡等においては、ほかのプログラムと単に組み合わされたものも規制の対象となっている。したがって、技術的制限手段の無効化機能を有するプログラムと影像視聴用のプログラムとが、単に抱き合わせで記録された記録媒体等について、その譲渡等に規制が及ぶこととなる。

　さらに平成30年改正において、新たに指令符号[209]が規制対象として追加された。技術的制限手段の効果を妨げる行為の多様化の中で、特にソフトウェア等に施された技術的制限手段を不正に解除するためのシリアルコードや暗号解除キーの提供が多発していることに鑑みたものである。これにより、ビジネ

---

[208] 電子書籍に係る配信事業者が、①特定のビューアによる複号化が必要になるようコンテンツを暗号化し（これ自体が技術的制限手段に当たることに争いはない）、さらに、②当該ビューアにおいて表示された影像等の記録・保存（キャプチャ）をも防止する機能を組み込んだ場合において、②の機能を無効化し得るプログラムの提供が、平成30年改正前の本号に該当するかが問題となった事例として、大阪高判平成29年12月8日高刑集70巻3号7頁〔電子書籍ビューア事件〕がある。裁判所は、本号で規制するべき装置等の機能について、「営業上用いられている技術的制限手段により制限されている影像、音の視聴、プログラムの実行、影像、音、プログラムの記録を可能とする機能を指す」と指摘したうえで、本件における①の技術的制限手段の効果は、「本件ビューアがインストールされた機器以外の機器では暗号化されたコンテンツの表示ができないということ」であるとし、②のキャプチャ防止機能は、他の機器でのコンテンツの表示を防ぐ目的のもので、「本件ビューアがインストールされた機器以外の機器ではコンテンツの表示ができないという効果が妨げられる事態のより確実な防止を目指すもの」であるから、キャプチャを再度可能にするプログラムは、「結局のところ、本件ビューアがインストールされた機器以外の機器ではコンテンツの表示ができないという効果を妨げるものにほかならないプログラムということができる」として、本号の適用を認めた。もっとも、本号の規制対象は、明確性の観点から、暗号化それ自体（本件で言う①）を無効化するもののみとするべきとの理解もあり得よう。

[209] 「指令符号」については、17号で、「電子計算機に対する指令であって、当該指令のみによって一の結果を得ることができるもの」とされている。

スソフト等に施された技術的制限手段を解除するための，不正に生成されたシリアルコード等，技術的制限手段の無効化に直接寄与するような指令符号が新たに規制の対象となった[210]。

　(b)　**多機能装置等に関する取扱い**　平成23年改正前は，規制を最小限にするべく，本号の規制の対象は，「当該技術的制限手段の効果を妨げることにより可能とする機能のみを有する」装置やプログラムに限られていた。しかし，無効化機能以外に他の機能（例えば影像再生機能等）も有する装置等が提供されるようになり，「のみ」要件を前提とする規制が十分に機能しない危険性が生じた。

　そのため，平成23年改正において，「のみ」の要件を外し，無効化機能以外の他の機能も有する装置等についても，規制を及ぼすこととした。しかし，他の機能も有する装置等のすべてを規制の対象とするのではなく，「不正競争と評価し得る範囲に規制を絞り込む観点から，提供態様や利用実態等に鑑みた場合，当該装置等を，無効化の用途に供するために提供する行為に限って不正競争として規制する」[211]こととしたのが，「当該装置又は当該プログラムが当該機能以外の機能を併せて有する場合にあっては，影像の視聴等を当該技術的制限手段の効果を妨げることにより可能とする用途に供するために行うものに限る」とする括弧書である。

　具体的に技術的制限手段無効化の用途に供するために行う譲渡等に当たるかどうかは，その装置等の提供の実態（広告宣伝の方法や内容等）や，ユーザーの一般的な利用実態等を総合的に考慮し判断されると指摘されている[212]。

　この点に関連して，コピー管理やアクセス管理のために用いられる信号を検知する機能をそもそももたない，いわゆる無反応機器についても，技術的制限手段の効果を妨げるものと考えることはできる。しかし無反応機器は，技術的制限手段無効化以外の他の機能も有していることが通常であり，さらに，技術的制限手段無効化の「用途に供するために」譲渡等が行われるわけでもないと

---

210)　経済産業省知的財産政策室・前掲注188) 20頁，逐条128頁。
211)　逐条130頁。
212)　逐条130頁。考慮要素として，「当該技術的制限手段の効果を妨げる機能以外の機能の内容」を指摘するものとして，コンメ126頁〔小倉秀夫〕。

評価されるため，この括弧書に当てはまらず，本号の規制の対象とはならないと解されている[213]。無反応機器を規制対象とすることは，実質的にも，機器の提供者側があらゆる信号に対応できるような機能の実装を強制されることになりかねず，一方的に信号を付することのできるコンテンツ提供事業者との関係でバランスを失するおそれがあるため，コンテンツ提供事業者の自助努力を促す意味でも，これを規制の対象とすべきではないといえよう[214]。

(4) 不正競争行為として規制される行為

(a) **装置・プログラム・指令符号の提供行為**　本号では，技術的制限手段の効果を妨げ，影像の視聴等を可能にする機能を有する装置の譲渡等，すなわち，譲渡，引渡し，譲渡・引渡し目的での展示，輸出，輸入が不正競争行為とされている。当該機能を有するプログラム・指令符号を記録した記録媒体や機器の譲渡等についても，同様の規制となっている。

また，媒体を伴わず，当該機能を有するプログラム・指令符号を，電気通信回線を通じて提供する行為も，規制の対象となっている。

各提供行為の相手方については，特に限定されておらず，公衆に対するものでなくても（特定少数の者に向けたものであっても）よい[215]。

(b) **役務の提供行為**　平成 30 年改正において，新たに「影像の視聴等を当該技術的制限手段の効果を妨げることにより可能とする役務を提供する行為」が規制対象に追加され，技術的制限手段の効果を妨げるサービスの提供についても規制されることとなった。これは，近年，個人の利用者に代わって，特殊な設備や知識が要求されるような不正な装置やプログラム等の導入を行うサービスを提供する事業者が出現していることに鑑みて，導入されたものである[216]。例えば，ユーザーの代わりに，試用版ソフトウェアに施された技術的制限手段を装置等を用いて無効化し，正規版と同等のソフトウェアとして使用可能にするサービス等が，規制の対象となるとされている[217]。

---

[213]　逐条 131 頁。
[214]　逐条 130〜131 頁，注解（上）614 頁［小松］。
[215]　注解（上）616 頁［小松］，松村 580 頁。
[216]　経済産業省知的財産政策室・前掲注 188) 20 頁。
[217]　逐条 132 頁。

(c) **規制の対象になっていない行為**　なお，当該機能を有する装置等の製造は，本号の規制の対象ではない。当該装置等の提供行為と異なり，当該装置等の製造行為のみでは，直ちに公正な競争を阻害することにつながらないためとされる[218]。

また，技術的制限手段を無効化すること自体も，本号の不正競争行為に当たらない。これは，当該機能を有する装置等の提供行為に比較して，個々の無効化行為自体は被害も限定的であり，またそれを捕捉し，民事訴訟を提起することも困難であると考えられたためである[219]。

> CASE 2-11 の Y の行為は，技術的制限手段を無効化するプログラムが記録された記録媒体を譲渡し，また当該プログラムを，電気通信回線を用いて送信するものであるため，いずれも本号の不正競争行為に該当する。
> 一方，Z の行為は，自己のために技術的制限手段を無効化するプログラムを作成，使用しているのみであるので，その行為は本号の不正競争行為には該当しないこととなる。

3　18号で規制される行為

2条1項18号は，他人が「特定の者以外の者に」影像の視聴等をできないようにするために用いられる技術的制限手段についての規制である。例えば，衛星放送におけるスクランブル放送は，サービス契約者（特定の者）以外の者はスクランブルを解除できない。このような放送に係るスクランブルに対し，その効果を妨げるような解除装置を販売する行為について，本号の規制が及ぶ[220]。

本号の規制は，原則として，問題となる装置等を「特定の者以外の者」に提供する場合を対象とするものであり，視聴等を認められた特定の者に対して装

---

218) 逐条 128 頁。ただし，市場に流通するおそれのある場合には，予防的に差止請求の対象となることもあろう。注解（上）616 頁［小松］。
219) 逐条 128～129 頁，渋谷 201 頁。注解（上）616 頁［小松］も参照。なお，場合によっては，個別に民法上の責任を問われる可能性があることを指摘するものとして，逐条 129 頁，注解（上）616 頁［小松］。
220) 本号に係る損害賠償請求が認められた裁判例として，被告欠席のものではあるが，東京地判平成 25 年 7 月 31 日（平成 25 年（ワ）11826 号）〔B-CAS 事件〕がある。

置等を提供する行為には及ばない[221]）。

その他の文言については，17号について述べたものと基本的に同様である。

4　適用除外

コンテンツ提供事業者にとって，技術的制限手段の性能は，その信用との関係で重要であり，より高性能な制限手段を求めて，研究開発を行おうとする。その際，研究のため，本来は規制対象となる装置等が必要となるが，そういった装置等を自ら製造するのは容易ではなく，他人から譲渡を受けて，それを用いて研究を行うことが想定される。このような譲渡等の行為についてまで，不正競争行為として規制すべきではない。これは規制対象となる役務についても同様に当てはまる。

そこで，技術的制限手段の試験又は研究のために用いられる装置等の譲渡等や役務の提供については，適用除外とされている（19条1項9号）。

第8節　ドメイン名に係る不正行為

> ❖ POINT ❖
>
> ◆　2条1項19号は，不正の利益を得る目的又は他人に損害を加える目的（図利加害目的）で，他人の特定商品等表示と同一・類似のドメイン名を使用等する行為を不正競争行為と定めている。
>
> ◆　本号によって規制される行為は，他人の特定商品等表示と同一・類似のドメイン名を使用する権利を取得・保有し，又はそのドメイン名を使用する行為である。

221）　なお，条文上は，電気通信回線を通じてプログラム・指令符号を提供する行為については，規制範囲が「特定の者以外の者」に対する場合に限定されていない。これは，ウェブサイトを通じてプログラム等を提供する場合等，特定の者への提供と一体化する場合も規制の対象とする趣旨であると説明される（逐条133-134頁参照）。しかし，それは公衆への記録媒体の譲渡といった場合と質的に変わらないとし，「特定の者」への電気通信回線を通じた提供行為（例えば，パスワードで当該特定の者のみが当該プログラム等をダウンロードできるようにする場合）は，不正競争行為に該当しないとする見解もある（田村391頁参照）。

また文言上，平成30年改正で追加された役務の提供についても，同様であるように思われる。

第8節　ドメイン名に係る不正行為

1　概　　説

　2条1項19号は，不正の利益を得る目的又は他人に損害を加える目的（図利加害目的）で，他人の特定商品等表示と同一・類似のドメイン名を使用する権利を取得・保有し，又はそのドメイン名を使用する行為を不正競争行為として定めている。

　従来，ドメイン名の不正使用に関しては，商標法及び不正競争防止法2条1項1号・2号において規制をすることが可能であった。しかし，これらによる保護には限界があり，わが国においても問題が顕在化してきたことから，平成13年改正によりドメイン名に係る不正行為についての規定が新設された。

　本号に該当する行為に対して差止め等を請求することができる者は，特定商品等表示の主体である。

　以下では，最初に19号制定に至るドメイン名を巡る問題の状況を解説してから，19号の要件として，ドメイン名，図利加害目的，特定商品等表示，類似性，ドメイン名を使用する権利の取得・保有又はドメイン名の使用について説明し，その後に，適用除外について述べる。最後に，民事的救済の方法として，ドメイン名の移転請求の可否について説明する。

2　ドメイン名を巡る問題

(1)　問題の発生

　ドメイン名とは，端的にいえば，インターネット上の住所を意味する文字・数字の配列のことである。インターネットに接続されたコンピュータにアクセスするときには，IPアドレスを使用する。しかし，IPアドレスは，記憶するのに不便であり，入力ミスを引き起こしやすい。そこで，より利用しやすいコンピュータ認識手段として，ドメイン名が登場した。例えば，アルファベットを用いたドメイン名（一例として，iprism.osaka-u.ac.jp）がウェブアドレスとして使用されている。IPアドレスとドメイン名の対応付けは，インターネット上の住所録の役割を果たすDNS（Domain Name System）によって行われている。

　ドメイン名を使用するためにはドメイン名登録機関に登録申請をする必要があり，同一ドメイン名について重複登録は認められない。ドメイン名の登録は，原則として先着順で実質的な審査なく行われる。そのため，このようなドメイ

第2章　不正競争行為

ン名の登録制度を利用して，第三者が有名企業の著名な商標等と同一・類似の文字列をドメイン名に登録してビジネスを行い，ドメイン名登録者のサイトへミスリードしようとする行為，取得したドメイン名を商標権者等に高額で買い取らせようとする行為等の，いわゆるサイバースクワッティング（サイバー空間の不法占拠）行為が国際的に問題となった[222]。

(2)　サイバースクワッティング行為への対応

　サイバースクワッティング行為に対応するため，1999 年に，ICANN (Internet Corporation for Assigned Names and Numbers)[223] によって，UDRP (Uniform Domain Name Dispute Resolution Policy：統一ドメイン名紛争処理方針) が制定された。わが国においては，「.jp」について，JPNIC (Japan Network Information Center)[224] によって，UDRP に準じた JP ドメイン名紛争処理方針 (JP-DRP) が制定された。そして，2000 年 10 月から，日本弁理士会と日本弁護士連合会が共同で運営する日本知的財産仲裁センターにおいて，JP-DRP に基づく JP ドメイン名に関する紛争処理が行われている。

　サイバースクワッティング行為が行われた場合には，パネルによる紛争解決手段が講じられることになる。パネルとは，ADR (Alternative Dispute Resolution：裁判外紛争処理) の一種で，ドメイン名紛争処理方針に基づき紛争を解決するものである。パネルが判断することができるドメイン名に関する紛争は，ドメイン名登録が認められるべきではない悪質なサイバースクワッティング行為のみであり，また，パネルによる救済は，ドメイン名の使用差止め，抹消，移転に限られていて（UDRP3 条 i 項 a 号，JP-DRP3 条），損害賠償は認められていない。パネルの裁定には拘束力はなく，当事者はいつでも裁判所に訴えを提起することができる。そのため，ドメイン名を巡る紛争については，裁判外紛争処理であるパネルと裁判所の判断に齟齬が生じるおそれがある等の問

---

222)　逐条 136 頁。
223)　ICANN は，ドメイン名などのインターネット各種資源に関する全世界的な調整を行う民間の非営利団体である。
224)　JPNIC は，国際的に運用・管理される必要のある IP アドレス等のネットワーク資源のうち，JP ドメインに関する業務を扱う組織である。当初は，ドメイン名の登録管理についても JPNIC が行っていたが，現在は JPRS（日本レジストリサービス）が「.jp」ドメイン名の登録管理と「.jp」の DNS の運用を行っている。

題点が指摘されてきた[225]。

(3) **商標法及び不正競争防止法2条1項1号・2号による保護の限界**

　裁判外紛争処理のほか，わが国では，ドメイン名を巡る問題について，商標法及び不正競争防止法2条1項1号・2号の適用による規制が可能であった。商標法においては，登録商標と同一・類似する商標を指定商品・役務と同一・類似の商品・役務に使用する行為を商標権侵害として規制を行うことができる。また，不正競争防止法2条1項1号・2号（⇒本章第2節・第3節）により，ドメイン名の使用行為を不正競争行為として規制することができる[226]。

　しかしながら，ドメイン名は登録されるだけで他人による同一ドメイン名の登録・使用の機会を奪い，不利益を与える可能性があるところ，ドメイン名が使用されない場合，またドメイン名が使用される場合でも，商標又は商品等表示として使用されているとは認めがたいケースでは，商標権侵害又は不正競争とすることができないことが問題となる[227]。また，商標法については，保護対象が登録商標に限られるとともに，商標権侵害は，指定商品・役務と同一・類似の商品・役務について使用がされることが前提となる。不正競争防止法2条1項1号・2号についても，保護対象が周知・著名な商品等表示に限定され，さらに，1号に関しては混同が生じることが必要となる。

　上記のような問題点から従来の制度では十分に対応しきれなかったドメイン名を巡る紛争を規律することに，本号の意義がある。

3　ドメイン名

　本号で規制の対象となる「ドメイン名」は，「インターネットにおいて，

---

[225]　三澤達也「不正競争防止法の整備（ドメイン名と商標等との調整）に関する調査研究」知財研紀要2001, 82頁。

[226]　「ドメイン名が特定の固有名詞と同一の文字列である場合などには，当該固有名詞の主体がドメイン名の登録者であると考えるのが通常と認められ」，「ドメイン名が当該ウェブサイトにおいて表示されている商品や役務の出所を識別する機能をも有する場合があり得ることになり，そのような場合においては，ドメイン名が，不正競争防止法2条1項1号，2号にいう『商品等表示』に該当することになる」と述べて，ドメイン名の商品等表示性を肯定した事例として，東京地判平成13年4月24日判時1755号43頁〔J-PHONE事件〕。このほか，富山地判平成12年12月6日判時1734号3頁〔jaccs.co.jp事件〕等。

[227]　三澤・前掲注225）81〜82頁。

個々の電子計算機を識別するために割り当てられる番号,記号又は文字の組合せに対応する文字,番号,記号その他の符号又はこれらの結合」と定義されている(2条10項)。

4 図利加害目的

> **CASE 2-12**　食料品等の販売を業としている株式会社 X は,「XYZ Mart」という名称で営業を行っているところ, Y が「xyzmart.co.jp」というドメイン名を使用してオンラインショッピングサイトを運営していることに気がついた。X が詳細に調査を行うと, Y は「xyzmart.co.jp」内で X の販売する商品であるかのように装って商品を紹介し販売をしていた。
> 　X は Y に対して不正競争防止法上の救済を求めることができるか。

(1) 図利加害目的とは

19号は,「不正の利益を得る目的」又は「他人に損害を加える目的」,いわゆる図利加害目的のある場合を規制対象としている。「不正の利益を得る目的」は,公序良俗,信義則に反する形で自己又は他人の利益を不当に図る目的を,「他人に損害を加える目的」は,他者に対して財産上の損害,信用の失墜といった有形無形の損害を与える目的をそれぞれ指すものと考えられる[228]。

本号において主観的要件を図利加害目的と規定したのは,保護対象に周知性・著名性を要件としないこと,ドメイン名の使用行為に限らず取得行為・保有行為をも対象とすることから,図利加害目的ではない主観的態様による行為まで規制すべき実体上の必要性はないと考えられたためである[229]。

(2) 裁判例

どのような場合に図利加害目的が認められるかが示された事例として, mp3 事件[230] がある。この事件は, ドメイン名「mp3.co.jp」を登録し, ウェブサイトを開設しているパソコン周辺機器・音響機器等を販売する会社である X と,

---

228) 逐条138頁。
229) 逐条138〜139頁。
230) 東京地判平成14年7月15日判時1796号145頁〔mp3事件〕。

「mp3.com」の営業表示・標章を用いてウェブサイトを開設し，mp3形式に圧縮処理した音声データを配信するサービスを提供しているYとの間の紛争である。Yは，Xを相手方として日本知的財産仲裁センターにXの保有するドメイン名をYに移転登録することを求める紛争処理を申し立てたところ，Xのドメイン名をYに移転すべき旨の裁定がなされた。そこで，Xは，Xのドメイン名「mp3.co.jp」の使用差止請求権を有すると主張するYに対し，Yの当該使用差止請求権は存在しないことの確認を求めたのが，本件である。

mp3事件判決では，図利加害目的の例として，①自己の保有するドメイン名を不当に高額な値段で転売する目的，②他人の顧客吸引力を不正に利用して事業を行う目的，③当該ドメイン名のウェブサイトに中傷記事や猥褻な情報等を掲載して当該ドメイン名と関連性を推測される企業に損害を加える目的が挙げられた。そのうえで，本件においては，Xのドメイン名取得の経緯等に照らし，図利加害目的はないと判示された。

> CASE 2-12の事例では，Yは，Xの商品であるかのように装って自己のサイト内で商品を販売している。Yのドメイン名はXとの関連性を推測させるので，Yは他人の顧客吸引力を不正に利用して事業を行っていることが考えられる。したがって，Yには図利加害目的が存在するとして，Xは2条1項19号のその他の要件を備える場合，Yに対してドメイン名の使用差止請求及び損害賠償請求を行い得る。

5 特定商品等表示

本号の規制対象となるのは，図利加害目的をもって，他人の「特定商品等表示」と同一・類似のドメイン名を使用等する行為である。「特定商品等表示」とは，「人の業務に係る氏名，商号，商標，標章その他の商品又は役務を表示するもの」を指す。2条1項1号・2号において規定されている「商品又は営業を表示するもの」である「商品等表示」（⇒本章第2節2）とは異なり，本号において「特定商品等表示」と規定しているのは，次の理由からであるといわれている。

第1に，「商品等表示」については，その例示として，「商品の容器若しくは包装」が掲げられているが（2条1項1号括弧書），ドメイン名との関係におい

ては，この例示を掲げる必要がないことである。第2に，ドメイン名紛争に関する国際的ルールにおいては，保護対象がいずれも「商品・役務の表示」とされていることとの整合性を図ることが考慮されたということである。

「特定商品等表示」に該当するためには，「商品等表示」と同様，当該表示が自他識別機能又は出所識別機能を備えていることが必要とされている。したがって，自他識別機能又は出所識別機能を有しない普通名称・慣用表示等を用いる場合には，本号の規制には該当しないと解される[231]。

6 類似性

規制の対象となるドメイン名は，他人の特定商品等表示と同一・類似のものである。類似性の判断については，2条1項1号・2号の裁判例が示してきた判断基準（⇒本章第2節5・第3節4）が参考になる[232]。

本号の類似性判断を示す裁判例として，dentsu事件[233]がある。同事件では，被告の保有するドメイン名「dentsu.vc」等（本件各ドメイン名）と原告の登録商標・商号である「電通」，「DENTSU」等の表示の類似性が問題とされた。判決では，被告のドメイン名は，「dentsu」の文字部分に「.vc」等の文字を付加したものであり，これらの文字部分は多くのドメイン名に共通して用いられるもので，出所表示機能を有するのは「dentsu」の部分であると認定したうえで，本件ドメイン名と原告の有する登録商標・商号等の外観・観念・称呼が比較され，いずれも類似するとして，結局，本件ドメイン名は原告の有する登録商標・商号等に類似すると判断された。

7 規制対象行為

本号において規制される行為は，ドメイン名を使用する権利の取得若しくは保有又はドメイン名の使用である。「ドメイン名を使用する権利」とは，ドメイン名登録機関に対してドメイン名の使用を請求できる権利を指す[234]。

---

[231] 逐条140頁。
[232] 田村272頁では，混同要件を有しない点で2条1項2号における類似性の議論が参考になると述べられている。
[233] 東京地判平成19年3月13日（平成19年（ワ）1300号）〔dentsu事件〕。
[234] 逐条141頁。

(1) ドメイン名を使用する権利を「取得」する行為

ドメイン名を使用する権利を「取得」する行為には，ドメイン名の登録機関に対する登録申請によってドメイン名を使用する権利を自己のものとする場合のほか，登録機関からドメイン名の登録を認められた第三者から移転を受けてドメイン名を使用する権利を自己のものとする場合，登録機関からドメイン名の登録を認められた第三者からドメイン名の使用許諾を受ける場合も含まれる[235]。

(2) ドメイン名を使用する権利を「保有」する行為

ドメイン名を使用する権利を「保有」する行為とは，ある者が，登録機関又は登録機関から使用を認められた第三者から，ドメイン名の使用を認められた場合において，そのドメイン名を使用する権利を有していることをいうと解される[236]。「取得」と併せて「保有」が規制されるのは，ドメイン名を取得した時点では図利加害目的を有していなかったが，後になって図利加害目的を有するに至った場合を捕捉するためである[237]。

(3) ドメイン名を「使用」する行為

ドメイン名を「使用する行為」とは，ドメイン名をウェブサイト開設等の目的で用いる行為を指す[238]。

8 適用除外

本号については，適用除外規定が設けられていない。これは，普通名称等や自己の氏名の使用，ドメイン名の先使用については，図利加害目的の認定によって妥当な結論を導くことが可能であるためである[239]。また，ドメイン名の不正取得者から，善意無重過失で当該ドメイン名の使用許諾を受けている第三者の保護については，そのような善意の第三者の存在は実際上想定し難く，あ

---

235) 逐条 141 頁。
236) 注解（上）646 頁〔鈴木將文〕。
237) 逐条 141〜142 頁。
238) 逐条 142 頁。
239) 注解（上）647 頁〔鈴木〕。

えて規定を設ける意義が認められなかったためである[240]。

9　ドメイン名の移転請求

　ドメイン名の不正取得に対する救済としては、ドメイン名の移転という方法が考え得るが、不正競争防止法は、ドメイン名の移転を可能とすることについて明文の規定を置いていない。本号制定時には、ドメイン名の移転請求に関しても検討がなされたが、商標法等において救済方法として登録移転に関する規定が置かれていないこととの整合性等を理由として、この請求を認めることは見送られた[241]。

　なお、ドメイン名の移転については、日本知的財産仲裁センターにおいて、パネルの裁定により移転を認めてもらう方法が残されている。JP-DRP 3条は、一定の場合[242]に、ドメイン名登録の移転手続を行う旨を規定している。「jac-cs.co.jp」というドメイン名に関して、裁判所で原告のドメイン名の使用差止請求が認められ[243]、その原告がさらにドメイン名の移転を求めてパネルに裁定の申立てを行ったところ、ドメイン名の移転が認められた[244]。

---

240)　山本201頁。
241)　逐条142～143頁。移転請求を認めることに関しては、準事務管理の制度を有しない日本法の関係という理論的問題（田村277頁）、類似の商品等表示につき周知性を獲得している企業が複数存在する場合の扱い等の実質的問題（水谷直樹「日本におけるドメイン名紛争」松尾和子＝佐藤恵太編『ドメインネーム紛争』〔弘文堂、2001年〕118頁）などが指摘されている。
242)　JP-DRP 3条は、以下のいずれかに該当する場合には、当該ドメイン名登録の移転・取消しの手続を行う旨を規定している。(a)登録者またはその権限のある代理人から、その旨の書面による指示をJPRSが受領したとき、(b)適法な管轄権を有する裁判所・仲裁機関によって下された、その旨の判決・裁定の正本をJPRSが受領したとき、(c) JPNICが採択した本方針に基づいて実施され、登録者が当事者となっているJPドメイン名紛争処理手続において、紛争処理機関におけるパネルが下したその旨の裁定をJPRSが受領したとき。さらに、JPRSは、登録規則又は他の法律上の要請に基づいて、ドメイン名登録の取消し・移転の手続を行うことができると定められている。
243)　前掲注226)富山地判平成12年12月6日。
244)　2002年7月4日裁定（JP2002-0006）。

第9節 品質等誤認行為

❖POINT❖

- ◆ 2条1項20号は，商品の原産地や商品・役務の品質等について誤認させるような表示をする行為等を，不正競争行為と定めている。
- ◆ 本号に基づく差止め等を請求することができるのは，品質等誤認行為を行う者の競争者である。消費者や消費者団体は差止め等を請求することができない。

CASE 2-13 YはT市内に店舗を有するスーパーマーケットである。Yは長年にわたり輸入鶏肉を国内産鶏肉と表示し販売していた。

XはT市を中心に活動をする消費者団体である。ある日，Xの事務所にYの元従業員を名乗る者から電話があり，Yが輸入鶏肉を国内産鶏肉と偽って販売しているとの情報提供があった。そこでXは，Yのスーパーマーケットで国内産鶏肉と表記されている鶏肉aを購入したうえで持ち帰り，専門家を交えて調査分析を行ったところ，鶏肉aは輸入鶏肉であることが判明した。

この結果を受けて，XはYに対して，輸入鶏肉を国内産鶏肉と表示して販売する行為の差止めと損害賠償を請求することを考えている。この請求は認められるか。

また，Yのスーパーマーケットの近くで精肉店を営むZもYに対して輸入鶏肉を国内産鶏肉と表示して販売する行為の差止めと損害賠償を請求することを考えている。このZの請求は認められるか。

1 概　説

2条1項20号の趣旨は，商品・役務の原産地や品質等について誤認を与えるような表示を行って，需要者の需要を不当に喚起する事業者が，適正な表示を行う事業者より競争上優位に立つことや適正な表示を行う事業者の顧客を奪うことを防止し，公正な競争秩序を維持する点にある。したがって，問題とされる行為は，特定の競業者の利益を害する行為ではなく，不特定多数の競業者の利益を害する行為であり，かつ対公衆的なものであるといえる[245]。

また，誤認を与えるような商品・役務の表示を規制する本号は，商品・役務

の適正な表示を事業者に要請するものであることから，市場で商品・役務の提供を受ける消費者の保護にも資するという特徴を有しており，景品表示法（「不当景品類及び不当表示防止法」⇒第5章第4節3(2)）等の各種消費者保護法とも近接した役割を担うことになる。ただ，本号はあくまで誤認的な表示によって営業上の利益を侵害される事業者に差止請求等を認めることにより，事業者を保護するものであるから，各種消費者保護法とはその法目的が異なる。

以下では，本号の要件として，広告等，原産地，品質等，誤認させるような表示，規制対象行為について説明する。その後に，適用除外，請求権者について述べる。

2 広告等

商品・役務の原産地や品質等について誤認させるような表示は，商品・役務又は「その広告若しくは取引に用いる書類若しくは通信」に行われなければならない。

「広告」とは，公衆に対してなされる表示のうち営業目的をもってなされるものをいう[246]。伝達の手段・方法は問われず，表示方法も言語，文字，動作などいずれであってもよい。広告に，商品・役務の原産地や品質等について具体的な情報が含まれていることまでは必要ない[247]。広告は事業者にとって重要な営業活動であり，また，様々な創意工夫が試みられる表現活動でもあることから，広告を規制対象とする本号は，憲法によって保障されている事業者の営業活動の自由（憲22条1項・29条1項）や表現の自由（同21条1項）を制限する法律であるという側面も有する。

「取引に用いる書類」とは，紹介状，推薦状，注文書，見積書，送り状，納品書，計算書，請求書，添付許可書，領収書など取引において用いられる一切の書類をいい，取引に用いる「通信」とは，電話，電報，FAX，パソコン通信など取引上の意思表示を含む一切の通信形態のうち「書類」以外のものをいう[248]。

---

245) 注解（上）658頁［小松陽一郎］参照。
246) 逐条143頁。
247) 渋谷214頁参照。
248) 注解（上）674頁［小松］参照。

本節では,「広告」,「取引に用いる書類」,「通信」をあわせて,「広告等」という。

3 原 産 地

(1) 意 義

「原産地」とは,天然の産出物である農産物,水産物,鉱産物の産出地のほか,工業製品等を製造又は加工した地も含む。原産地として表示される名称(原産地名称)は,国,州,県,市等の特定される地域でもよい。また,原産地名称は,実在することを要せず,架空の地名も包含される[249]。

改正前は,「ペルシャ絨毯」の「ペルシャ」や「スコッチウィスキー」の「スコッチ」のように,識別性を有する地理的名称である「原産地」と,単なる地理的名称である「出所地」は別異に扱われていたが,現行法の「原産地」は出所地を含む概念となっている。

原産地表示には,「フランス」や「京都」といった原産地名称を表す直接的原産地表示と,エッフェル塔や金閣寺の図柄を表示する場合のように,原産地名称を用いてはいないが,社会通念上これと同視し得る表示である間接的原産地表示がある。後者も原産地表示に含めるのは,例えば,国内産であるにもかかわらず,商品の包装にエッフェル塔の絵柄があり,文字はすべてフランス語で記載されている香水が百貨店で販売されていた場合,たとえ商品にフランス製である旨の記載がなくても,一般の消費者はその香水をフランス製の香水であると誤信するおそれがあるため,このような黙示的暗示的な表示も原産地表示に含める必要があると考えられるからである。

> CASE 2-13 のように,鶏肉について「国内産」と表示することも原産地表示に当たる。それゆえ,国内産でない鶏肉について「国内産」と表示する行為は,原産地虚偽表示となる。

---

249) 注解(上)662頁〔小松〕。

(2) 原産地の判断基準

工業製品等では，原材料の産出地，部品の製造地，製品の組立て地等がそれぞれ異なる場合も少なくないが，これらのいずれの地を原産地とするのかが問題となる。この点，原産地の判断基準としては，その商品価値が付与された地という要素が重要であり，例えば，ダイヤモンドのように加工のいかんによって商品価値が大きく左右されるものについては，産出地ではなくその加工地が一般に原産地であると考えられる[250]。

また，この「商品価値が付与された地」のほかに重要な要素として，その商品の内容について実質的な変更をもたらす行為が行われた地という要素もあげられる[251]。例えば，フランス在住の有名デザイナーがフランスでデザインした服を日本で縫製した場合，商品価値が付与された地としてはフランスが原産地であるといえるが，他方で，服という商品の内容に実質的に大きな変更をもたらす行為が行われたのは縫製が行われた日本であるから，原産地は日本ということになる。ここで留意すべきは，1つの商品について原産地は1つでなければならないというわけではないということである。

なお，原産地が2つ以上あると考えられる場合に，そのうちの1つの原産地だけを表示してほかを表示しない場合にも，本号の適用があり得ると考えられている[252]。

4 品質等

(1) 意 義

本号においては，商品については「品質」，役務については「質」と用語が使い分けられているが，実質的な意味に違いはないとされている（以下では，両者をあわせて「品質」とする）。本号に列挙されている品質，内容，製造方法，用途，数量（本節ではこれらをあわせて「品質等」とする）は，いずれも商品・役務の属性であり[253]，その市場価値に影響を及ぼす要素である点で共通してい

---

[250] 東京高判昭和53年5月23日刑月10巻4=5号857頁〔原石ベルギーダイヤモンド事件〕参照。

[251] 景品表示法5条3号に基づき指定されている「商品の原産国に関する不当な表示」（昭和48年10月16日公正取引委員会告示34号）では，原産国とは，「その商品の内容について実質的な変更をもたらす行為が行なわれた国をいう」と定められている。

[252] 注解（上）663頁〔小松〕参照。

る。そして，本号を適用するに当たって当該表示が品質の表示なのか，製造方法の表示なのかなどを厳格に特定する実益はない[254]。

　商品・役務の属性としては，本号に列挙されている品質等以外にも価格や製造時期，賞味期限，実績など多数あり，そのため，それらについて誤認を生じさせるような表示が行われた場合に問題が生じる。諸外国では品質等誤認表示規制に関して一般条項を有する場合もあるが，一般条項をもたないわが国では，「品質」や「内容」等の列挙されている属性を広く解釈することによってこの問題に対応することになる[255]。

(2) 品質等に関する裁判例

　品質等に関する裁判例としては，価格が品質等に含まれるかが争われたものがある。広告等において架空の定価を付して大幅な割引があるようにする表示（いわゆる二重価格表示）が問題となった事案で，広告に架空の定価を表示したことが，商品の品質，内容についての虚偽の表示に当たるとしたものがある[256]。他方で，家電量販店が，競合店よりも安くしていることを表示したポスターを店内に掲示して販売をしていたが，実際には競合店より高い価格で販売されている商品もあったという事案では，価格に関して誤認惹起行為があったとしても2条1項13号〔現行20号〕には該当しないとしたものもある[257]。

　この問題については，学説上も，平成5年改正の際に，価格も誤認表示規制の対象とすることが検討されたが見送られた経緯があるため，価格を品質等に含めることに否定的な見解がある一方で，商品・役務を選択する際に同種の商品・役務がある場合，価格が高いものの方が品質がよいであろうと考えるのが通常であるから，価格に関する誤認を惹起させる表示は，商品・役務の品質等に誤認を生じさせるような表示に該当する場合があり得るとする見解もあり議論がある[258]。

　また，「数量」との関係で，おとり広告が問題となった裁判例がある。おと

---

253) ただし，「製造方法」は商品だけに関するものである。
254) 小野＝松村421頁，注解（上）701頁〔小松〕参照。
255) 渋谷215頁参照。
256) 前掲注250) 東京高判昭和53年5月23日参照。
257) 東京高判平成16年10月19日判時1904号128頁〔コジマ価格表示事件〕参照。
258) 小野＝松村418〜421頁，田村421頁，渋谷215頁参照。

り広告とは，需要を満たすだけの在庫を有していないにもかかわらず，そのことに触れることなく広告をする行為や，反対に在庫は充分にあるにもかかわらずあたかも在庫が残りわずかであるように広告をする行為である[259]。裁判例では，実際には，販売量，品質，内容等が限定されているのに，その限定を明瞭に記載せずになされる商品の広告（例えば，在庫は少量の中古品，展示現品しかないのに，その旨を明瞭に表示せずにする広告）については，商品の品質，内容若しくは数量について誤認を生じさせる表示に該当する場合があることを一般論として認めたものがある[260]。

このほか，品質等に該当するかが問題になったものとして，商品に特許権を取得している等の表示をする行為がある。この点につき裁判所は，「一般に商品に付された特許の表示は，需要者との関係において，当該商品が特許発明の実施品であると受け取られるため，当該商品が独占的に製造，販売されているものであることや，商品の技術水準に関する情報を提供するものとして，『品質』の表示といえる」と判示した[261]。

また，プリンターにセットするとそのプリンターのディスプレイに，純正品のトナーをセットした場合と同様に「シテイノトナー」と表示されるようなプログラムを搭載したリサイクルトナーに関して，純正品と非純正品の品質は異なるものとして取り扱われている実態があるとした上で，「シテイノトナー」との表示に接した需要者は，当該プリンターメーカーが当該プリンターに相応しい一定の品質，内容を有するものとして定めたトナーカードリッジであると理解するとして，「シテイノトナー」という表示は，品質，内容の表示にあたるとした裁判例がある[262]。

---

259) 平成5年4月28日公正取引委員会告示17号「おとり広告に関する表示」参照。
260) 名古屋地判昭和57年10月15日判タ490号155頁〔ヤマハ特約店事件〕参照。この点，平成5年改正により「役務」が追加されたことを受け，「数量」は当該商品の容積や重量などであって在庫数などは含まないと解したうえで，本件のようなおとり広告は「役務の質，内容，用途若しくは数量」についての誤認を生じさせる行為と考えることができよう。小野＝松村421～422頁，田村420頁，注解（上）707～708頁〔小松〕参照。
261) 大阪地判平成24年11月8日（平成23年（ワ）5742号）〔巻き爪矯正具事件〕。本判決は，特許権の消滅によって実際には特許発明の実施品ではなくなったにもかかわらず，国際的な特許で保護されているとか，特許を取得しているといった表示を付して特許発明の独占的実施品であるかのような情報を需要者に提供した行為について，品質を誤認させるような表示をした不正競争行為に該当すると判断した。
262) 大阪地判平成29年1月31日判時2351号56頁〔リサイクルトナーカートリッジ事件〕。

5 誤認させるような表示

「誤認させるような表示」とは，需要者がその表示によって認識する商品・役務の原産地や品質等と，実際の原産地や品質等が異なる場合を生じさせるような表示をいう。需要者が実際に誤認することまでは必要ではなく，誤認のおそれがあれば足りる。

誤認のおそれがあるか否かの判断主体は，問題となる商品・役務の一般的な需要者である。需要者には，消費者のほか，事業者も含まれる。誤認のおそれの有無を判断するに当たって，注意深い消費者ならば誤認しなかったといえる場合であっても，通常一般的に想定されるその商品・役務の消費者は誤認したであろうと考えられる場合は，誤認のおそれがあることになる。他方で，ある消費者が実際に原産地や品質等を誤認して商品を購入したとしても，通常の消費者であれば誤認することはないといえる場合は，誤認のおそれはないということになる。

原産地の誤認表示に関する裁判例としては，「氷見うどん」と商品の包装に大きく表示されたうどんであれば，うどんの原産地が富山県氷見市であると需要者は認識するであろうから，氷見市では製造されていないうどんに「氷見うどん」の表示をすることは原産地について誤認を生じさせると判断したものがある[263]。

品質等の誤認表示の典型的なものは誇大広告や虚偽広告である。虚偽や誇大な表示とまではいえないが，重要な情報を不完全にしか開示しない表示や事実の一部だけを強調する表示，感覚に訴えて客観的な商品・役務の選択を誤らせるおそれのある表示なども，品質等について誤認させるような表示となる。酒類の製造販売を行っている者が，2級清酒であるにもかかわらず清酒特級の表示証を貼付した行為について，たとえその清酒の品質が実質的に清酒特級に劣らない優良のものであっても，品質等について誤認を生ぜしめるものに当たるとした裁判例がある[264]。

ところで，「岡山県産氷見うどん」のように，実際に製造された地が富山県

---

263) 名古屋高金沢支判平成19年10月24日判時1992号117頁〔氷見うどん事件〕。
264) 最決昭和53年3月22日刑集32巻2号316頁〔清酒特級事件〕。

氷見市ではないとわかる表示をしていた場合は，需要者はこの表示が付されたうどんが氷見市で製造されたものと誤認することはないと考えられるので，誤認させるような表示に当たらない。このように実際の原産地や品質等と表示によって需要者が認識する原産地や品質等に齟齬が生じる可能性がある場合に，その齟齬を除去するためにする表示を打ち消し表示という。この打ち消し表示を行うことにより，需要者に誤認を生じさせるおそれがなくなる場合は，本号に該当しないと考えられる[265]。

6 規制対象行為

本号で不正競争行為として規制されているのは，誤認させるような表示をする行為，誤認させるような表示をした商品の譲渡，引渡し，譲渡・引渡しのための展示，輸出，輸入，電気通信回線を通じた提供行為，又は誤認させるような表示をして役務を提供する行為である。「譲渡」，「引き渡し」，「展示」，「輸出」，「輸入」，「電気通信回線を通じて提供」は，1号の不正競争行為（周知な商品等表示主体の混同行為）と同じ意義である（⇒本章第2節7）。

7 適用除外

本号の不正競争行為については，普通名称等の使用に関する適用除外（19条1項1号⇒本章第2節8）が定められている。よって，商品・営業の普通名称又は慣用表示を普通に用いられる方法で使用する場合には，本号に基づく差止請求等は認められないことになる。ただし，「ぶどうを原料又は材料とする物の原産地の名称であって，普通名称となったもの」は除外されているので（19条1項1号括弧書），ぶどう酒の原産地の名称が普通名称となっている場合であっても，その地以外の地で作られたぶどう酒に当該原産地の名称を表示することは本号に該当する。

8 請求権者

本号に基づく差止めや損害賠償を請求することができる者は，本号の不正競争行為によって営業上の利益を侵害される者であり，原則として品質等誤認行

---

265) 田村423頁，注解（上）676頁［小松］参照。

為をする者の競争者である。競争者は通常複数人存在するが，そのいずれの競争者も請求の主体となる。業種にもよるが，極めて多数の競争者が存在する場合も少なくはないと考えられ，この場合，一競争者が被る営業上の利益の損害は極めて軽微なものとなることが想定される。このように極めて軽微な損害しか被っていない競争者であっても請求権者となり得る。これに対して，消費者や消費者団体は本号に基づく差止めや損害賠償を請求することができない[266]。

> CASE 2-13 において，X は消費者団体であって，Y の行為によって営業上の利益を侵害される者ではないため，本号に基づく差止めや損害賠償を請求することはできない。これに対して，Z は Y のスーパーマーケットの近くで精肉店を営む競争者であることから，X に対して差止めや損害賠償を請求することは可能である。

第10節　信用毀損行為

POINT
- ◆　2条1項21号は，競争関係にある他人の営業上の信用を害する虚偽の事実を告知・流布する行為を不正競争行為と定めている。
- ◆　競争者の取引先に対する権利侵害の警告については，非侵害の場合に直ちに本号に該当するかどうかについて議論がある。

1　概　　説

2条1項21号は，競争関係にある者が，客観的真実に反する虚偽の事実を告知又は流布して事業者の営業上の信用を害する行為を不正競争行為として定めている。本号の定める行為は，信用毀損行為であり，営業誹謗行為とも呼ばれる。

---

[266] 民法709条の不法行為によって損害賠償を求めることが可能な場合がある。また，消費者契約法や景品表示法に基づいて，適格消費者団体による差止請求が可能な場合もある。

信用毀損行為は，営業者にとって最も重要な営業上の信用を，競争関係にある者が，虚偽の事実をあげて直接的に攻撃するものであるから，典型的な不正行為として規制されている[267]。旧法制定当初から違法とされてきた不正競争行為の1つであり，パリ条約がその禁止を同盟国に求めているものである（パリ条約10条の2(3)⇒第1章第3節2）。

信用毀損行為は，不法行為（民709条）を構成することが多く，その場合には，民法上の救済を受けることが可能である。しかし，不法行為責任の成立には，故意・過失が要件とされ，原則として差止請求をすることが認められていない。本号の実益は，故意・過失を問わずに差止請求ができることにある[268]。

本号については，適用除外規定はない。本号の不正競争行為について差止め等を請求することができる者は，虚偽の事実の告知・流布により営業上の信用を害される者である。

以下では，本号の要件として，競争関係，他人，営業上の信用，虚偽の事実，規制対象行為について説明する。その後に，権利侵害の警告及び比較広告等の問題について検討する。

2 競 争 関 係

(1) 競争関係とは

21号に該当するためには，競争関係の存在が要件となっている。非競争者間における誹謗等の信用毀損行為は本号の問題ではなく，一般不法行為の問題として処理される[269]。

競争関係とは，通常の事業活動の範囲内において，その事業活動の施設や態様に重要な変更を加えることなく，同種・類似の商品・役務の需要者又は供給者を共通にする関係のことである（独禁2条4項参照）。競争関係の意義は緩やかに解されており，この関係の成立には，双方の営業につき，その需要者又は取引者を共通にする可能性があることで足りるとされるのである[270]。したがって，本号における誹謗者には，被害者と同種の業務を営む者だけでなく，流

---

267) 小野＝松村444〜445頁。
268) 注解（上）738頁［木村修治］。
269) 逐条155頁。
270) 東京地判平成18年8月8日（平成17年（ワ）3056号）〔ハンガークリップ事件〕。

通段階を異にする者も含まれる。よって，製造業者がほかの商品の販売業者の営業を誹謗する場合にも本号は適用され，逆に，販売業者がほかの商品の製造業者を誹謗する場合にも適用される[271]。

以上の関係が認められない場合は，本号には該当しない。例えば，純然たる第三者や実質的にみて営業を行っていない者の誹謗行為は，非競争者間の行為にすぎないので，競争関係が否定される[272]。

(2) 個人に対する競争関係の存在

虚偽の事実を告知・流布した者が競争関係にある会社等の役員である場合に，当該個人についても競争関係の存在を認めることができるかという論点がある。裁判例には，誹謗者が代表取締役を務める企業が，誹謗者の個人経営のものであった事例で，誹謗者と企業は実質的に同一の立場にあるとして，個人について競争関係の存在を肯定したものがある[273]。

3 他　　人

本号にいう「他人」とは，自己（本人）以外の者のことである。「他人」は，原則として特定されていることが必要である。しかし，氏名その他の名称が必ずしも明示されていない場合であっても，当該誹謗等の内容から，告知・流布の相手方となった取引先において，「他人」が誰を指すのかが理解できるのであれば足りると解されている[274]。

例えば，同種の製品の取扱業者が2社しか存在しない場合に，自社製品以外の製品を模倣品であると誹謗したり，相手方を「某社」，「某株式会社」と表示する場合には，「他人」が特定されていると解される。なぜならば，誹謗文書等に「他人」の氏名等が明示されていなくても，当該誹謗文書等を受け取った

---

[271] 大阪地判昭和49年9月10日無体裁集6巻2号217頁〔チャコピー事件〕。

[272] 大阪地判平成16年9月28日（平成16年（ワ）6772号）〔東京開化事件〕は，錦絵等のコレクションの維持・運営者であるXが，図書の編集・制作・出版等を行うYに対して，Xの所蔵する錦絵について誤った所蔵先を記載したことが信用毀損に当たるとして損害賠償請求をした事案において，XとY間には需要者や取引者を共通にする競争関係があるとは一般的には解しがたいと述べた。

[273] 大阪地判昭和54年6月29日判例工業所有権法2585の245頁〔階段用滑り止め事件1審〕。

[274] 東京地判平成18年7月6日判時1951号106頁〔養魚用飼料添加物事件〕。

者に，特定の者の商品，役務等について事実に反する受け止め方を生じさせるのであれば，「他人」の営業上の信用が毀損されるおそれがあるからである[275]。また，誹謗者と競争関係にある有力な業者が1社だけで，他社製品が法令に反する違法なものであるとの広告等をする行為[276]，他社製造に係る物が自社の権利を侵害している旨を他社の得意先等に告知する行為[277]も，本号に該当する行為となる。要するに，特定の氏名・名称等を示していない場合であっても，不正競争行為に該当する場合がある。

また，「他人」は1人である必要はない。複数人に対する誹謗であってもよい[278]。

4 営業上の信用

本号にいう営業上の信用とは，被害者の営業に関する社会の客観的な評価のことである。例えば，営業によって提供される商品・役務の社会的評価，その者の支払能力や営業能力等に関する社会的信頼等である[279]。したがって，本号で問題とする営業上の信用は，被害者の営業に関する真の価値を問題とするものでも，また，自己の信用に対する感情を問題とするものでもない。

---

[275] 同旨，前掲注270) 東京地判平成18年8月8日。
[276] 東京地判昭和56年12月21日無体裁集13巻2号952頁〔タクシー用社名表示灯事件〕。
[277] 名古屋地判昭和59年8月31日無体裁集16巻2号568頁〔マグネット式筆入れ事件〕。
[278] 名古屋地判昭和46年1月26日無体裁集3巻1号1頁〔モノフィラメント事件〕。
[279] 大阪地判昭和39年5月29日判タ162号191頁〔信用交換所事件〕では，傍論において，競争関係にある他人の営業能力等に対する顧客その他第三者の評価に基づく信頼を低落させるような行為が信用毀損行為の対象であると述べられている。

5　虚偽の事実

> **CASE 2-14**　次のような行為は，21号にいう「虚偽の事実」の告知・流布に該当するか。
> (1)　Yが，Xとの著作権侵害訴訟において訴訟上の和解をした理由について，報道機関の取材に応じて，「Xが非を認めたと判断したからです」と説明したこと。
> (2)　「〇〇式を称する性能のよくない製品が出現している」，「最近〇〇式と称する類似品あり」という新聞広告を載せたこと。

(1) 客観的真実に反する事実

「虚偽の事実」とは，客観的真実に反する事実のことである。誹謗者自らが虚構したものであるか，他人が虚構したものであるかは関係ない。また，表現を緩和したものであっても，表現の実質的内容が事実に反している場合は，虚偽の事実として扱われる[280]。

真実の告知により，他人の名誉を害し，不法行為責任（民709条）が追及される場合があるが，本号に関しては，真実であれば何らの責任も発生しない。したがって，競争者の商品についての学術的又は技術的批判が真実であれば，それにより当該競争者が不利益を被っても本号に該当しない[281]。

(2) 主観的見解・批評

本号における事実は，過去の事実であるか現在の事実であるかを問わないが，主観的見解・批評や抽象論のような価値判断は事実ではないといわれている[282]。

この点に関して，被告が，人材評価に関する適性テストに関して，原告の開発・頒布する適性テストは，形式が少ないため受検者が攻略しやすく，論理的思考力を問う形式になっていない等と記載した文書を顧客に配布した事案につ

---

[280]　逐条156頁。
[281]　注解（上）761頁〔木村〕。
[282]　注解（上）762頁〔木村〕。

いて,「14号〔平成27年改正前の21号〕が『虚偽の事実』と規定するのは,いずれも証拠等をもって該当性の有無が判断できるような客観的な事項をいうものであって,証拠等による証明になじまない価値判断や評価に関する記述を含まないものと解するのが相当である」と判示した裁判例[283]がある。この判決では,結論として,「形式が少ないため受検者が攻略しやすい」,「計数ではほぼ上記2形式しか存在しない」との表示は,虚偽の事実ということはできないとされた。

そして,虚偽性の判断基準としては,その受け手が,陳述・掲載された事実について真実と反するような誤解をするかどうかによって決すべきであり,具体的には,受け手がどのような者であって,どの程度の予備知識を有していたか,当該陳述・掲載がどのような状況で行われたか等の点を踏まえつつ,当該受け手の普通の注意と聞き方や読み方を基準として判断されるべきであると解されている[284]。

> CASE 2-14(1)は,サイボーズ事件[285]を題材にしたものである。裁判所は,「Xが非を認めたと判断したからです」と説明したのは,Yの主観的な見解・判断を述べているにすぎず,虚偽の事実の告知とはいえないと判示した。
> しかし,純然たる価値判断の意見表明なのか,虚偽の事実の表明とみるのかについて微妙な場合も存在している。裁判例には,「模造品[286]」,「音が悪い[287]」のように価値判断を含む表現であっても,これを事実に関する表明であると認定して,事実の意義を広く解しているものもある。
> (2)は,田所農機事件[288]を題材にしたものである。同事件の判決では,「戦後田所式と称する成績余り芳しからざる製縄機が諸所に出現致し居り」等と新聞広告に掲載したことが,あたかも粗悪な模造品であるかのような印象を与えるものであるとして,虚偽の事実の流布に該当すると判示された。

---

283) 東京地判平成17年1月20日(平成15年(ワ)25495号)〔リクルート品質誤認・虚偽表示事件〕。
284) 東京高判平成14年6月26日判時1792号115頁〔パチスロ機記者会見事件〕。
285) 東京地判平成15年9月30日判時1843号143頁〔サイボーズ事件〕。
286) 前掲注271)大阪地判昭和49年9月10日。
287) 名古屋地判昭和57年10月15日判タ490号155頁〔ヤマハ特約店事件〕。
288) 大阪地判昭和27年5月29日下民集3巻5号719頁〔田所農機事件〕。

(3) 裁判所等の判断に反する私的判断

社会的事実の中には，裁判所等の判断を経ないと内容が確定しないものが存在する。裁判所等の判断結果とは異なる私的判断は，虚偽の事実となり得る。私的に判断することは価値判断であっても，その結果が公権的な判断結果と相違することは，事実の問題であると考えられるためである[289]。

知的財産権の有効性や侵害の有無は，特許庁や裁判所による判断によって確定する事実である。後述するように，相手方が知的財産権侵害をしていないのに，侵害している旨を相手方の取引先に告知・流布する行為は信用毀損行為となることがある。

6 規制対象行為

営業上の信用毀損は，事実の告知・流布に限らず，取引先が理由なく突然取引関係を謝絶すること，同業者が破産申請をした等の情報を取引先に送付すること等によっても生ずる。しかし，本号が規制の対象とするのは，虚偽の事実の告知・流布だけである。

「告知」とは，自己の関知する事実を，特定の人に対して個別的に伝達する行為をいう。例えば，被害者の取引先に電話でその商品の欠陥を知らせる等の行為が該当する。「流布」とは，事実を不特定の人又は多数の人に対して知られるような態様において広める行為をいう。例えば，新聞・雑誌等に他人の商品を誹謗する広告を掲載する行為が該当する[290]。

告知・流布の方法は，口頭や文書であると，図面・動作であるとを問わない。また，告知・流布をする者が，「聞いた噂によれば……」，「……のようである」などの言葉を使用し，自己の関知するところを表現しない方法によって虚偽の事実を伝播することも，告知・流布行為に入る[291]。

---

289) 渋谷 256 頁。
290) 逐条 156～157 頁。
291) 小野＝松村 463 頁。

7 権利侵害の警告

> **CASE 2-15** Yは、競争者であるXが製造販売する製品を見て、これが自己の特許権を侵害していると考えるに至った。以下の場合に、21号の不正競争行為が成立するか。
> (1) YがXに対して直接、権利侵害の警告をした場合。
> (2) YがXの取引先に対してXがYの特許権等を侵害している旨の警告状を送付し、その後、Yの特許権が無効になった場合。

(1) 問題の所在

本号に関してよく見受けられる事例は、相手方の製品が自己の特許権等の知的財産権を侵害するものであるとして、その相手方の取引先に警告をするものである。特許権者等は、独占的排他権を付与され、その権利範囲内において他の規制を受けることはなく権利行使をすることができる。この権利行使は濫用に当たらない限り許される。しかし、取引先に対して、知的財産権を侵害する旨の警告等をすることについて、それが「虚偽の事実の告知・流布」に該当する場合には、本号の規制の対象となり得る。

(2) 裁判例・学説

(a) **従来の裁判例** 従来の裁判例においては、相手方が自己の権利を侵害していることを理由に訴訟を提起する行為自体は、原則として裁判を受ける権利の行使であり、正当行為として違法性はないと考えられ、また、相手方に直接警告をすることも本号の対象にはならないとされていた[292]。その一方で、侵害している旨を競争者の取引先等に警告・宣伝することは、競争者の製品が自己の権利の技術的範囲に属しない、あるいは自己の権利が無効となったこと等の理由によって権利侵害を構成しない場合には、直ちに虚偽の事実を告知・

---

[292] 名古屋地判昭和59年2月27日無体裁集16巻1号91頁〔ウォーキングビーム事件〕、前掲注277)名古屋地判昭和59年8月31日等。このような直接の警告は当事者間の内部的問題であって、当事者間で警告がなされたからといって直ちに取引先等第三者に対する警告がなされたとは推認することはできないと述べる。

流布する行為として本号に該当するとされてきた[293]。

(b) **近時の裁判例** これに対して，近時の裁判例には，権利侵害がないことだけでは本号該当性を認めないものがある。磁気信号記録用金属粉末事件判決[294]は，特許権者が相手方の取引先に対する警告を行ったことについて，相手方の製品が非侵害であるとの判決が確定した後に，本号該当性が争われた事案において，「特許権者が，事実的，法律的根拠を欠くことを知りながら，又は，特許権者として，特許権侵害訴訟を提起するために通常必要とされている事実調査及び法律的検討をすれば，事実的，法律的根拠を欠くことを容易に知り得たといえるのにあえて警告をなした場合には，競業者の営業上の信用を害する虚偽事実の告知又は流布として違法となると解すべきであるものの，そうでない場合には，このような警告行為は，特許権者による特許権等の正当な権利行使の一環としてなされたものというべきであり，正当行為として，違法性を阻却されるものと解すべきである」と述べ，本号該当性を否定した。

(c) **学説** 以上のような近時の裁判例の見解に対して，学説は，従来の裁判例と同様に，権利侵害が成立しない場合においては，競争者の取引先に権利侵害の警告をする行為は，本号に該当し，差止請求を認めるという立場を採る見解が有力である[295]。権利者の主張する権利侵害が成立しない以上，その権利侵害の警告は正当な権利行使ではないのであり，競争者に直接警告を発することはともかく，第三者である取引先に警告を発することまで防御手段として是認することは，その根拠が乏しいように思われる。他方，非侵害であれば直ちに本号の不正競争行為を肯定することに対して批判的な見解も存在している[296]。

---

[293] 東京地判昭和 50 年 10 月 6 日判タ 338 号 324 頁〔火災感知機付き電気時計事件〕。
[294] 東京高判平成 14 年 8 月 29 日判時 1807 号 128 頁〔磁気信号記録用金属粉末事件〕。
[295] 田村 448 頁。
[296] 土肥一史「営業誹謗行為としての権利侵害警告」日本工業所有権法学会年報 5 号（1982 年）92 頁，髙部眞規子「知的財産権を侵害する旨の告知と不正競争行為の成否」ジュリ 1290 号（2005 年）88 頁。

第 2 章　不正競争行為

> CASE 2-15(1)については，Yの行為は競業者である相手方に直接警告したものであるので，本号の不正競争行為には該当しないと考えられる。他方，(2)については，Yの特許権が無効になったことにより，Xの製品は侵害品ではなくなり，Yの行為は，従来の裁判例の見解によれば，本号に該当する。他方，近時の裁判例の見解によれば，特許権の正当な権利行使の一環としてなされたものとして本号に該当しない場合があることになる。

(3) 損害賠償請求等における過失

(a) 過失の推認　本号該当性を理由として誹謗行為の差止めを求める場合，誹謗者の故意・過失は要件とされていない（3条⇒第3章第2節1）。これに対して，損害賠償を請求する場合には，誹謗者の故意・過失が要件とされている（4条⇒第3章第3節3）。

権利侵害の警告に関し，過失の有無については，階段滑り止め事件2審判決[297]が参考になる。この事件は，被告が，原告の製造販売に係る階段滑り止め材が自己の意匠権を侵害する旨の警告書を原告の取引先等に送付したことについて，意匠権侵害の事実が認められないとして本号該当性が肯定されたものである。被告は，警告書の送付が弁理士の鑑定書を基礎に置くものであることを，過失を否定する事実として提示したが，裁判所は，その弁理士が中立の立場になかったこと等を挙げて，鑑定書の存在は過失の存在を否定する理由にはならない旨を判示した。

階段滑り止め事件と同様に，産業財産権に基づく警告事例では，特に高度の注意義務が課せられるとして，その多くについて過失があったものと推認されている[298]。

(b) 過失の否定　信用毀損行為の成立が肯定されながら，誹謗者に故意・過失がないとして，損害賠償等の請求が棄却された事例は非常に少ない。これは，過失の推認を覆すに足る特段の事情ないし正当な理由の認定がかなり

---

297) 大阪高判昭和 55 年 7 月 15 日判タ 427 号 174 頁〔階段用滑り止め事件 2 審〕。
298) 前掲注 277) 名古屋地判昭和 59 年 8 月 31 日，東京地判昭和 53 年 10 月 30 日無体裁集 10 巻 2 号 509 頁〔投釣用天秤事件〕。

厳格になされているためであると考えられる[299]。

　誹謗者の過失を否定した事例として，戸車用レール事件判決[300]がある。この判決は，まず，一般に，産業財産権の技術的範囲等に属するかどうかを判断することについては，正確な判断をすることは困難なことが多く，それだけにその判断が他人に対する加害行為を伴う事態に発展するような場合には相応に高度な注意義務を課するのが相当であるとの一般論を述べた。そのうえで，事案によってはそのような判断をするに至った事情を詳細に検討し，汲むべき点は汲む態度をもたなければ，本来保護すべき工業所有権の正当な権利行使を萎縮させ，産業財産権制度の存在意義を没却させるおそれがある点にも想到する必要があるとしている。

8　比較広告等

> **CASE 2-16**　Xは，お茶を製造販売する会社であり，黒烏龍茶を主要製品として販売している。Yは，Xと同様，お茶を製造販売する会社であり，そのホームページにおいて，Yの製造販売している黒烏龍茶について，Xの同種製品と比較して，含有されているポリフェノールが単位量当たり70倍も多いという虚偽の事実を記載した宣伝広告チラシをXの取引先に配布した。Yの行為は，21号の不正競争行為に該当するか。

　自己の商品について他人の商品と比較したり，自己の優位性を強調する広告等は不正競争防止法上，どのような規制がなされるのだろうか。このような類型の宣伝・広告には，一般的には，比較広告，誇大広告，おとり広告等がある[301]。

　誇大広告は，もっぱら自己の商品・役務の優秀さを強調するものであるため，このような広告は，2条1項20号の不正競争行為（⇒本章第9節）に該当することがあっても，本号の対象とはならない。

　これに対して，自己の商品・役務を他社のそれと比較する広告である比較広

---

[299]　注解（上）741頁〔木村〕。
[300]　大阪地判昭和53年12月19日無体裁集10巻2号617頁〔戸車用レール事件〕。
[301]　これらの広告は，景品表示法に規定される「不当な表示」に該当する場合もある（⇒第5章第4節3(2)）。

告[302]は，内容が真実である場合は信用毀損行為には当たらないが[303]，自己の商品・役務の優位性を示すために，競争者の商品・役務について虚偽の事実を告知・流布し，結果として競争者の信用を害するときには，2条1項20号のほか，本号に該当する場合がある。

おとり広告とは，一般消費者に商品を販売又は役務を提供することを業とする者が，自己の供給する商品等の取引に顧客を誘引する手段として行う，実際には取引に応じることができなかったり，応じることが著しく制限されたり，あるいはその意思がない場合のその商品等についての表示をいうものとされている[304]。裁判例には，おとり広告は直ちに信用毀損行為には該当しないが，おとり広告において競争者の商品の品質等の欠陥につき虚偽の事実を陳述・流布する行為を恒常的に行う場合は，信用毀損行為と一体不可分の関係にあるものということができるから，信用毀損行為に該当すると解したものがある[305]。

> CASE 2-16 の場合，Y の宣伝広告チラシは，自己の製品の優位性を示すために，虚偽の事実により X の製品を誹謗するものであり，Y は当該チラシを X の取引先に配布しているから，Y の行為は本号に該当すると考えられる。

---

302) 昭和62年4月21日公正取引委員会事務局「比較広告に関する景品表示法上の考え方」において，比較広告とは，「自己の供給する商品又は役務（以下「商品等」という。）について，これと競争関係にある特定の商品等を比較対象商品等として示し（暗示的に示す場合を含む。），商品等の内容又は取引条件に関して，客観的に測定又は評価することによって比較する広告」であるとされている。小野＝松村406頁。
303) 東京高判平成16年10月19日判時1904号128頁〔コジマ価格表示事件〕。家電量販店が店舗入口壁側や店舗内部に，「ヤマダさんより安くします！！」等を表示した行為につき，虚偽の事実を告知して被誹謗者の信用を害するものではないとして本号の不正競争行為が成立しないとした。
304) 平成5年4月28日公正取引委員会告示17号「おとり広告に関する表示」。
305) 名古屋地判平成5年1月29日判時1482号148頁〔ピアノ百貨店事件〕。

第11節　代理人等の商標無断使用行為

❖ POINT ❖

◆ 2条1項22号は，パリ条約の同盟国等において商標に関する権利を有する者の代理人等が，正当な理由がないのに，無断で同一・類似の商標を使用等する行為を不正競争行為と定めている。
◆ 本号の不正競争行為を行う者は，パリ条約の同盟国等において商標に関する権利を有する者の代理人・代表者又は行為の日前1年以内に代理人・代表者であった者である。

CASE 2-17　日本の商社Yは，A国の衣料品メーカーXの日本における代理人であり，Xの商標としてA国において周知になっている商標αを付した商品を日本に輸入し，販売している。

Yは，商標αに関して日本における商標登録の有無を調査したところ，それと同一・類似の登録商標は存在しないことがわかった。Yは，その輸入・販売するXの商品の人気が高いことから，模倣品の出現を懸念して，Xに対して商標登録出願を行うように要請したが，数年もの間，Xから回答が得られないままであった。回答の得られなかった間に模倣品が販売され始めたため，結局，Yは，Xに知らせずに，自ら商標登録出願をして商標権の設定登録を受けた。

その後，XはYの商標使用について口出しすることはなかったが，Xの法務担当者がYの商標権の存在に気がつき，Yの商標使用が2条1項22号の不正競争に該当するとして，その差止めを請求した。この請求は認められるか。

1　概　説

2条1項22号は，パリ条約（⇒第1章第3節2）の同盟国，WTO（世界貿易機関⇒第1章第3節5）の加盟国又は商標法条約（⇒第1章第3節4）の締約国において商標に関する権利を有する者の代理人・代表者又はその行為の日前1年以内に代理人・代表者であった者が，正当な理由がないのに，その権利を有する者の承諾を得ないで，その権利に係る商標と同一・類似の商標をその権利に係る商品・役務と同一・類似の商品・役務に使用等する行為を不正競争行為とし

て規定している。

　国際的に事業展開をしようとして、企業が展開先の国に代理人等を置く場合に、代理人等が無断で当該企業の商標を使用したり、商標登録をすることがある。このような代理人等の行為は企業との間の信頼関係に背く行為であり、事業展開をするうえでも障碍となる。そこで、パリ条約6条の7は、このような問題に対応するために、同盟国において商標に係る権利を有する者の利益保護の規定を設けるに至った。

　なお、パリ条約6条の7第1項に対応して、商標法53条の2が、商標に関する権利を有する者の代理人・代表者が無断で行った商標登録の取消審判を請求することができる旨を規定している。この取消審判は、商標登録の日から5年を経過した後はすることができない（商標53条の3）。これは、パリ条約6条の7第3項の規定を受けたものである。これに対して、本号に関しては期間制限が設けられていないと解されている[306]。商標権の効力は、属地主義の原則により、その登録国の領域内にしか及ばない。本号は、国際不正競争の禁止という場面について、事実上、商標権の効力の範囲を登録国の領域外にまで拡大したものと解することができる[307]。

　本号に基づく差止め等を請求することのできる者は、パリ条約の同盟国等において商標に関する権利を有する者である。本号の行為については、刑事罰の対象にはなっていない。

　以下では、本号の要件として、商標に関する権利、代理人・代表者等、規制対象行為、正当な理由について説明する。その後に、適用除外について述べる。

2　商標に関する権利

　本号が問題とするのは、パリ条約の同盟国、WTOの加盟国及び商標法条約の締約国における商標に関する権利を有する者の代理人・代表者（であった者）の行為である。「商標に関する権利」という文言が用いられているのは、単に商標権というと、日本の商標権と同一内容の権利と解釈されかねないからである。他方で、商標に関する権利というと、商標に関する質権等まで含むように

---

306) 注解（上）808頁［茶園成樹］。
307) 小野＝松村 467頁。

解されるおそれもあるので，本号括弧書において「商標権に相当する権利に限る」旨が注意的に規定されている[308]。

外国の登録商標権が商標に関する権利に当たることは明らかである。また，アメリカ法における使用に基づくコモン・ロー上の未登録商標権やイギリス法におけるパッシング・オフなど，未登録商標の使用者に与えられる保護についても，商標に関する権利に含まれると解されている[309]。

3 代理人・代表者等

(1) 代理人・代表者

代理人・代表者とは，外国で商標に関する権利を有する者から，その商標に関する商品・役務の取引について代理権・代表権を与えられた者のことである。実務上，総代理店・代理店，特約店と呼ばれる者が含まれるとされており，代理人の範囲は非常に広く解釈されている[310]。

裁判例においても，以下のように代理人の範囲については広く捉えられている。「『代理人』の意義は，法律上の代理権の存否を要件とすることなく広く解されるべきであり，同盟国商標権者との間に特定商品の包括的な代理店関係を有する者に限ることなく，何らかの基礎となる代理関係があれば足りるものと解するのが相当である」[311]。

この事件では，結論として，被告が「輸入代理店」，「輸入総発売元」等と称したこと等の事情から，原告と被告の間の販売代理権付与に関する合意形成が推認され，被告は本号にいう「代理人」に当たると判断された。

(2) 行為の日前 1 年以内に代理人・代表者であった者

現に代理人・代表者である者とともに，「行為の日前 1 年以内に代理人若しくは代表者であった者」も，本号における規制対象となる。過去に代理人・代表者であった者の行為に対する保護は，パリ条約 6 条の 7 において要請されるものではない。しかし，商標に関する権利を有する者と代理人等との間の信頼

---

308) 逐条 160 頁。
309) 注解（上）808 頁［茶園］。
310) 後藤晴男『パリ条約講話〔第 13 版〕』（発明協会，2007 年）424〜425 頁。
311) 大阪地判平成 12 年 12 月 14 日（平成 9 年（ワ）11649 号）〔D フラクション事件〕。

関係は代理関係が終了した後も保護に値するものである。その一方，いつまでも本号による規制が続くと，代理人等であった者の自由を不当に束縛することになりかねないことから，1年という期間の限定が設けられたものである[312]。

この点に関して，旧1条2項は，本文において，代理人等であった者を含みつつ，ただし書において，使用行為「開始」の日前1年以内に代理人等でなかった者を除くと規定していた。そのため，旧法下においては，代理人等の関係が終了してから1年以内に使用行為を開始した者に対しては，当該使用行為が継続する限り，商標に関する権利を有する者は差止請求等をすることができた[313]。これに対して，本号は，代理人等の関係が終了してから1年間の使用行為だけしか不正競争行為とはならないように解され得る。裁判例にも，そのように解するものが存在する[314]。

このように，現行法は，旧1条2項とは異なり，商標使用を阻止する権利を行使することができる期間を制限したと解することもできるが，そうすると代理関係終了日から1年間の行為に限ってしか規制対象にならなくなり，商標に関する権利を有する者の保護の実効性を損なうとの批判[315]がある。そのため，規定の文言からは離れることになるが，旧法と同様に解するべきであろう[316]。

4　規制対象行為

本号が対象とする行為は，正当な理由なく，商標に関する権利を有する者の承諾を得ずに，①同一・類似の商標を同一・類似の商品・役務に使用する行為，②同一・類似の商標を使用した同一・類似の商品を譲渡・引渡し等する行為，③同一・類似の商標を使用して同一・類似の役務を提供する行為である。

商標に関する権利を有する者の承諾がある場合には，代理人等の商標の使用は本号には該当しない。そのような場合には，商標に関する権利者と代理人等の間で契約が締結されているのが通例であり，代理人等の商標の使用については契約によって規律されることとなる。

---

[312]　山本241頁。
[313]　豊崎光衛ほか『不正競争防止法』(第一法規，1982年) 287頁 [渋谷達紀]。
[314]　前掲注311) 大阪地判平成12年12月14日。
[315]　田村263頁。
[316]　金井重彦ほか編著『不正競争防止法コンメンタール〔改訂版〕』(レクシスネクシス・ジャパン，2014年) 216頁 [町田健一]。注解 (上) 812頁 [茶園]。

第11節　代理人等の商標無断使用行為

　無断使用される商標につき，代理人等が商標登録出願をしていること，あるいは商標権の設定登録を受けていることは本号の要件とはなっていない。そのため，代理人等が当該商標について商標権を有しているか否かにかかわらず，商標に関する権利を有する者は本号に基づき代理人等に対して使用等の差止めを求めることができる。

　また，本号の適用については，商標に関する権利を有する者の商標が周知・著名性を獲得するに至っているかどうかは問題とはならない。本号は，信義則に違背する行為を規制しようとするものであり，2条1項1号・2号とは趣旨を異にするものであるためである[317]。なお，商標に関する権利を有する者の商標が周知・著名であれば，本号が適用される場合であっても，1号・2号が適用され得る。

5　正当な理由

　代理人等による商標の使用について「正当な理由」があるときは，商標に関する権利を有する者の承諾がなくても，その使用は不正競争とはならない。ここにいう「正当な理由」とは，代理人等がその行為を行うにつき，社会通念上肯認し得るような理由であるといわれている[318]。例えば，商標に関する権利を有する者がわが国における権利を放棄した場合，権利取得の意思がないことを代理人等に信じさせた場合，黙示の許諾をしていた場合等[319]に正当理由が認められると解されている。

6　適用除外

　本号の不正競争行為については，2条1項1号・2号の不正競争と同様に，普通名称等の使用に関する適用除外（19条1項1号⇒本章第2節8(2)）及び自己の氏名の使用に関する適用除外（19条1項2号⇒本章第2節8(3)）が定められている。他方，1号・2号の場合とは異なり，先使用に関する適用除外（19条1項3号・4号⇒本章第2節8(4)）は定められていない。

---

317)　注解（上）813頁［茶園］。
318)　山本241〜242頁。
319)　反対：注解（上）813〜814頁［茶園］。

CASE 2-17 の X の商標 α は，A 国において商標登録されていなくても，周知になっていることにより，X は A 国において商標に関する権利を有する者となっていることが考えられる。A 国がパリ条約の同盟国，TRIPS 協定の加盟国又は商標法条約の締約国である場合には，X の代理人である Y の行為は，22 号の不正競争行為に該当するといえそうである。しかしながら，X は，Y の商標登録出願の要請に回答せず，数年もの間，これを放置してきた。このことから，Y は X に商標権取得の意思がないことを信じていた，あるいは，X は商標権の取得について黙示的に許諾を与えていたことを推測することができよう。そうであれば，Y には，その商標の使用について正当な理由があると考えることができ，X は Y に対して 22 号に基づく使用差止めを請求することはできないことになる。

第3章 民事上の措置

> ❖POINT❖
> ◆ 不正競争行為に対する民事的な救済措置として，不正競争行為者に対して差止めや損害賠償，信用回復措置を求めることができる。
> ◆ 損害賠償請求は，不正競争行為による営業上の利益侵害によって生じた損害について賠償を求めるという性質から，損害額の推定等の特則が設けられている。

第1節 総 論

　本章では，これまでに説明をしてきた不正競争行為（⇒第2章）に対する民事上の救済措置を説明する。不正競争行為に対しては，民事上，差止請求（3条），損害賠償請求（4条，民709条），信用回復措置請求（14条）が認められている。これらの請求を行うことができる者は，不正競争行為によって営業上の利益を侵害される（侵害された）者である（⇒第2章第1節4）。

　これらの民事的救済を実現するために被侵害者が裁判所に訴えを提起した場合，その手続は民事訴訟法によることになる。しかし，民事訴訟法の手続は，主に有体物をめぐる紛争を想定して規定が設けられているため，かかる規定をそのまま不正競争行為による営業上の利益の侵害についても適用すると，立証手続等が煩雑になるなどの弊害が生じることがある。また，競争者間の紛争であることも多いため，営業秘密についての配慮が強く求められる。そこで，不正競争防止法では，上記のような問題に対処するための特別の規定が設けられている。

第2節 差止請求

> **CASE 3-1** Yは清涼飲料水を製造販売している会社である。Yは新しいアルコール商品の開発を行い，新商品として「Pビヤー」という商品名の発泡酒の製造販売を開始した。
>
> これに対して，ビールを製造販売しているXが，「Pビヤー」という商品名は，当該商品が発泡酒であるにもかかわらず，これがビールであると需要者が誤認するおそれがあるとして，「Pビヤー」という表示の差止めを求める訴えを提起した。このXの請求は認められるか。

1 概　　説

　2条1項各号に定める不正競争行為によって営業上の利益を侵害され又は侵害されるおそれのある者は，その営業上の利益を侵害する者又は侵害するおそれのある者に対し，侵害の停止又は予防を請求することができる（3条1項）。また，この差止請求を行う際に，侵害の行為を組成した物の廃棄，侵害の行為に供した設備の除却その他の侵害の停止又は予防に必要な行為を請求することができる（同条2項）。

　不正競争行為が行われている場合，その行為者に事後的に損害を賠償させても，不正競争行為自体が継続されているのであれば，被侵害者の救済としては不十分である。公正な競争秩序を維持・回復するためには，不正競争行為そのものを停止させることが最も効果的であると考えられることから，差止請求権が定められた[1]。また，不正競争行為を行い又は行うおそれのある者の手元に，不正競争行為に供する設備等を残していたのでは，将来再び不正競争行為を行うおそれもあるため，差止請求権とあわせて，侵害組成物の廃棄や設備の除却請求権（廃棄請求権）も認められたのである。

　この差止請求権・廃棄請求権は，不正競争防止法に基づく請求権である。民法の不法行為（民709条）を根拠とする損害賠償請求権とは異なり，侵害者の故意・過失といった主観的要件は不要であるため，不正競争行為を行い又は行

---

1) 注解（下）878〜879頁［南川博茂］参照。

うおそれがある者が善意無過失であったとしても，この者に対して差止請求を行うことができる[2]。

2 侵害され又は侵害されるおそれ

差止請求を行うことができるのは，前述したように，不正競争行為によって営業上の利益を侵害され又は侵害されるおそれのある者である。「侵害されるおそれ」とは，営業上の利益を害される蓋然性が高いと認められる場合をいう。「おそれ」で足りることから，現実に営業上の利益を侵害されたことを必要としないが，単に害されるであろうという主観的な見解・予期ではなく，客観的な事情の存在が必要である[3]。

一般的には，侵害の準備行為がある場合は，侵害されるおそれがあるといえる。さらに，準備行為に限らず侵害の意図が客観的に推認される場合も，侵害されるおそれがあるといい得る[4]。例えば，同業者の商号と同一の商号を登記したという事実があれば，その者がこの商号を現実には一度も使用していないとしても，今後使用するおそれがあることから，営業上の利益を侵害されるおそれはあるといえる[5]。

3 差止請求の相手方

他方，差止請求の相手方は，不正競争行為によって営業上の利益を侵害し又は侵害するおそれがある者である。不正競争行為を行っている者が法人の機関である場合，法人が請求の相手方となる。差止請求では行為者の主観面は要件ではないため，請求の相手方が故意・過失や不正競争の目的をもって不正競争行為を行っている必要はない。

差止請求の対象となるのは，具体的な不正競争行為である。例えば，品質等について誤認させるような表示が付されたA商品を販売しているスーパーに対しては，A商品の販売を停止するように求めることができるが，スーパー

---

[2] 昭和25年改正前は，差止請求の相手方となるのは，「不正の競争の目的をもって」不正競争行為を行った者とされていた。
[3] 小野＝松村544頁。
[4] 注解（下）898頁〔南川〕参照。
[5] 金沢地小松支判昭和48年10月30日無体裁集5巻2号416頁〔8番ラーメン事件〕参照。

第3章　民事上の措置

の営業を停止するなどの請求までは認められない。

> CASE 3-1については，「ビール」は，一般に「ビール」と呼ぶ以外に「ビヤー」と呼ぶ場合があることは公知の事実であるといえる（例えば，ビヤーガーデン）。したがって，「Pビヤー」という商品名で発泡酒を販売すれば，需要者がこれをビールの一種と誤認するおそれがあると考えられることから，Yの行為は品質等誤認行為（2条1項20号⇒第2章第9節）に該当する。そして，その誤認により需要者が購入する「Pビヤー」の数量の中には，誤認がなければXの販売するビールを購入するであろう数量が含まれると考えられるため，Xの営業上の利益が侵害され又は侵害されるおそれがあるといえる。よって，Xの差止請求が認められる。ただ，このCASEは，ライナービヤー事件を参考にしたものであるが，この事件では，ビール製造販売業者が「ライナービヤー」と表示した発泡酒を販売する者に対して差止請求をしたという事案において，東京高裁[6]は，誤認のおそれのあるのは「ビヤー」の部分であるから，差止めの対象はこの部分に限られ，「ライナー」の部分には及ばないと解し，最高裁[7]もビール製造販売業者の上告※を棄却した。この考え方によれば，Xは「Pビヤー」という表示の差止めを求めているが，差止めが認められるのは「ビヤー」の部分のみということになろう。

4　差止請求の態様

(1)　概　説

　差止請求権には，侵害行為の停止又は予防を請求する狭義の差止請求権（3条1項）と，侵害行為を組成した物（侵害行為より生じた物を含む）の廃棄，侵害行為に供した設備の除却その他の侵害行為の停止又は予防に必要な行為を請求する廃棄請求権（同条2項）がある。

(2)　狭義の差止請求権

　狭義の差止請求権は，相手方に対して，「〜を販売してはならない」，「〜の標章を用いてはならない」等の不作為を求める請求権である。ただ，侵害行為

---

6)　東京高判昭和38年5月29日判時342号16頁〔ライナービヤー事件2審〕。
7)　最判昭和40年6月4日判時414号29頁〔ライナービヤー事件〕。

の内容を特定せずに「不正競争行為をしてはならない」というような抽象的な請求は認められない[8]。

(3) 廃棄請求権

(a) 意義　廃棄請求権は,「～の図柄を表示した商品,包装,広告物を廃棄せよ」等,具体的に特定した内容の作為を求める請求権である。看板に記載されている図柄が周知な商品等表示主体の混同行為(2条1項1号)に該当する場合は,その図柄の抹消を求めることができるとされている[9]。また,登記商号の使用について差止請求を行う場合は,登記商号の抹消まで請求することができるとされている[10]。

廃棄請求は狭義の差止請求をする際に請求することができるのみで,単独でこれを請求することはできない。また,廃棄請求が認められるのは,差止めの実現に必要かつ十分なものに限られる[11]。

なお,廃棄請求をすることができるのは,侵害者がその物について所有権等の処分権限を有していることが必要で,かかる権限が第三者に属する場合には,廃棄請求は認められない。

(b) 対象　廃棄請求の対象となるのは,「侵害の行為を組成した物」,「侵害の行為に供した設備」,「その他の侵害の停止又は予防に必要な行為」である。

> **用語解説⑧　上　告**
>
> 民事訴訟においては,原則として控訴審の終局判決に対して不服を申し立てる上訴のことをいう。例外として,高等裁判所が第1審裁判所として行った判決に対する上訴と,飛躍上告の合意がある場合の第1審の終局判決に対する上訴の場合がある。

---

8) 小野＝松村548頁参照。
9) 東京高判昭和42年11月9日下民集18巻11＝12号1083頁〔アマンド仮処分異議事件〕参照。この判決では,看板の撤去までは必要ないとされた。ただし,看板の態様等によっては看板自体の撤去・廃棄が認められる場合もある。看板の廃棄を認めた裁判例として,大阪高判昭和58年10月18日無体裁集15巻3号645頁〔フロインドリーブ事件〕がある。
10) 小野＝松村550頁参照。
11) 商標権侵害に関する裁判例であるが,大阪地判平成2年10月9日無体裁集22巻3号651頁〔ロビンソン事件〕参照。
12) 竹田稔＝服部誠『知的財産権訴訟要論(不正競業・商標編)』(発明推進協会,2018年) 259頁。

> **用語解説⑨　裁判管轄**
>
> 　裁判権を行使する機関として裁判所が設置されているが，様々な目的から多様な裁判所が存在しているほか，同種の裁判所も多数併存している。この場合，裁判所としても国民としてもどの裁判所で事件を取り扱うかの定めがあった方が合理的であることから，裁判所間の裁判権の分担を定めたのが裁判管轄である。

「侵害の行為を組成した物」とは，侵害行為の必然的内容をなす物をいう[12]。他人の商品等表示の付された看板などである。また，「侵害の行為を組成した物」には，「侵害の行為により生じた物」も含まれる（3条2項括弧書）。「侵害の行為により生じた物」とは，例えば，営業秘密を用いて製造した製品である。

「侵害の行為に供した設備」とは，侵害行為の実施に供した設備をいう[13]。例えば，他人の商品形態を模倣した製品の製造に用いる金型や機械がこれに当たる。

「その他の侵害の停止又は予防に必要な行為」とは，営業秘密を内容とする電子データを消去させること等である[14]。

5　存続期間

　不正競争防止法に基づく差止請求権は，現在行われている又は将来行われるおそれのある不正競争行為に対する権利であるから，不正競争行為が行われ又は行われるおそれが継続している間は不断に発生し，不正競争行為が終われば消滅する。そのため，別段の定めがある営業秘密に係る不正行為に対する差止請求権の場合（15条⇒第2章第5節4）を除いては，差止請求権が時効消滅することはない[15]。

6　裁判管轄※

　不正競争防止法に基づく差止請求は，前述の通り，侵害者の故意・過失を要件としないことから，民法上の不法行為が成立しない場合にも認められる場合

---

13) 竹田＝服部・前掲注12) 259頁。
14) 逐条161頁。
15) 差止請求権が失効しない旨を言及した裁判例として，名古屋地判平成9年9月29日判タ960号270頁〔サンリオ事件〕参照。

がある。そのため，差止請求訴訟の裁判管轄については，民事訴訟法5条9号の「不法行為に関する訴え」に含まれるかどうかが争われてきた。これに含まれるとすると，不正競争防止法に基づく差止請求訴訟は，その管轄区域内に不法行為地のある裁判所が土地管轄を有することになる。

　この問題について，最高裁は，「民訴法5条9号は，『不法行為に関する訴え』につき，当事者の立証の便宜等を考慮して，『不法行為があった地』を管轄する裁判所に訴えを提起することを認めている。同項の規定の趣旨等にかんがみると，この『不法行為に関する訴え』の意義については，民法所定の不法行為に基づく訴えに限られるものではなく，違法行為により権利利益を侵害され，又は侵害されるおそれがある者が，提起する侵害の停止又は予防を求める差止請求に関する訴えをも含むものと解するのが相当である」とし，「不正競争防止法3条1項に基づく不正競争による侵害の差止めを求める訴え及び差止請求権の不存在確認を求める訴えは，いずれも民訴法5条9号所定の訴えに該当する」と判示した[16]。

第3節　損害賠償請求

1　概　説

　不正競争行為によって損害を被った者に対する民事的救済として，差止請求と並んで重要なものに損害賠償請求がある。4条本文は「故意又は過失により不正競争を行って他人の営業上の利益を侵害した者は，これによって生じた損害を賠償する責めに任ずる」と規定する。この4条の損害賠償規定は，他人の不正競争行為によって生じた営業上の利益の侵害が，民法709条に定める「法律上保護される利益」の侵害に該当することを確認する趣旨で定められたものである[17]。

　4条に基づいて損害賠償請求をするためには，①故意・過失，②不正競争行為，③因果関係，④営業上の利益の侵害による損害の発生及びその損害額の立

---

16)　最決平成16年4月8日民集58巻4号825頁〔パイオニア貿易事件〕。
17)　逐条162頁。

証が要件となる。

不正競争防止法には，損害賠償請求に関して，4条のほかに，損害額の推定等を規定した5条があるが，その他の詳細な規定は有していない。そのため，不正競争防止法の規定だけでは不明な点については，民法709条以下の不法行為規定が補充的に適用されることになる。

なお，営業秘密に係る不正行為に対する損害賠償請求権の制限については，前述した（4条ただし書⇒第2章第5節4(5)）。

2　損害賠償請求の主体と相手方

損害賠償請求を行うことができるのは，不正競争行為によって営業上の利益を侵害された者である。

他方，損害賠償請求の相手方は，「不正競争を行って他人の営業上の利益を侵害した者」である。損害賠償請求は，差止請求と異なり事後的救済であるから，損害の発生が必要であり，したがって，損害を発生させるおそれがあるだけでは請求の相手方とはなり得ない。

不正競争防止法は，請求の相手方に関して規定を有しないため，民法の規定が補充的に適用されることになる。具体的には，被用者が業務に関連して不正競争行為を行った場合は，使用者等が損害賠償請求の相手方となる（民715条1項）ほか，請負人が不正競争行為を行った場合，注文者に注文・指図について過失があったときは，注文者は損害賠償責任を負う（民716条）等の規定の適用があると考えられる。また，不正競争行為に加担した幇助者については，共同不法行為者とみなされ，損害賠償請求の相手方となる（民719条2項）。

3　故意・過失

損害賠償請求では，差止請求と異なり，侵害者の故意・過失が要件となっている。

故意・過失の意義については，民法と同様に解されている。すなわち，故意とは，一定の結果の発生すべきことを知りながら，あえてある行為をすることであり[18]，過失とは，損害の発生を予見し（予見可能性），予防する注意義務

18）　内田貴『民法Ⅱ債権各論〔第3版〕』（東京大学出版会，2011年）355頁参照。

（結果回避義務）を怠ることである[19]。これを不正競争行為に対する損害賠償請求に当てはめると，故意とは，他人の営業上の利益を侵害することを知りながら，あえて2条1項各号所定の不正競争行為を行うことであり，過失とは，他人の営業上の利益を害することを予見し予防する注意義務を怠ることである。

> **用語解説⑩　推　定**
>
> 民事訴訟法上，Aという事実の存在が証明されたとき，Bという事実の存在あるいはBという権利の存在が推定されることをいう。この推定により挙証責任が転換されるものを法律上の推定という。みなす場合と異なり，推定の場合は，推定された事実又は権利への反証が許される。

不正競争防止法では，特許法等で定められている過失の推定※規定（特許103条，意匠40条，商標39条等）は置かれていない。これは，そもそも過失推定の前提となる公示制度（公報や登録原簿等）が存在しないためである。したがって，故意・過失の立証責任は，民事訴訟の原則通り，請求をする被侵害者側にある。ただ，不正競争行為を行う者は，被侵害者と同一・類似の事業を営む者であることが多く，その場合は自らの行為により他人の営業上の利益が害されることを予見し得たと考えられて，過失が否定されることは少ないであろう[20]。

4　因果関係

4条は，故意・過失に「より」不正競争行為を行って他人の営業上の利益を侵害した者に対して，損害賠償責任を負わせている。この「より」とは，不正競争行為を原因として他人の営業上の利益を侵害するという結果を生じさせたことをいう。行為と結果の因果関係であり，事実的因果関係ともいう。

ここでいう因果関係は，「あれなければこれなし」といえる条件関係がある場合を基礎とするが，条件関係が認められる範囲は広くなりすぎるため，これを相当な範囲に限定して因果関係を肯定する相当因果関係であると考えられている[21][22]。

---

19) 内田・前掲注18) 340頁参照。
20) 竹田＝服部・前掲注12) 262頁参照。
21) 注解（下）974頁［松村信夫］参照。

第３章　民事上の措置

> **用語解説⑪　逸失利益**
>
> 債務不履行や不法行為がなければ得られたであろう利益のことをいう。得べかりし利益または消極的損害ともいう。

5　損　害

(1)　概　説

損害は，積極損害と消極損害の２つに大別される。積極損害とは，既存の利益の滅失又は減少であり，不正競争行為を制止するために要した費用や不正競争行為者に対する警告，取引先等に対する注意喚起のための通知に要した費用，訴訟活動に要した費用等がこれに当たる[23]。消極損害とは，将来の財産増加が妨げられることによる損失で，「得べかりし利益の損失」や「逸失利益※」ともいわれる。不正競争行為による損害の中心はこの消極損害であり，例えば，模倣品が販売されたことによる売上げの減少や被侵害者の商品価額の低下がこれに当たる。

また，損害には，有形的損害のみならず無形的損害（名誉や信用に対する損害）も含まれる[24]。無形的損害については，金銭賠償（慰謝料）のほか，名誉については民法723条，営業上の信用については不正競争防止法14条により，名誉あるいは信用回復措置請求（⇒本章第5節）が認められている。

(2)　損害額の算定に関する特則

(a)　概説　　民事訴訟の原則では，損害額については損害賠償を請求する者が立証責任を負うとされているが，不正競争行為による損害は逸失利益が中心となる。この逸失利益を具体的に算定することは困難であり，また複雑な会計についての専門知識を必要とするものである。そのため，不正競争防止法では，審理の迅速化と立証の負担を軽減するための特則が設けられている。

具体的には，5条で損害額の推定等，8条で損害計算のための鑑定，9条で相当な損害額の認定について定めている。このうち5条については，次節で詳

---

22) また，因果関係という語は，上記の相当因果関係が認められた損害について，どこまでを不正競争行為者に賠償させるのが妥当かという意味においても用いられる。これは損害賠償の範囲の問題とされている。内田・前掲注18) 390頁参照。
23) 信用毀損行為が行われたため，それによる誤解を解くための説明費，宣伝費，調査費等が損害として認められた事例として，東京地判昭和56年12月21日無体裁集13巻2号952頁〔タクシー用社名表示灯事件〕。
24) 注解（下）983頁［松村］。

しく説明するため，ここでは8条と9条について説明をする。

　(b)　**損害計算のための鑑定**
　8条は，不正競争による営業上の利益の侵害に係る訴訟において，当事者の申立てにより，裁判所が当該侵害の行為による損害の計算をするために必要な事項について鑑定を命じたときは，裁判所は公認会計士等の鑑定人を選任し，当該鑑定人に対する説明義務を当事者に課し，当事者は鑑定人に対し損害の計算に必要な事項について説明しなければならないと規定している。

　これは，営業上の利益の侵害で生じる損害を計算するためには，膨大な会計・経費書類等を正確に理解する必要があり，その作業には専門知識が必要であり，また，当事者は会計・経理に関する情報を他者に口外することを躊躇することが多いことから，上記書類を正確に把握することに困難が生じることが少なくないため，損害額の立証の容易化と審理の迅速化を図る観点から設けられたものである[25]。

　(c)　**相当な損害額の認定**　　不正競争防止法は，後に説明する損害額の推定等の規定（5条）を有しているが，その規定によってもなお，損害額の立証が困難な場合もある。そこで，9条で，不正競争による営業上の利益の侵害に係る訴訟において，「損害が生じたことが認められる場合において，損害額を立証するために必要な事実を立証することが当該事実の性質上極めて困難であるとき」は，裁判所は，口頭弁論※の全趣旨及び証拠調べの結果に基づき，相当な損害額を認定することができる旨を規定した。

　これは，損害額の立証が困難な場合の救済を図るための民事訴訟法248条と同趣旨の規定である。

> **用語解説⑫　口頭弁論**
> 　民事訴訟手続きにおける，裁判所の面前で口頭で行われる当事者の弁論のことをいう。また，これに裁判所の証拠調べ，訴訟指揮や判決の言渡しなども含めて口頭弁論といわれることもある。

---

[25]　逐条187〜188頁参照。

第4節 損害額の推定等

> **CASE 3-2** 雑貨店を営むXは，自らがデザインしたハムスターをモチーフにした，ぬいぐるみαを作り，これを自分の店において1個3000円で販売している。ぬいぐるみαは，愛くるしい表情が評判で，毎月300個ほど売れていたが，Xの手作りで製作されるため，1個当たりの利益は500円であった。
> 　Yは，子供用玩具の製造販売を業とする会社である。Yは子供用玩具業界では最大手の1つであるが，近年は業績が落ち込んでいたところ，Xのぬいぐるみαの評判が良いことを聞きつけ，自社でもぬいぐるみαとそっくりのぬいぐるみβを製造販売することを思いついた。
> 　さっそくYは，自社の生産ラインを使って月に5000個のぬいぐるみβを製造し，これを1個2000円で全国に100ほどある自社の販売店において販売した。ぬいぐるみβは，大量に製造されるためにコストが抑えられ，1個当たりの利益は1000円で，販売から6か月で3万個が製造販売された。
> 　ぬいぐるみβの存在を知ったXは，Yに対して，損害賠償を請求することを考えている。この場合の損害額はどのように算定されるか。

1　概　説

　損害賠償請求では，損害の発生のみならず損害額についても，これを請求する側，すなわち被害者側が立証する必要がある。不正競争行為に対する損害賠償では，営業上の利益の侵害による損害の中心は売上げの減少等の逸失利益であるが，これは経済活動を通じて発生するものであるから，その損害額を立証することは困難である。この立証の困難性により不正競争行為の被害者が損害賠償を請求しても敗訴し，あるいは軽微な額の賠償しか受けられないといった状況になっては，不正競争防止法の制度趣旨である公正な競争の確保は阻害される。
　そこで，5条に被害者の立証負担を軽減するための規定が設けられ，かかる弊害の防止が図られている。その内容としては，1項において，一定の不正競争行為についての損害額の算定方式を定め，2項に，侵害者が侵害行為により受けた利益の額を損害の額と推定するという損害額の推定規定を設けている。

さらに，3項において，一定の不正競争行為について使用料相当額を損害の額として請求できることを定めている。

2　逸失利益の算定

(1)　趣　旨

5条1項は，侵害品の販売等の一定の不正競争行為によって生じた逸失利益の算定方法を定めたものである。模倣品等の侵害品が販売されると，被侵害者の製品の販売数は減少し営業上の利益が損なわれる。しかしながら，販売数の減少は宣伝広告といった営業活動や競合店の販売価格等の市場動向，さらには気象条件等の事情によっても左右されるものである。そのため，実際に侵害品の販売によってどれだけの利益が損なわれたかを算定することは困難であるにもかかわらず，その立証を被侵害者に強いるのは適切ではないと考えられる。

そこで，不正競争行為と被侵害者の営業上の利益の侵害による損害との間に一定の因果関係が類型的に認められるものについて，不正競争行為と損害の因果関係及び損害額についての被侵害者側の立証負担を軽減するために設けられたのが，5条1項である。

(2)　規定内容

5条1項は，①2条1項1号～16号まで又は22号に該当する不正競争行為（4号～9号については，技術上の秘密に関するものに限る）によって営業上の利益を侵害された者（被侵害者）が，②故意・過失により自己の営業上の利益を侵害した者（侵害者）に対してその損害の賠償を求める場合において，③侵害者がその侵害行為を組成した物（侵害品）を譲渡したときは，④侵害品の譲渡数量に，被侵害者がその侵害行為がなければ販売することができた物（真正品）の単位数量当たりの利益の額を乗じて得た額を，⑤被侵害者の当該物の販売その他の行為を行う能力に応じた額を超えない限度において，被侵害者が受けた損害の額とすることができると規定している（同項本文）。ただし，⑥譲渡数量の全部又は一部に相当する数量を被侵害者が販売することができないとする事情がある場合は，当該事情に相当する数量に応じた額を控除した額が，被侵害者が受けた損害の額となる（同項ただし書）。

同様の規定は，特許法をはじめとする産業財産権法4法（特許102条，実用

29条, 意匠39条, 商標38条) や著作権法 (著作114条) 等にも存在しており, その趣旨も同じであると解されている。

以下では, その内容について具体的に説明をする。

(3) 対象となる不正競争行為

5条1項の適用を受けるのは, 2条1項1号～16号まで又は22号に該当する不正競争行為である。すなわち, 周知な商品等表示主体の混同行為 (1号⇒第2章第2節), 著名な商品等表示の冒用行為 (2号⇒第2章第3節), 商品形態の模倣行為 (3号⇒第2章第4節), 営業秘密に係る不正行為 (4号～10号⇒第2章第5節) のうち4号～9号にあっては技術上の秘密に関するもの, 限定提供データに係る不正競争行為 (11号～16号⇒第2章第6節), 代理人等の商標無断使用行為 (22号⇒第2章第11節) である。

このように対象となる不正競争行為を限定しているのは, 5条1項が, 経験則上, 侵害行為とそれによる損害との間に直接的な因果関係が存在していることを前提に, その立証の困難さを軽減するために設けられたものであるから, そのような因果関係の存在が類型的には認められない不正競争行為についてまで, 本項の対象とすることは適当ではないと考えられたためである[26]。

(4) 侵害品の譲渡

侵害品, すなわち侵害の行為を組成した物 (⇒本章第2節4(3)(b)) を「譲渡」するとは, 侵害品を有償又は無償で移転することをいう[27]。例えば, 商品形態の模倣行為 (2条1項3号) であれば, 模倣品の販売がこれに当たる。

「譲渡」のみが規定されているが, 譲渡以外の「貸渡し」等についても1項が適用されるかは争いがある[28]。1項が被侵害者の逸失利益の算定の困難さを軽減し, 不正競争防止法の実効性を確保することを趣旨とする以上, 譲渡以外の行為であっても, 譲渡と同様の損害が生じることが認められるものについては, 1項が類推適用されると解されよう[29]。

---

26) 逐条166頁参照。
27) 小野＝松村583頁参照。
28) 逐条167～168頁, 注解 (下) 1007～1008頁 [松村] 参照。

(5) 真正品の販売

1項には,「被侵害者がその侵害の行為がなければ販売することができた物」とあり,不正競争行為者による侵害品の譲渡によって,被侵害者の販売する物(真正品)の需要が奪われるということを前提としている。

したがって,1項が適用されるためには,被侵害者が真正品を販売していることを要すると解される。ただ,真正品は侵害品と同一商品の物であることまでは必要ではなく,侵害品と代替可能性のある物であればよいと考えられる。代替品であっても,侵害品によって需要が奪われる関係は認められるからである。

(6) 単位数量当たりの利益の額

「単位数量当たりの利益」にいう「利益」とは,売上高から製造原価を控除した額(粗利益)からさらに営業経費(人件費,広告宣伝費,運送費,保管費,地代家賃)も控除した純利益と考える見解もあるが,被侵害者は固定費(人件費,一般管理費,研究開発費等)を既に投入済みであることや立証の容易さから,限界利益を指すと考えられている。限界利益とは,侵害行為がなければ被侵害者がその物を販売できたはずと考えられる数量の売上高から,その数量を販売するために要する経費を控除した額である。

(7) 被侵害者の販売その他の行為を行う能力

1項は,同項を用いて算定される損害額について,「被侵害者の当該物に係る販売その他の行為を行う能力に応じた額を超えない限度において」という上限を設定している。

これは,不正競争行為に対する損害賠償請求権は,あくまで公平の原則に立脚し,侵害行為によって生じた損害額をてん補させるてん補賠償請求であると考えられることの現れである。すなわち,いかに被侵害者であっても,その損

---

29) 商品サイクルが短い商品をリースやレンタルといった態様で一定程度の長期間貸し出す行為が,「譲渡」ではないという理由のみで1項の適用を免れることになると,不正競争行為者は容易に1項の適用を回避できることになり,不正競争防止法の実効性が確保できない。1項はあくまで「譲渡」を侵害の代表的行為として例示したのみで,適用対象を「譲渡」に限定する趣旨ではないと考える。

害の賠償として自らが販売しただけであったなら得られなかったことが明らかな売上げによる利益を享受する根拠はないのであるから，あくまで被侵害者の販売能力（生産能力や供給能力等）に応じた額という上限が設けられているのである。

ここにいう「販売その他の行為を行う能力」は，侵害時点で被侵害者が現に有している能力が基準となるが，被侵害者がそれを行おうと思えばできたであろうといえるような特別な事情がある場合は，そのような事情も考慮して判断されるべきと考えられる[30]。また，侵害行為が行われている期間は，被侵害者の商品が人気のため品切れ状態にあったとしても，そのことをもって直ちに被侵害者の能力を超えていたとはいえないとされている[31]。

(8) 被侵害者が販売することができないとする事情

1項ただし書は，侵害者の譲渡数量の全部又は一部に相当する数量を「被侵害者が販売することができないとする事情があるときは，当該事情に相当する数量に応じた額を控除する」と規定する。

この1項ただし書も，損害賠償請求権の性質がてん補賠償請求であることに由来する。すなわち，侵害者の譲渡した侵害品の数量すべてを被侵害者が販売することができたとはいえない場合は，1項本文によって算定される額全額を損害とすることは妥当ではないと考えられたのである。

「被侵害者が販売することができないとする事情」とは，侵害者の営業努力や市場での競合品の存在，被侵害品と侵害品の価格差等，被侵害者の販売能力以外の事情で，被侵害者の販売量に影響を与えるすべての事情を意味する[32]。これらの事情は侵害者が証明責任を負い，立証に成功すると損害額の減額要素となる。

なお，1項本文における被侵害者の「販売その他の行為を行う能力」と，1項ただし書の「事情」との相違は，前者は被侵害者側の事情で販売することが

---

30) 注解（下）1015頁［松村］参照。
31) 大阪地判平成18年3月30日（平成16年（ワ）1919号）［ヌーブラ事件］参照。本判決では，仮に侵害品が販売されていなければ，需要者は品薄状態が解消されるまで真正品の購入を待ち，解消後に真正品を購入するという可能性があるため，被侵害者の販売能力を超えていたとは認められないとされた。
32) 注解（下）1017頁［松村］参照。

できない場合を指し，後者は侵害者側の事情や市場その他の要素で販売数量に影響を与える事情である点にある。また，前者については，被侵害者側が「販売その他の行為を行う能力」があったことを主張立証する必要があるのに対して，後者については，その事情の存在を侵害者側が主張立証する必要があると解されている。

> 以上を CASE 3-2 に当てはめると，X がぬいぐるみ α から得られる利益 500 円が限界利益であるとすると，X が 1 項に基づいて Y に対して損害賠償を請求する場合，Y がぬいぐるみ α の模倣品であるぬいぐるみ β を販売した数量（譲渡数量）3 万個に，単位数量当たりの利益額 500 円を乗じた 1500 万円を損害額として請求することが可能である。
> しかし，ぬいぐるみ α を 6 か月で 3 万個販売する能力（販売能力）があったことも主張しなければならないが，ぬいぐるみ α は X の手作りによる生産であり，かつ，X の営む雑貨店でしか販売していなかったため，それほどの販売能力はなかったと考えられる。そこで，X は自らの販売能力では 6 か月で 3 万個を販売する能力はないが，3000 個なら販売できたと考えたとすると，150 万円の限度で損害賠償を請求することとなる。
> この X からの請求に対して，Y は，ぬいぐるみ α とぬいぐるみ β の価格差が 1000 円あることや，Y が全国に 100 ほど有する販売店で販売したこと等を「被侵害者が販売することができないとする事情」として主張し，この主張が認められると，その限度で損害賠償額が減額され得ることになる。

3 侵害者が得た利益に基づく損害額の推定

(1) 趣　旨

5 条 2 項は，不正競争によって営業上の利益を侵害された者が侵害者に損害賠償請求をする場合，侵害者が「その侵害の行為により利益を受けているときは，その利益の額は，その営業上の利益を侵害された者が受けた損害の額と推定する」と規定する。この規定により，被侵害者は，侵害行為による侵害者の利益の額を立証すれば，その利益の額が損害の額と推定されることになる。よって，侵害者側がこの推定を覆す反証をしない限り，その利益の額の賠償を受けることができる。

2 項の趣旨は，1 項と同様，不正競争によって営業上の利益を侵害された者

がその損害の額を立証することが困難であることに鑑み，立証負担の軽減を図ったものである。

(2) 対象となる不正競争行為

2項は，1項と異なり，対象となる不正競争行為を限定していない。したがって，2条1項各号の不正競争行為すべてが対象となる。ただし，2項の適用があるのは，侵害者商品と被害者商品が市場で競合しており，誤認を生じさせるおそれがある表示を信じた消費者が侵害者商品を選択し，これにより被侵害者商品の購入を差し控えるという関係が成立する場合のように，侵害者の利益が被侵害者の逸失利益と観念され得る場合に限られる[33]。2項は損害の発生自体を推定する規定ではなく，あくまで逸失利益の損害額の算定について，被侵害者の立証負担を軽減するために設けられた規定であるためである。

(3) 利 益

2項にいう侵害者が得た「利益」については，売上高から売上げを得るために必要な経費をすべて控除した純利益と考える見解，売上高から売上原価のみを控除した粗利益とする見解，1項と同じく限界利益と解する見解等が主張されている。立証の容易さと損害賠償制度がてん補賠償であることを考慮すると，限界利益説が妥当と考えられる[34]。

(4) 推定の覆滅

2項は，被侵害者の損害額を「推定」する規定であるから，侵害者がこの推定を覆す事情を立証できれば，損害額が減額され得る。例えば，侵害者の営業力，販売能力，あるいはブランド力が被侵害者よりも勝っているといった事情である。

---

33) 逐条170頁参照。
34) 限界利益をもって損害額を算定した裁判例として，東京地判平成9年2月21日判時1617号120頁〔わんぱくシャベル事件〕。

> 　以上を CASE 3-2 に当てはめると，X が Y に対して 2 項に基づいて損害賠償を請求する場合は，1000 円がぬいぐるみ β の限界利益であるとすると，ぬいぐるみ β の譲渡数量 3 万個に 1000 円を乗じた 3000 万円が，X の損害額と推定されることになる。
> 　これに対して Y は，自社の生産ラインで製造することによってコストを抑えることができたことや全国に 100 ほどある Y の販売店で販売することによって販売したから 3 万個を売り上げることができたといった事情を主張・立証して，X の損害額が 3000 万円であるという推定を覆すことができれば，損害額が減額され得ることになる。

4　使用許諾料相当額の請求

(1)　趣　旨

　5 条 3 項は，不正競争によって営業上の利益を害された者が侵害者に損害賠償請求をする場合，当該行為に対し受けるべき金銭の額（使用許諾料）に相当する額を損害額として請求できることを規定している。

　例えば，著名表示を冒用している者は，本来は事前に著名表示の保有者と交渉し，使用許諾契約をしたうえで，その著名表示を使用しなければならないところ，そのような契約をすることなく無断で使用しているわけであるから，著名表示の保有者には，少なくとも使用料をもらっていないという損害が認められる。

　そこで，3 項は，不正競争行為によって営業上の利益を侵害された場合の損害額として，使用許諾料相当額を法定したものと考えられる。この損害額は，損害賠償額の最低限度として機能することになる。ただし，ここでいう使用許諾料相当額は，正規に使用許諾契約を締結した者が支払う使用料と同額とされる必要はない。なぜなら，この 3 項によって請求できる使用許諾料相当額が，事前に使用許諾契約を締結して適法に使用する者が支払う額と同額とされると，適法に使用許諾契約を締結するインセンティブが減退するおそれがあるためである。

(2)　対象となる不正競争行為と使用許諾料相当額

　3 項が適用されるのは，2 条 1 項 1 号～9 号・11 号～16 号・19 号・22 号の

不正競争行為であり，被侵害者が請求することができる使用許諾料相当額は，以下の行為に関するものである。

① 周知な商品等表示主体の混同行為（2条1項1号）又は著名な商品等表示の冒用行為（同2号）については，商品等表示の使用に関する使用許諾料相当額（5条3項1号）。

② 商品形態の模倣行為（2条1項3号）については，商品の形態の使用に関する使用許諾料相当額（5条3項2号）。

③ 営業秘密に係る不正行為（2条1項4号〜9号）については，営業秘密の使用に関する使用許諾料相当額（5条3項3号）。

④ 限定提供データに係る不正行為（2条1項11号〜16号）については，限定提供データの使用に関する使用許諾料相当額（5条3項4号）。

⑤ ドメイン名に係る不正行為（2条1項19号）については，ドメイン名の使用に関する使用許諾料相当額（5条3項5号）。

⑥ 代理人等の商標無断使用行為（2条1項22号）については，商標の使用に関する使用許諾料相当額（5条3項6号）。

> CASE 3-2においては，ぬいぐるみβの製造販売はぬいぐるみαの商品形態の模倣行為（2条1項3号）であると考えられるため，XはYに対して，商品の形態の使用に関する使用許諾料相当額を請求できると考えられる。

5　使用許諾料相当額を超える額の請求

5条4項は，3項の使用許諾料相当額を超える損害の賠償の請求を妨げないことを規定している（5条4項前段）。3項はあくまで，被侵害者が被った損害額の最低限度を法定したものであり，この規定はそのことを確認する規定である。

また，4項はその後段で，侵害者に故意・重過失がなかったときは，裁判所がこれを斟酌することができるとしている。すなわち，侵害者が軽過失であった場合，裁判所はそのことを斟酌して損害賠償額を減額することができる。もっとも，「斟酌することができる」と定められているから，裁判所が斟酌する必要がないと判断すれば，斟酌しなくてもよい。また，斟酌するとしても，使用許諾料相当額を下回る額まで減額することは認められないと考えられている。

第5節　信用回復措置請求

14条は，不正競争行為によって営業上の信用を害された場合に，損害の賠償に代え，又は損害の賠償とともに，信用の回復をするのに必要な措置を請求できることを認めている。営業上の信用が害された場合，差止めや金銭による損害賠償だけでは被害者の救済には不十分な場合があることから設けられた規定である。同様の規定は特許法等にも存在している（特許106条，実用30条，意匠41条，商標39条）。

「営業上の信用を害した」とは，例えば，周知な商品主体等表示の混同行為（2条1項1号）を行い，粗悪な商品を流通させることである。この場合，需要者の多くが，被侵害者の商品は粗悪品であるとの認識を抱くようになるためである。

「営業上の信用を回復するのに必要な措置」の内容については，特に限定はない[35]。新聞への謝罪広告の掲載や被侵害者の取引先等に謝罪文を配布させることなどが，その例としてあげられよう。

信用回復措置請求は信用の回復を求めるためのものであるから，この請求をするためには，被侵害者が営業上の信用が害されたとする具体的な事実を主張立証しなければならない。なお，信用回復措置を行うことが侵害者に過大な負担となる場合や，損害賠償請求によって事実上害された信用が回復又はてん補されたと認められる場合などには，信用回復措置請求は認められないことがある[36]。

第6節　その他

1　概　　説

不正競争防止法には，既に説明した損害計算のための鑑定（8条），相当な損害額の認定（9条），損害額の推定等（5条）のほかにも，立証の容易化や審理

---

[35]　注解（下）1192頁［松村］。
[36]　注解（下）1193〜1194頁［松村］参照。

の迅速化のために，特別の規定が設けられている。具体的には，具体的態様の明示義務（6条），書類の提出等（7条），秘密保持命令及びその取消し（10条・11条），訴訟記録の閲覧等の請求の通知等（12条），当事者尋問等の公開停止（13条）である。

2 具体的態様の明示義務

6条は，不正競争による営業上の利益の侵害に係る訴訟において，被侵害者が侵害の行為を組成したものとして主張する物又は方法の具体的態様を相手方が否認するときは，その相手方は自己の行為の具体的態様を明らかにしなければならない旨を規定する。よって，原告である被侵害者が相手方の不正競争行為を特定して侵害があった旨を主張することに対して，相手方がこの主張を否認するには，単に「原告の主張は事実と異なる」とだけいうことはできず，自己の行為態様を具体的に明らかにする必要がある。

これは，ある物を生産する方法の営業秘密が相手方の工場内で実施されているような場合など，原告側に侵害行為を具体的に特定させることが困難である場合に，当事者の主張立証の公平な分担の観点から設けられたもので，特許法104条の2や著作権法114条の2と同様の趣旨であると解される[37]。

ただし，相手方に常に具体的態様の明示義務を課すことは，明示の範囲に営業秘密に係るものが存することもあるため，酷な場合もある。そこで，6条ただし書には，「相当の理由」がある場合には，明示しなくてもよい旨が規定されており，当事者間の利害調整が図られている。

3 書類の提出等

(1) 文書提出命令の申立て

7条1項本文は，不正競争による営業上の利益の侵害に係る訴訟において，裁判所は，「当事者の申立てにより，当事者に対し，当該侵害行為について立証するため，又は当該侵害の行為による損害の計算をするため必要な書類の提出を命ずることができる」と規定し，文書提出命令の申立て制度を定めている。これにより，立証が難しい損害額や侵害について，相手方の所持している文書

---

[37] 逐条182頁参照。

第6節　その他

等を提出させることによって，立証活動の容易化を図ろうとしている。ただし，「その書類の所持者においてその提出を拒むことについて正当な理由があるときは，この限りでない」として，一定の場合には文書の提出を拒むことが認められている（7条1項ただし書）。

> **用語解説⑬　インカメラ手続**
>
> 裁判官室やその他の非公開の場所で，当事者等の立会いも事後の開示も認めない形で，もっぱら裁判官のみにより実施される訴訟上の手続のことをいう。

(2) インカメラ手続※

　この文書提出命令の申立てがなされると，裁判所は，申立ての対象となった書類が，①当該侵害行為の立証のため又は当該侵害の行為による損害の計算をするため必要な書類に該当するか（書類提出の必要性），②7条1項ただし書の提出を拒む「正当な理由」を有するかどうかの判断をするため，必要があると認めるときは，書類の所持者にその提示をさせることができる（同条2項前段）。

　そして，この場合，提示された書類は，裁判官のみがそれをみることができ，何人もその提示された書類の開示を求めることができない，いわゆるインカメラ手続が採用されている（同条2項後段）。ただ，その一方で，裁判所が，2項に定める書類提出の必要性又は提出を拒む正当な理由を判断するにあたって，その書類を開示して意見を聴く必要があると認めるときは，当事者等[38]あるいは，専門的な知見を有する専門委員（民訴第5章第2節第1款）に対し，その書類を開示することができることも定められている（同条3項・4項）。

　さらに，この開示された書類の内容に当事者の保有する営業秘密が含まれ，当該営業秘密が開示されることにより，当該営業秘密に基づく当事者の事業活動に支障を生じるおそれがある場合，次に述べるように，当事者の申立てにより，裁判所が当事者等に対して，秘密保持命令（10条）を発することになり，これにより営業秘密の開示による弊害を防止している[39]。

---

[38] 当事者等とは，当事者（法人である場合はその代表者）又は当事者の代理人（訴訟代理人及び補佐人を除く），使用人その他の従業者をいう（7条3項括弧書）。

[39] 逐条186～187頁参照。

(3) 民事訴訟法との関係

7条は、文書提出義務※を定める民事訴訟法220条を補充する特則であり、即時抗告による不服申立て（民訴223条7項）や文書不提出の場合の効果及び使用妨害の場合の効果（民訴224条）等に関しては、民事訴訟法の規定が適用される。したがって、例えば、当事者が文書提出命令に従わないときは、裁判所は、当該文書の記載に関する相手方の主張を真実と認めることができる、という効果が生じることになる（民訴224条1項）。

> **用語解説⑭　文書提出義務**
>
> 民事訴訟において、文書提出命令発令の前提として認められている義務。民事紛争の解決に役立ち、かつ、訴訟の相手方が訴訟において引用した文書を自らが所持するときなど一定の場合には、その文書の所持者は、裁判所の命令（文書提出命令）によってその文書を提出しなければならないとされている（民訴220条）。

4　秘密保持命令及びその取消し

(1) 秘密保持命令

不正競争による営業上の利益の侵害に係る訴訟では、提出された証拠に営業秘密が含まれる場合が少なくない。そのため、相手方が同業者である場合等では、営業秘密の開示が求められることを懸念して、積極的な訴訟活動がとりにくく、時には訴訟自体を躊躇することも考えられる。そこで、不正競争防止法は10条で、「秘密保持命令」という制度を設けた。

秘密保持命令とは、営業秘密を当該訴訟の追行の目的以外の目的で使用してはならない旨又は命令を受けた者以外の者に開示してはならない旨の決定である。秘密保持命令に違反した者に対しては、刑事罰が科される（21条2項6号⇒第4章第2節1(4)）。

秘密保持命令は、不正競争による営業上の利益の侵害に係る「訴訟」において認められているものであるが、差止めを求める仮処分※事件においても営業秘密に係る文書の開示が必要な場合もあるため、そのような場合にも秘密保持命令を発令することができるかが問題となる。仮処分事件においても、本案訴訟と同様の弊害が生じるのであるから肯定することができよう[40]。

秘密保持命令の効力は、秘密保持命令を受けた者に決定書が送達※されたと

きから発生する。また，秘密保持命令は，次に述べる秘密保持命令の取消し（11条）が確定するまでその効力を有する。

> **用語解説⑮　仮処分**
>
> 民事保全の一種で，民事上の権利の実現が阻害されるおそれがある場合に，その権利を保全するため，本案訴訟が確定するか強制執行が可能になるまでの間，暫定的に仮の権利状態や仮の地位を定める裁判又はその執行のことをいう。

(2) **秘密保持命令の取消し**

11条は，秘密保持命令の取消しについて規定している。裁判所が発した秘密保持命令の取消しは，秘密保持命令の申立者又は秘密保持命令を受けた者による，訴訟記録が存在する裁判所（訴訟記録の存する裁判所がない場合にあっては，秘密保持命令を発した裁判所）に対する申立てによって行われる。

取消事由は，秘密保持命令の発令のための要件を欠くこと又は欠くに至ったことである。例えば，証拠に含まれている営業秘密の内容が既に特許出願されており，その後公開されたため，秘密としての要件を満たさなくなった場合である[41]。

秘密保持命令は，本条に定める申立てがなされ，秘密保持命令を取り消す裁判が確定してはじめてその効力を失う（11条4項）。

5　訴訟記録の閲覧等の請求の通知等

何人も民事訴訟の記録を閲覧することができるが（民訴91条1項。また憲82条参照），訴訟記録からの秘密漏洩防止のため，民事訴訟法92条に基づく当事者の申立てにより，裁判所は，決定で閲覧をすることができる者を当事者に限ることができるとされている。しかし，この民事訴訟法92条の閲覧制限では，当事者による閲覧は制限されないため，同業者同士による訴訟が少なくない不正競争行為に関する訴訟では，営業秘密に対する配慮が不十分であると考えられる。

そこで，不正競争防止法12条1項は，秘密保持命令が発せられた訴訟に係

---

[40] 特許法上の秘密保持命令に関する事例であるが，最決平成21年1月27日民集63巻1号271頁〔液晶モニター事件〕参照。
[41] 逐条194頁。

第3章　民事上の措置

> **用語解説⑯　送達**
>
> 「送達」とは、訴訟手続等に必要な書類を法定の方式に従って、当事者や関係人に交付し、又はこれらの者にその交付を受ける機会を与える行為である。

る訴訟記録については、民事訴訟法92条1項の決定がされている場合において、①当事者から民事訴訟法92条1項の秘密記載部分の閲覧等の請求がされ、かつ、②その請求の手続を行った者が秘密保持命令を受けた者ではないときは、裁判所書記官は、民事訴訟法92条1項の申立てをした当事者に対して、その請求後直ちにその請求があった旨を通知しなければならない旨を規定している。

これにより、通知を受けた当事者は、請求手続を行った者に対する秘密保持命令の申立てを行うなどの対応をとることができる。また、秘密保持命令が発令されるまでに必要な期間（閲覧等の請求があった日から2週間。その期間内にその者に対する秘密保持命令の申立てがあったときは、その申立てについての裁判が確定するまでの間）は、その手続を行った者の閲覧等は制限される（12条2項）。

6　当事者尋問等の公開停止

憲法82条は裁判の公開の原則を定めており、何人も裁判を傍聴することが可能である。そのため、この原則のもとで、営業秘密に係る不正行為に関する訴訟を行うのであれば、当事者の保有する営業秘密が訴訟で公開されることも避けられないため、営業秘密を保有する当事者は訴訟を行うことを回避せざるを得なくなる。

しかし、憲法82条が定める裁判の公開の原則は、裁判を一般に公開して裁判が公正に行われることを制度として保障し、裁判に対する国民の信頼を確保することをその趣旨としていると解されるから、この規定が営業秘密との関係で裁判の公開を困難とする真にやむを得ない事情があり、なおかつ、裁判の公開によりかえって適正な裁判を行うことができない場合にまで、裁判の公開を求めていると解することは困難である[42]。

そこで、不正競争防止法は13条で、裁判所は、①当事者等が公開の法廷で、

---

42)　逐条198頁。

侵害の有無についての判断の基礎となる事項であって，当事者の保有する営業秘密に該当するものについて陳述をすることにより，当該営業秘密に基づく事業活動に著しい支障を生ずることが明らかであることから，当該事項について十分な陳述ができないこと，②当該陳述を欠くことにより他の証拠のみによっては当該事項を判断の基礎とすべき不正競争による営業上の利益の侵害の有無についての適正な裁判をすることができないこと，を要件として，裁判官の全員一致により，決定で当事者尋問等の公開停止をすることができる旨を定めている。

第7節　不当利得返還請求

　不当利得とは，「法律上の原因」なく，「他人の財産又は労務」によって「利益」を受けた受益者がいる場合，これによって「損失」を被った者に対して，その利得を返還させる制度である（民703条以下）。当事者の公平に立脚した制度である点において，不法行為による損害賠償請求と共通しているが，故意・過失といった主観的要件は要求されておらず，時効期間においても相違がある。

　不正競争防止法には不当利得に関する規定はないが，他人の不正競争行為により損失を被った者には，不当利得返還請求権が発生する場合があると考えられる[43]。例えば，営業秘密を不正取得された場合（2条1項4号⇒第2章第5節3(2)）である。この場合，不正競争行為者は，他人の営業秘密という財産を，「不正の手段」という法律上の原因のない方法で取得している。そして，営業秘密を取得することはそれ自体で利益を得たものと考えられ，他方で，営業秘密の保有者は，営業秘密についてその者から本来なら得られたはずの許諾料を得られていない，という損失が発生していると考えられるからである[44]。

　不正競争防止法では，損害賠償請求については立証の容易化等のための規定が設けられているので，あえて不当利得返還請求権を行使する実益は少ないといえる。ただし，損害賠償請求権は「損害及加害者を知った時から3年間」（民724条）で時効消滅するため，消滅時効期間が10年（民167条1項）である

---

43)　小野＝松村 627～629頁参照。
44)　不当利得における「利益」及び「損失」については，内田・前掲注18) 569頁以下参照。

不当利得返還請求権は，この点において意味がある。

第8節　関税法による水際措置

1　概　説

本章では，不正競争行為に対する民事的救済手段として，差止請求権，損害賠償請求権，信用回復措置請求権等について説明をしてきた。ここでは，民事上の救済とは異なるが，不正競争行為による被害の拡大を防ぐうえで重要な役割を果たしている関税法による水際措置について説明をする。

2　侵害物品の輸入差止め

周知な商品等表示主体の混同行為（2条1項1号）や著名な商品等表示の冒用行為（2条1項2号）等については，不正競争行為に「輸入」を含めている。それゆえ，これらの不正競争行為による侵害品を輸入する行為に対して，3条1項によって差止請求をすることが可能である。しかし，現実問題として，侵害品の輸入行為に対して訴訟で差止請求をすることは時間的に困難であり，多くの場合，実効性のある救済とはならないと考えられる。また，一旦国内に侵害品が入ってしまうと，その後侵害品は拡散してしまうことがほとんどであるため，事実上差押えをすることが難しい。

このような事情から，関税法69条の11第1項10号は，不正競争防止法2条1項1号〜3号及び10号・17号・18号の行為を組成する物品（19条1項1号〜5号まで，7号又は9号に定める適用除外に該当するものを除く）を「輸入してはならない貨物」と規定し，税関長は，「輸入されようとするものを没収して廃棄し，又は当該貨物を輸入しようとする者にその積戻しを命ずることができる」とされている（関税69条の11第2項）。

ただし，問題となる物品が上記物品であるか否かは，表示主体等や周知表示の使用者，商品主体，営業秘密の保有者の許諾の有無で決まることや真正品との類否判断を要する場合もあることなどから，通常は知的財産に関する専門的知識を有しない税関長が判断することは好ましくない。そこで，関税法69条の12は，税関長は，輸入されようとする貨物が上記物品であると思料すると

きは，それを認定する手続（認定手続）をとらなければならないと規定している。また，上記不正競争行為について差止請求権者を有する者に，必要な証拠を提出して認定手続をとるべきことを申し立てることを認める規定（関税69条の13）等を設けている。

3 侵害物品の輸出差止め

2条1項1号等は，「輸出」も不正競争行為に含めている。そして，関税法69条の2第1項4号は，不正競争防止法2条1項1号～3号及び10号～12号の行為を組成する物品（19条1項1号～5号まで，7号又は8号に定める適用除外に該当するものを除く）を「輸出してはならない貨物」と規定し，税関長は，「輸出されようとするものを没収して廃棄することができる」としている（関税69条の2第2項）。

侵害物品の輸出に関しても，輸入と同様に，認定手続（関税69条の3），差止請求権者による申立て（関税69条の4）に関する規定等が設けられている。

第4章 刑事上の措置

> ❖ POINT ❖
> ◆ 不正競争防止法は，不正競争行為の中で，公正な競争秩序を侵害する程度の高いものに対して刑事罰を科している。
> ◆ また，不正競争行為に含まれていない，以下の行為も刑事罰の対象とされている。
> ① 外国の国旗等の商業上の使用
> ② 国際機関の標章の商業上の使用
> ③ 外国公務員等に対する不正の利益の供与等
> さらに，④秘密保持命令違反行為も処罰される。

第1節 総 論

1 不正競争防止法における刑事的制裁

不正競争防止法は，不正競争行為の中で，公正な競争秩序を侵害する程度の高いものに対して刑事罰を科している。21条1項は，営業秘密に係る不正行為（2条1項4号〜10号）の一部を刑事罰の対象とし（営業秘密侵害罪），21条2項1号〜5号は，その他の不正競争行為の一部を刑事罰の対象としている。例えば，周知な商品等表示主体の混同行為（2条1項1号）に関しては，そのような行為の中で不正の目的をもって行う行為が，著名な商品等表示の冒用行為（2号）に関しては，そのような行為の中で著名な商品等表示に係る信用・名声を利用して不正の利益を得る目的又は当該信用・名声を害する目的で行う行為が処罰される。もっとも，限定提供データに係る不正行為（11号〜16号），ドメイン名に係る不正行為（19号），信用毀損行為（21号）及び代理人等の商標

171

無断使用行為（22号）は，刑事罰の対象とされていない[1]。

また，不正競争行為に含まれていない，以下の行為も刑事罰の対象とされている（21条2項7号）。①外国の国旗等の商業上の使用（16条），②国際機関の標章の商業上の使用（17条），③外国公務員等に対する不正の利益の供与等（18条）である。さらに，秘密保持命令（⇒第3章第6節4）違反行為も処罰される（秘密保持命令違反罪。21条2項6号）。なお，秘密保持命令違反罪については，便宜上，第2節において，営業秘密侵害罪とともに説明する（⇒本章第2節1(4)）。

罰則は，営業秘密侵害罪以外の罪については，5年以下の懲役若しくは500万円以下の罰金又はその併科である。他方，営業秘密侵害罪については，10年以下の懲役若しくは2000万円以下の罰金又はその併科である。さらに，営業秘密が海外に流出した場合には，その営業秘密に基づく企業活動が外国において行われ，流出が国内にとどまる場合以上に，わが国の雇用やイノベーションに悪影響を及ぼすと考えられることから，より重い法定刑とする海外重課規定が設けられており，罰金刑の上限は3000万円となっている（21条3項⇒本章第2節1(3)）。ただし，1つの行為が不正競争防止法違反の罪とともに他の法律違反の罪にも該当するときは，不正競争防止法の刑罰規定は刑法その他の罰則の適用を妨げないので（21条7項），観念的競合又は牽連犯の関係となり，科刑上一罪としてその最も重い刑により処分されることになる[2]。

不正競争防止法違反の罪のうち，秘密保持命令違反罪は，親告罪，すなわち，被害者等による告訴がなければ公訴を提起することができないものとされている（同条5項）。平成27年改正前までは，営業秘密侵害罪も，その裁判の過程で保護されるべき営業秘密が公になってしまう懸念があったことから，親告罪であったが，営業秘密侵害罪に係る刑事訴訟手続の特例（⇒本章第6節）が整備されたこと等から，同改正により非親告罪となった。

2　両罰規定

両罰規定とは，法人の代表者又は法人若しくは人の代理人，使用人その他の

---

1)　信用毀損行為は，刑法上の信用毀損罪（刑233条）の対象となる。
2)　逐条291頁。

従業者が，その法人又は人の業務に関し，罪を犯したときは，当該行為者を罰するほか，その法人又は人も処罰する規定である。22条1項1号・2号は，営業秘密侵害罪の一部（21条1項1号・2号・7号～9号）について，法人に対して5億円以下（海外重課規定が適用される場合は，10億円以下）の罰金刑を，人に対して本条の罰金刑を科すと規定している。また，21条2項の規定に違反する行為については，法人に対して3億円以下の罰金刑を，人に対して本条の罰金刑を科すとされている（22条1項3号）。なお，時効については，法人又は人に罰金刑を科す場合における時効の期間は，そのもととなった罪の時効期間によると定められている（同条3項）。

第2節　不正競争行為に対する刑事罰

> ❖ POINT ❖
> ◆ 21条1項は，営業秘密に係る不正行為のうち，特に違法性が高いと認められる行為を刑事罰の対象としている（営業秘密侵害罪）。
> ◆ 21条2項1号～5号は，その他の不正競争行為の一部を刑事罰の対象としている。

1　営業秘密に係る不正行為に対する刑事罰

(1)　概　説

21条1項は，営業秘密に係る不正行為（2条1項4号～10号⇒第2章第5節）のうち，特に違法性が高いと認められる行為を刑事罰の対象としている（営業秘密侵害罪）。営業秘密の保護は平成2年改正により不正競争防止法に導入されたが，その当時は刑事的制裁は定められていなかった。刑事罰規定は，平成15年改正によって新設され，その後，平成17年，平成18年，平成21年，平成27年の改正により強化されている。また，平成23年改正により，営業秘密侵害罪に係る刑事訴訟手続の特例が定められた（23条～31条⇒本章第6節）。

営業秘密侵害罪については，「不正の利益を得る目的で，又はその営業秘密保有者に損害を加える目的で」という図利加害目的が要件とされている。「不正の利益を得る目的」とは，公序良俗又は信義則に反する形で不当な利益を図

る目的をいい，自ら不正の利益を得る目的に限らず，第三者に不正の利益を得させる目的も含まれ，営業秘密保有者と自己又は第三者が競争関係にある必要もない。「営業秘密保有者に損害を加える目的」とは，営業秘密保有者に財産上の損害，信用の失墜その他の有形無形の不当な損害を加える目的をいい，現実に損害が生じることは必要でない[3]。

前述したように，21条1項1号・2号・7号〜9号の罪については，両罰規定が適用される。3号〜6号が除外されているのは，これらの号が正当に示された営業秘密を不正に使用・開示する行為を対象とするもので，会社の従業者が自社の営業秘密を不正に使用・開示した場合に，被害者である会社を処罰すべきではないこと等が考慮されたことによる[4]。また，1号・2号・7号の罪についても，会社の従業者が自社の営業秘密について違反行為を行った場合，会社は，「被害者は処罰せず」という刑法の不文の法理により処罰されないとされる[5]。

また，営業秘密侵害罪について，営業秘密の領得に関する罪（21条1項3号・3項1号）を除き，未遂が処罰される（同条4項）。

(2) 21条1項各号

(a) 1号（不正取得罪）　図利加害目的で，詐欺等行為又は管理侵害行為により営業秘密を不正に取得する罪である。2条1項4号の営業秘密不正取得行為と比べると，図利加害目的が要件とされ，また，取得態様が詐欺等行為と管理侵害行為に限定されている。

詐欺等行為とは，「人を欺き，人に暴行を加え，又は人を脅迫する行為」で

---

[3] 逐条257頁。図利加害目的について詳しく論じるものとして，玉井克哉「営業秘密侵害罪における図利加害の目的」警察学論集68巻12号（2015年）34頁。最決平成30年12月3日刑集72巻6号569頁〔日産自動車事件〕は，21条1項3号にいう「不正の利益を得る目的」について，「被告人は，勤務先を退職し同業他社へ転職する直前に，勤務先の営業秘密である……各データファイルを私物のハードディスクに複製しているところ，当該複製は勤務先の業務遂行の目的によるものではなく，その他の正当な目的の存在をうかがわせる事情もないなどの本件事実関係によれば，当該複製が被告人自身又は転職先その他の勤務先以外の第三者のために退職後に利用することを目的としたものであったことは合理的に推認できるから，被告人には法21条1項3号にいう『不正の利益を得る目的』があったといえる」と述べた。

[4] 逐条297頁。

[5] 山口厚「不正競争防止法の罰則」山口厚編『経済刑法』（商事法務，2012年）55, 95頁，逐条298頁注。

ある(21条1項1号括弧書)。営業秘密にアクセスすることができる者をそそのかして営業秘密を漏示させることにより営業秘密を取得する行為は、1号に当たらない。もっとも、漏示した者が4号や5号の正犯となり得るので、その者をそそのかした者はその共犯として処罰対象となり得る。

管理侵害行為とは、「財物の窃取、施設への侵入、不正アクセス行為(不正アクセス行為の禁止等に関する法律……第2条第4項に規定する不正アクセス行為をいう。)その他の営業秘密保有者の管理を害する行為」である(21条1項1号括弧書)。「その他の営業秘密保有者の管理を害する行為」として、例えば、保有者の会話を盗聴することによって営業秘密を取得することが考えられる。

　(b) **2号(不正取得後使用・開示罪)**　詐欺等行為又は管理侵害行為により不正に取得した営業秘密を、図利加害目的で、使用・開示する罪である。図利加害目的は、使用・開示時に存在しなければならないが、取得時には存在しなくてもよい。

　(c) **3号(不正領得罪)**　営業秘密を営業秘密保有者から示された者が、図利加害目的で、その営業秘密の管理に係る任務に背いて、一定の方法で、営業秘密を領得する罪である。領得する方法は、①営業秘密記録媒体等(営業秘密が記載・記録された文書、図画又は記録媒体)又は営業秘密が化体された物件を横領すること(3号イ)、②営業秘密記録媒体等の記載・記録について、又は営業秘密が化体された物件について、その複製を作成すること(3号ロ)、③営業秘密記録媒体等の記載・記録であって、消去すべきものを消去せず、かつ、当該記載・記録を消去したように仮装すること(3号ハ)、に限られる。

「営業秘密の管理に係る任務」とは、営業秘密を営業秘密保有者から示された者が、営業秘密保有者との委任契約や雇用契約等において一般的に課せられた秘密を保持すべき任務、あるいは秘密保持契約等によって個別的に課せられた秘密を保持すべき任務を意味する[6]。

営業秘密の「領得」とは、営業秘密を営業秘密保有者から示された者が、管理任務に背いて、権限なく営業秘密を営業秘密保有者の管理支配外に置く意思の発現行為をいう[7]。営業秘密をその営業秘密保有者から示された者による使

---

6) 逐条263頁。

用・開示の立証が困難な場合があることに鑑みて，その使用・開示の前段階にある行為が処罰対象とされたのである。その一方，処罰対象範囲の明確性の観点から，また退職者の転職の自由や取引先の営業の自由等に配慮して，領得の方法が上記の3つに限定されている[8]。

(d) **4号（不正領得後使用・開示罪）**　営業秘密を営業秘密保有者から示された者が，その営業秘密の管理に係る任務に背いて，3号イ〜ハの方法により領得した営業秘密を，図利加害目的で，使用・開示する罪である。図利加害目的は，使用・開示時に存在しなければならないが，領得時には存在しなくてもよい。

(e) **5号（役員・従業者による不正使用・開示罪）**　営業秘密を営業秘密保有者から示された役員・従業者が，図利加害目的で，その営業秘密の管理に係る任務に背いて，その営業秘密を使用・開示する罪である。5号の主体は，営業秘密を営業秘密保有者から示された「その役員……又は従業者」，すなわち，現職の役員又は従業者である。退職者は5号の対象ではない。なお，4号の罪に当たる場合には，5号は適用されない。

「役員」とは，「理事，取締役，執行役，業務を執行する社員，監事若しくは監査役又はこれらに準ずる者」である（21条1項5号括弧書）。「これらに準ずる者」とは，事業者の業務執行権限をもつ者に対して影響をもたらし得る，当該事業者の顧問や相談役等の地位にある者をいう。「従業者」には，使用者と労働契約関係のある労働者のほか，労働者派遣事業法（「労働者派遣事業の適正な運営の確保及び派遣労働者の就業条件の整備等に関する法律」）に基づく派遣労働者も含まれる[9]。

(f) **6号（退職者による不正使用・開示罪）**　営業秘密を営業秘密保有者から示された役員・従業者であった者が，図利加害目的で，その在職中に，その営業秘密の管理に係る任務に背いて，その営業秘密の開示の申込み又は使用・

---

[7] 逐条263頁。山口・前掲注5) 64頁は，「営業秘密について，その価値を享受しまたはその機会を確保するため，保有者でなければできない処分を権限なく行うこと」と述べる。

[8] 裁判例として，東京地判平成27年3月9日判時2276号143頁〔東芝NAND型フラッシュメモリ事件1審〕，東京高判平成27年9月4日（平成27年（う）828号）〔同事件2審〕，東京地立川支判平成28年3月29日判タ1433号231頁〔ベネッセ事件1審〕，東京高判平成29年3月21日高刑集70巻1号10頁〔同事件2審〕，前掲注3) 最決平成30年12月3日。

[9] 逐条268頁。

開示の請託を受けて、その営業秘密を退職後に使用・開示する罪である。6号の主体は、営業秘密を営業秘密保有者から示された「その役員又は従業者であった者」、すなわち、退職した元役員又は元従業者である。

退職者の職業選択の自由を保障するために、在職中に営業秘密の不正開示の申込み又は不正使用・開示の請託を受けた[10]ことが要件とされている。また、図利加害目的は、「営業秘密の開示の申込みをし、又はその営業秘密の使用若しくは開示について請託を受けて」と、退職後に「使用し、又は開示した」の両方において要求される。なお、4号の罪に当たる場合には、6号は適用されない。

(g) **7号（二次的取得者による不正使用・開示罪）** 図利加害目的で、2号・4号～6号の罪又は3項2号の罪（2号・4号～6号の罪に当たる開示に係る部分に限る）に当たる開示によって営業秘密を取得して、その営業秘密を使用・開示する罪である。本号の罪の主体は、営業秘密の不正開示によりその営業秘密を取得した者（二次的取得者）である。営業秘密の不正開示をそそのかすなどした二次的取得者は、不正開示に係る罪の共犯として処罰することができたが、二次的取得者の使用・開示に加担する者、例えばブローカーを二次的取得者として営業秘密を取得する者については、共犯規定が及ばない可能性があったことから、平成17年改正により、二次的取得者による不正使用・開示自体が刑事罰の対象とされた[11]。図利加害目的は、取得と不正使用・開示の両方の時点において必要であるとされている。

二次的取得者の取得は、2号・4号～6号等の罪に当たる開示によるものでなければならない。1号と3号が除かれているのは、これらの罪が開示を対象としておらず、これらの罪を犯した者による開示は2号又は4号の罪に該当するからである[12]。

(h) **8号（三次以降の取得者による不正使用・開示罪）** 営業秘密の不正開示によりその営業秘密を取得した者（二次的取得者）からの不正開示を通じて、図利加害目的で、その営業秘密を取得して、その営業秘密を使用・開示する罪

---

10) 「請託を受けて」となるためには、請託を引き受けることが必要であり、単に第三者から依頼されただけでは足りない。逐条270頁。
11) 逐条271頁。
12) 逐条272頁。

である。7号が適用されるのが二次的取得者であるのに対して，本号は二次的取得者の不正開示により営業秘密を取得した三次以降の取得者に適用される。本号は，三次以降の取得者も二次的取得者と同様に処罰すべきであることから，平成27年改正により設けられた。図利加害目的は，7号の場合と同様に，取得と不正使用・開示の両方の時点において必要であるとされている。

(i) 9号（営業秘密侵害品の譲渡等罪） 図利加害目的で，自己又は他人の違法使用行為により生じた営業秘密侵害品を譲渡等する罪である。本号も，2条1項10号（⇒第2章第5節3(8)）とともに平成27年改正により新設された。本号の対象となる物は，違法使用行為，すなわち，2号・4号～8号又は3項3号の罪に当たる，技術上の秘密（営業秘密のうち，技術上の情報である。2条1項10号括弧書）を使用する行為によって製造された製品である。そのような営業秘密侵害品を譲渡，引渡し，譲渡・引渡しのための展示，輸出，輸入，電気通信回線を通じた提供をした者が本号に当たるが，営業秘密侵害品を譲り受けた時に，その物が営業秘密侵害品であることを知らなかった者は除かれる。

(3) 海外重課・任意的没収

営業秘密が海外に流出した場合には，流出が国内にとどまる場合と比べて，わが国の雇用やイノベーションに及ぼす悪影響が大きく，より強い抑止力を働かせるべきと考えられた。そこで，平成27年改正により，以下の者については，罰金刑の上限が，個人については2000万円から3000万円へ，法人については3億円から10億円に引き上げられた（21条3項・22条1項1号）。すなわち，①日本国外において使用する目的で，不正取得・領得に関する21条1項1号・3号の罪を犯した者，②相手方に日本国外において同項2号・4号～8号の罪に当たる使用をする目的があることの情を知って，これらの罪に当たる開示をした者，③日本国内において事業を行う営業秘密保有者の営業秘密について，日本国外において同項2号・4号～8号の罪に当たる使用をした者である（21条3項1号～3号）。

また，同じく平成27年改正は，営業秘密を侵害した者の不正な利益を没収することができることを定めた。営業秘密の侵害によって得られる利益が高額化し，営業秘密侵害罪の罰金刑だけでは営業秘密侵害に対する抑止力として必ずしも十分とはいえなくなったためである[13]。没収の対象となる財産は，①営

業秘密侵害罪の犯罪行為により生じた財産，当該犯罪行為により得た財産，当該犯罪行為の報酬として得た財産，②上記①の財産の果実として得た財産，上記①の財産の対価として得た財産，これらの財産の対価として得た財産，その他上記①の財産の保有・処分に基づき得た財産である（21条10項）。この没収については，組織的犯罪処罰法（「組織的な犯罪の処罰及び犯罪収益の規制等に関する法律」）14条・15条が準用される（21条11項）。また，犯人が，没収の対象となる財産を費消してしまったり，事情を知らない第三者に譲渡してしまった場合など，没収の対象となる財産を没収することができない又は没収することが相当ではないと認められる場合は，その財産の価額を犯人から追徴することができる旨が規定されている（同条12項）。

(4) 秘密保持命令違反罪

不正競争による営業上の利益の侵害に係る訴訟において，提出された証拠に営業秘密が含まれている場合，その営業秘密を保護するために，秘密保持命令制度が設けられている（10条）。秘密保持命令とは，営業秘密を当該訴訟の追行の目的以外の目的で使用してはならない旨又は命令を受けた者以外の者に開示してはならない旨の決定である（⇒第3章第6節4）。

21条1項6号は，秘密保持命令に違反した者に刑罰を科している。前述したように，秘密保持命令違反罪は親告罪である[14]。

(5) 場所的適用範囲

不正競争防止法違反の罪については，原則として日本国内で行われた犯罪を処罰の対象としている（刑8条→刑1条）。いわゆる属地主義である。これに対して，営業秘密侵害については，営業秘密侵害品の譲渡等に関する9号等の罪を除き，日本国外で行われた場合であっても処罰する旨が定められている（21条6項）。営業秘密の侵害による営業秘密の財産的価値の低下・公正な競争秩序の破壊は，その行為が日本国内で行われるか日本国外で行われるかで違いは

---

13) 逐条291~292頁。
14) 両罰規定との関係で，当該行為者に対してした告訴は，その法人又は人に対しても効力を生じ，その法人又は人に対してした告訴は，当該行為者に対しても効力を生じると規定されている（22条2項）。

ないからである。行為者の国籍も問わない。ただし，国外犯の対象となる営業秘密は「日本国内において事業を行う営業秘密保有者の営業秘密」に限定されている。わが国と関連性のない，外国でのみ事業を行う事業者が保有する営業秘密を外国で侵害する行為を処罰から除くためである。

同様に，秘密保持命令違反罪については，日本国外で行われた犯罪も処罰の対象とされている（21条7項）。この場合は，営業秘密保有者が日本国内において事業を行うかどうかは問わない。対象となる営業秘密が，日本の裁判所において秘密保持命令が発せられた営業秘密であるからである。この罪についても，行為者の国籍は問わない。

2　周知な商品等表示主体の混同行為に対する刑事罰

周知な商品等表示主体の混同行為（2条1項1号⇒第2章第2節）については，「不正の目的」をもって行う行為に対して刑事罰が科される（21条2項1号）。「不正の目的」とは，「不正の利益を得る目的，他人に損害を加える目的その他の不正の目的」である（19条1項2号括弧書）。

3　著名な商品等表示の冒用行為に対する刑事罰

著名な商品等表示の冒用行為（2条1項2号⇒第2章第3節）については，著名な商品等表示に係る信用・名声を利用して不正の利益を得る目的，又は当該信用・名声を害する目的をもって行う行為に対して刑事罰が科される（21条2項2号）。この刑事罰は，平成17年改正によって新設された。

上記の主観的要件が定められたのは，著名な商品等表示の冒用行為は混同を要件としていないことから，単に「不正の目的」とすると刑事罰の対象が不明確となるためである。そして，特に悪性の高い行為として，著名な商品等表示に係る信用・名声を利用して不正の利益を得ること（フリーライド），又は，著名な商品等表示に係る信用・名声を害すること（ポリューション）を目的とする行為が処罰の対象とされている[15]。

---

15) 逐条280～281頁。

4 商品形態の模倣行為に対する刑事罰

商品形態の模倣行為（2条1項3号⇒第2章第4節）については，「不正の利益を得る目的」をもって行う行為に対して刑事罰が科される（21条2項3号）。この刑事罰も，著名な商品等表示の冒用行為に対する刑事罰と同様に，平成17年改正によって定められた。

「不正の利益を得る目的」という主観的要件が定められたのは，「不正の目的」のうち，「他人に損害を加える目的」が商品形態の模倣行為については観念し難いためであろう[16]。

5 技術的制限手段無効化装置等の提供行為に対する刑事罰

技術的制限手段無効化装置等の提供行為（2条1項17号・18号⇒第2章第7節）については，「不正の利益を得る目的」又は「営業上技術的制限手段を用いている者に損害を加える目的」をもって行う行為に対して刑事罰が科される（21条2項4号）。この刑事罰は，平成23年改正によって定められた。

「不正の利益を得る目的」に加えて，「営業上技術的制限手段を用いている者に損害を加える目的」が規定されているのは，技術的制限手段を無効化するプログラムの無償での提供を愉快犯的に行うような者が想定されるためである[17]。

6 品質等誤認行為に対する刑事罰

品質等誤認行為（2条1項20号⇒第2章第9節）については，まず，「不正の目的」をもって行う行為に対して刑事罰が科される（21条2項1号）。また，「不正の目的」がない場合であっても，商品・役務に関し，原産地又は品質等について「誤認をさせるような虚偽の表示」をする行為も処罰の対象となる（21条2項5号）。

最近の裁判例では，大腸菌群の陽性反応が出たため生食用として使用できない輸入馬肉を生食用である旨の虚偽の表示をして販売した行為[18]，牛肉に豚肉等の牛肉以外の畜肉を加えるなどして製造した挽肉等を牛肉のみを原料とする

---

[16] 渋谷149～150頁も参照。
[17] 逐条284頁。
[18] 長野地伊那支判平成25年11月14日（平成25年（わ）34号）〔輸入馬肉事件〕。

かのようなシールを貼付して販売した行為[19]，台湾産のうなぎを静岡産のうなぎの加工品として表示して販売した行為[20]，中国産米を混入した精米を国産米100％であるかのように表示して販売した行為[21]に刑事罰が科されている。

第3節　外国の国旗等の商業上の使用

> ❖ POINT ❖
> ◆ 16条は，外国の国旗又は国の紋章その他の記章，及び外国の政府・地方公共団体の監督用・証明用の印章又は記号を，一定の態様で許可なく使用することを禁止する。
> ◆ 保護の対象となる外国の国旗等は，経済産業省令で指定されるものである。

1　概　　説

16条は，外国の国旗又は国の紋章その他の記章，及び外国の政府・地方公共団体の監督用・証明用の印章又は記号を，一定の態様で許可なく使用することを禁止している。本条及び，国際機関の標章の商業上の使用禁止を定める17条（⇒本章第4節）は，パリ条約（⇒第1章第3節2）6条の3を受けたものである。本条は，外国の国旗等が商業上利用されることによって，外国の威信・権威，国民の名誉感情が害されるのを防止するものである[22]。さらに，外国の国旗等の使用は，原産地や品質等の誤認を生ぜしめることがあり，特に2項は商品の原産地を誤認させるような方法での使用を禁止しており，そのような誤認を防止する機能も果たしている。

保護の対象となる外国の国旗等は，経済産業省令[23]で指定されるものである。

19）　札幌地判平成20年3月19日（平成19年（わ）1454号）〔挽肉事件〕。
20）　静岡地判平成26年5月15日（平成26年（わ）40号）〔台湾産うなぎ事件〕。神戸地判平成21年4月27日（平成20年（わ）1239号・1316号）〔中国産うなぎ蒲焼事件〕も参照。
21）　津地判平成27年2月18日（平成26年（わ）234号）〔中国産精米事件〕。
22）　逐条211頁，コンメ388頁〔杉山一郎〕，注解（下）1204～1205頁〔茶園成樹〕。

本条に違反する行為に対しては，刑事的制裁が科されるが（21条2項7号），民事的救済についての規定はない。もっとも，外国の国旗等の使用が，2条1項に定められている不正競争行為，例えば同項20号の品質等誤認行為にも該当する場合には，差止請求や損害賠償請求が認められる[24]。

2 禁止される行為

16条1項は，外国の国旗等，すなわち，「外国の国旗若しくは国の紋章その他の記章であって経済産業省令で定めるもの」と同一・類似のもの（外国国旗等類似記章）を許可なしに商標として使用する行為等を禁止する。ここでいう「類似」は，外形的観察による類似のみを考察すればよいとされる。国の記章には，ライオン，熊，王冠，星，太陽等それ自体ありふれたものが素材として共通に用いられることが多く，観念類似を問題とするのは困難であり，またその称呼は複雑であるのに対して，外観の類否判断で記章の保護は十分と考えられるからである[25]。

16条2項は，商品の原産地を誤認させるような方法で，1項の経済産業省令で定める外国の国の紋章（外国紋章）を許可なしに使用する行為等を禁止する。1項と比較すると，1項は商標としての使用を禁止するのに対して，2項が禁止する使用は商標としての使用に限られない。他方，2項により使用が禁止されるのは，1項の外国国旗等類似記章すべてではなく，そのうちの外国紋章だけである。

16条3項は，外国の政府・地方公共団体の監督用・証明用の印章・記号であって経済産業省令で定めるもの（外国政府等記号）と同一・類似のもの（外国政府等類似記号）を許可なしに商標として使用する行為等を禁止する。3項は，1項とは異なり，外国政府等類似記号が，外国政府等記号が用いられている商品・役務と同一・類似の商品・役務の商標として使用される場合のみを対象としている。これは，3項が外国の政府・地方公共団体の監督・証明の権威を保

---

23) 「不正競争防止法第16条第1項及び第3項並びに第17条に規定する外国の国旗又は国の紋章その他の記章及び外国の政府若しくは地方公共団体の監督用若しくは証明用の印章又は記号並びに国際機関及び国際機関を表示する標章を定める省令」（平成6年通商産業省令36号）。
24) 大阪地判平成8年9月26日知的裁集28巻3号429頁〔ヘアピン事件〕。
25) 小野＝松村685頁，コンメ389頁〔杉山〕，注解（下）1208頁〔茶園〕。

持し，さらに需要者が誤認しないように保護することを目的とするが，外国政府等類似記号が非類似の商品・役務に用いられても，監督・証明の権威が損なわれるおそれがなく，需要者が害されることも考えられないからである[26]。

いずれも使用の許可（許可に類する行政処分を含む）を行う権限を有する外国の官庁の許可がある場合は，禁止されない。外国の官庁の許可がある場合には，当該外国の威信等を損なうことはないからである。

第4節　国際機関の標章の商業上の使用

❖ POINT ❖

◆　17条は，国際機関を表示する標章であって経済産業省令で定めるものと同一・類似のものを，国際機関と関係があると誤認させるような方法で，許可なしに商標として使用する行為等を禁止する。

17条は，国際機関を表示する標章であって経済産業省令で定めるものと同一・類似のものを，国際機関と関係があると誤認させるような方法で，許可なしに商標として使用する行為等を禁止する。本条は，外国の国旗等の商業上の使用禁止を定める16条（⇒本章第3節）とともに，パリ条約（⇒第1章第3節2）6条の3を受けたものである。

保護される国際機関を表示する標章は，16条の場合と同様に，経済産業省令[27]で指定されるものである。また，国際機関を表示する標章の使用は，当該国際機関の許可を受けたときは，禁止されない。他方，17条が禁止するのは，国際機関と「関係があると誤認させるような方法」での使用だけである。

「国際機関」は，「政府間の国際機関及びこれに準ずるものとして経済産業省令で定める国際機関」と定義されており（17条括弧書），政府間国際機関に準ずるものとして，民間国際機関も含まれる。これは，現代の国際社会において，民間国際機関であっても政府間国際機関に準じた極めて重要な役割を果たすに至っているものも存在するため，そのような民間国際機関の標章も政府間国際

---

26)　小野＝松村686頁，注解（下）1211頁［茶園］。
27)　前掲注23）。

機関の標章と同様に保護する必要が生じているからである[28]。民間国際機関として，例えば国際オリンピック委員会が指定されており，それを表示する標章として，「国際オリンピック委員会」，「INTERNATIONAL OLYMPIC COMMITTEE」，「IOC」，五輪マークが指定されている。

本条に違反する行為に対しては，刑事的制裁が科されるが（21条2項7号），民事的救済についての規定はない。もっとも，国際機関の標章の商業上の使用が，2条1項に定められている不正競争行為，例えば同項20号の品質等誤認行為にも該当する場合には，差止請求や損害賠償請求が認められる。

第5節　外国公務員等に対する不正の利益の供与等

> **POINT**
> ◆　18条は，外国公務員等に対する不正の利益の供与等に関する規定であり，同条1項は，国際的な商取引に関して営業上の不正の利益を得るために行う，外国公務員等の職務に関する作為，不作為等をなさしめることを目的とした，外国公務員等に対する金銭その他の利益の供与，その申込み又はその約束を禁止している。

18条は，外国公務員等に対する不正の利益の供与等に関する規定である。外国における商取引の機会を取得するために，外国公務員に対して賄賂を贈ることは国際商取引に関する公正な競争を阻害するものである。このような行為を禁圧するために，OECD（経済協力開発機構）において，国際商取引における外国公務員に対する贈賄の防止に関する条約（⇒第1章第3節6）が採択され，本条は，この条約を国内実施するために，平成10年改正により定められたものである[29]。

18条1項は，国際的な商取引に関して営業上の不正の利益を得るために行う，外国公務員等の職務に関する作為，不作為等をなさしめることを目的とした，

---

28)　逐条215頁。
29)　経済産業省は，国際商取引に関連する企業における自主的・予防的アプローチを支援するために，「外国公務員贈賄防止指針」を作成している（http://www.meti.go.jp/policy/external_economy/zouwai/pdf/GaikokukoumuinzouwaiBoushiShishin20170922.pdf）。

外国公務員等に対する金銭その他の利益の供与，その申込み又はその約束を禁止している。本項に違反した者には，5年以下の懲役又は500万円以下の罰金が科される（21条2項7号）。また，両罰規定も適用される（22条1項）。本項は「何人も」と規定されているから[30]，行為者は日本国民でも外国人でもよい。ただし，18条1項違反の罪については，いわゆる属人主義を定める刑法3条の例に従うと規定されている（21条8項）。よって，日本国民がこの罪を日本国外で犯した場合であっても，処罰される。

「国際的な商取引」とは，貿易や対外投資など国境を越えた経済活動に係る行為を意味する。この点に関し，平成13年改正前は，利益供与等を受ける外国公務員等の属する国と利益供与等を行う者の主たる事務所が存する国が同一である場合は処罰対象から除外されることになっていたが（平成13年改正前10条の2第3項），この適用除外は同改正により削除された。

禁止される行為は，外国公務員等に対する利益の供与・申込み・約束である。利益の供与等の相手方である外国公務員等は，18条2項で，以下の者と定義されている。

① 外国の政府・地方公共団体の公務に従事する者（1号）
② 公共の利益に関する特定の事務を行うために外国の特別の法令により設立されたものの事務に従事する者（2号）
③ 外国の政府・地方公共団体に支配されている事業者であって，その事業の遂行に当たり，外国の政府・地方公共団体から特に権益を付与されているものの事務に従事する者その他これに準ずる者として政令[31]で定める者（3号）
④ 国際機関の公務に従事する者（4号）
⑤ 外国の政府・地方公共団体又は国際機関の権限に属する事務であって，これらの機関から委任されたものに従事する者（5号）

裁判例としては，土木建築業のコンサルティング業務等を目的とする日本法人の従業員が，ベトナム国ホーチミン市における幹線道路建設事業に関するコンサルタント業務を受注した謝礼等として，この事業の担当機関の幹部に対して金銭を供与したという事案において，当該従業員3名にそれぞれ1年6月・

---

30) この点は，16条及び17条についても同様である。
31) 「不正競争防止法第18条第2項第3号の外国公務員等で政令で定める者を定める政令」（平成13年政令388号）。

1年8月・2年の懲役刑（執行猶予3年），当該法人に7000万円の罰金を科したものがある[32]。

第6節　営業秘密侵害罪に係る刑事訴訟手続の特例

◆POINT◆

◆　営業秘密侵害罪の事件について，侵害された営業秘密等が公開されないように保護するために，営業秘密の秘匿決定，呼称等の決定，尋問等の制限などの刑事訴訟手続の特例が定められている。

1　概　説

憲法82条は裁判の公開の原則を定めているが，営業秘密侵害に係る訴訟では，営業秘密が公開されることにより，かえって被害者の利益が損なわれてしまうという問題がある。そのため，民事訴訟については，平成16年改正により，当事者尋問等の公開停止に関する規定（13条⇒第3章第6節6）等が設けられた。刑事訴訟についても，平成23年改正により，営業秘密を保護するための特例が定められた。なお，特例の実施に関する必要な事項は，最高裁判所規則[33]で定められている（31条参照）。

2　営業秘密の秘匿決定

(1)　秘匿決定

裁判所は，被害者・その法定代理人又はこれらの者から委託を受けた弁護士から，営業秘密侵害罪の事件に係る営業秘密を構成する情報の全部又は一部を特定させることとなる事項を公開の法廷で明らかにされたくない旨の申出[34]があるときは，被告人又は弁護人の意見を聴き，相当と認めるときは，その範

---

32)　東京地判平成21年1月29日判時2046号159頁〔PCI事件〕。この事件の経緯については，北島純『解説外国公務員贈賄罪』（中央経済社，2011年）270頁以下が詳しい。その他の裁判例については，森本大介「外国公務員等贈賄」木目田裕＝佐伯仁志編『実務に効く　企業犯罪とコンプライアンス判例精選』（有斐閣，2016年）111頁参照。

33)　「不正競争防止法第23条第1項に規定する事件に係る刑事訴訟手続の特例に関する規則」（平成23年最高裁判所規則4号）。

囲を定めて，当該事項を公開の法廷で明らかにしない旨の決定をすることができる（23条1項）。

また，裁判所は，検察官又は被告人・弁護人から，被告人その他の者の保有する営業秘密に関して同様の申出があるときは，相手方の意見を聴き，当該事項が犯罪の証明・被告人の防御のために不可欠であり，かつ，当該事項が公開の法廷で明らかにされることにより当該営業秘密に基づく被告人その他の者の事業活動に著しい支障を生ずるおそれがあると認める場合であって，相当と認めるときは，その範囲を定めて，当該事項を公開の法廷で明らかにしない旨の決定をすることができる（23条3項）。

1項の秘匿決定は，侵害された営業秘密を保護するものである。被告人や第三者の営業秘密も保護する必要が認められる場合があり，そのために3項の秘匿決定が定められている[35]。

(2) 秘匿決定の効果

秘匿決定があったときは，起訴状の朗読や証拠書類の朗読は，秘匿決定により公開の法廷で明らかにしないこととされた営業秘密を構成する情報の全部又は一部を特定させることとなる事項（営業秘密構成情報特定事項）を明らかにしない方法で行われる（24条・28条）。また，必要に応じて，後述する尋問等の制限や公判期日外の証人尋問等が行われる。

(3) 秘匿決定の取消し

裁判所は，秘匿決定をした事件について，営業秘密構成情報特定事項を公開の法廷で明らかにしないことが相当でないと認めるに至ったとき，又は当該事件が営業秘密侵害罪に係る事件に該当しなくなったときは，秘匿決定の全部又は一部を取り消さなければならない（23条5項）。

---

34) この申出は，予め，検察官にしなければならず，検察官は，意見を付して裁判所に通知する（23条2項）。
35) 秘匿決定は，公判前整理手続及び期間間整理手続において行うことができる。呼称等の決定，公判期日外の証人尋問等についても同様である（29条）。

3 呼称等の決定

　裁判所は，秘匿決定をした場合において，必要があると認めるときは，検察官及び被告人・弁護人の意見を聴き，営業秘密構成情報特定事項に係る名称その他の表現に代わる呼称その他の表現を定めることができる（23条4項）。「名称その他の表現に代わる呼称その他の表現」とは，営業秘密構成情報特定事項の内容に含まれる事物の名称等に代えて，公開の法廷で用いるべきものとして裁判所により定められる表現（言い換え表現）をいう。

4 尋問等の制限

　裁判所は，秘匿決定があった場合において，訴訟関係人のする尋問・陳述が営業秘密構成情報特定事項にわたるときは，当該尋問・陳述を制限することができる。訴訟関係人の被告人に対する供述を求める行為についても同様である。ただし，尋問等を制限することにより，犯罪の証明に重大な支障を生ずるおそれがある場合又は被告人の防御に実質的な不利益を生ずるおそれがある場合は例外である（25条1項）。

　尋問等の制限を受けた検察官又は弁護士である弁護人がこれに従わなかった場合には，裁判所は，処置請求，すなわち，「検察官については当該検察官を指揮監督する権限を有する者に，弁護士である弁護人については当該弁護士の所属する弁護士会又は日本弁護士連合会に通知し，適当な処置をとるべきことを請求すること」（刑訴295条4項）ができる（25条2項）。

5 公判期日外の証人尋問等

　裁判所は，秘匿決定をした場合において，証人・鑑定人・通訳人・翻訳人を尋問するとき，又は被告人が任意に供述をするときは，検察官及び被告人・弁護人の意見を聴き，尋問・供述等が営業秘密構成情報特定事項にわたり，かつ，これが公開の法廷で明らかにされることにより当該営業秘密に基づく被害者，被告人その他の者の事業活動に著しい支障を生ずるおそれがあり，これを防止するためやむを得ないと認めるときは，公判期日外において証人等の尋問・被告人質問をすることができる（26条1項）。尋問の制限等を実効性をもって行うことが困難な場合や，逆に，呼称等の決定や尋問等の制限により十分な尋問，

供述を行うことが困難な場合があることを考慮して定められたものである。

6 書面の提示命令

裁判所は，呼称等の決定をし，又は公判期日外の証人尋問等をする旨を定めるに当たり，必要があると認めるときは，検察官及び被告人・弁護人に対し，尋問，陳述等に係る事項の要領を記載した書面の提示を命ずることができる（27条）。

7 証拠開示の際の秘匿要請

検察官又は弁護人は，証拠開示に当たり，営業秘密を構成する情報の全部又は一部を特定させることとなる事項が明らかにされることにより当該営業秘密に基づく被害者，被告人その他の者の事業活動に著しい支障を生ずるおそれがあると認めるときは，相手方に対し，当該事項が関係者（被告人を含む）に知られないようにすることを求めることができる。ただし，当該事項が犯罪の証明・捜査又は被告人の防御に関し必要がある場合を除く。また，被告人に知られないようにすることを求めることについては，当該事項のうち起訴状に記載された事項以外のものに限られる（30条1項）。

この秘匿要請に従わない結果，被害者等の事業活動に支障が生じた場合には，不法行為（民709条）や営業秘密に関する不正競争行為に該当することがあり，また，営業秘密侵害罪が成立することもあり得る[36]。

---

36) 逐条326頁。

第5章 独占禁止法

❖ POINT ❖

- ◆ 独占禁止法は，公正かつ自由な競争の促進を図る法律であり，私的独占や不当な取引制限，不公正な取引方法等を禁止している。
- ◆ 独占禁止法違反行為の規制方法として，①公正取引委員会（公取委）の排除措置命令等の行政規制，②刑事的制裁，③損害賠償請求や差止請求等の民事的救済がある。

第1節　独占禁止法の概要

1　概　説

独占禁止法（「私的独占の禁止及び公正取引の確保に関する法律」）[1]は，昭和22年に制定された。同法は，私的独占や不当な取引制限，不公正な取引方法を禁止等することにより，「公正且つ自由な競争を促進し，事業者の創意を発揮させ，事業活動を盛んにし，雇傭及び国民実所得の水準を高め，以て，一般消費者の利益を確保するとともに，国民経済の民主的で健全な発達を促進することを目的とする」（独禁1条）。すなわち，独占禁止法は公正かつ自由な競争を促進しようとするものであり，公正な競争の確保を目的とする不正競争防止法と密接な関係を有している。

独占禁止法によって規制されるのは，主として事業者（及び事業者によって構成される事業者団体）である。事業者とは，「商業，工業，金融業その他の事業

---

[1] 独占禁止法の入門書として，泉水文雄『経済法入門』（有斐閣，2018年），白石忠志『独禁法講義〔第8版〕』（有斐閣，2018年），岸井大太郎ほか『経済法〔第8版補訂〕』（有斐閣，2019年）等がある。

を行う者」であると定義されている（独禁2条1項）。事業者概念は広く解されており，最高裁は，「この事業はなんらかの経済的利益の供給に対応し反対給付を反覆継続して受ける経済活動を指し，その主体の法的性格は問うところではない」と述べ，と畜場を経営する地方公共団体が事業者に当たると判断した[2]。郵便事業を行う国によるお年玉付年賀葉書の発行・販売事業についても事業者性が認められた[3]。また，医師等の自由業者も事業者であると解されている。

2 規制対象

独占禁止法の主たる規制対象は，私的独占，不当な取引制限，不公正な取引方法である。

私的独占とは，事業者が，他の事業者の事業活動を排除・支配することにより，一定の取引分野における競争を実質的に制限することである（独禁2条5項⇒本章第2節）。

不当な取引制限とは，事業者が，他の事業者と共同して，相互にその事業活動を拘束し又は遂行することにより，一定の取引分野における競争を実質的に制限することである（独禁2条6項⇒本章第3節）。

不公正な取引方法とは，2条9項1号〜5号に該当する行為，及び同項6号イ〜ヘに該当する行為であって，公正な競争を阻害するおそれがあるもののうち，公正取引委員会が指定するものである（独禁2条9項⇒本章第4節）。私的独占と不当な取引制限が，一定の取引分野における競争の実質的制限という効果を生ぜしめる行為であるのに対して，不公正な取引方法は，公正な競争を阻害するおそれ（公正競争阻害性）を生ぜしめる行為である。

その他，株式保有や合併等の企業結合が，一定の取引分野における競争を実質的に制限することとなる場合[4]や不公正な取引方法によって行われる場合も規制される（独禁10条〜17条）。さらに，事業者団体の行為についても，一定

---

2) 最判平成元年12月14日民集43巻12号2078頁〔都営芝浦と畜場事件〕。
3) 大阪高判平成6年10月14日判時1548号63頁〔お年玉付年賀葉書事件〕（上告棄却：最判平成10年12月18日審決集45巻467頁）。
4) この場合の規制は，計画された企業結合が実行されると将来において競争の実質的制限を生じる可能性がある場合の事前規制である。

の取引分野における競争を実質的に制限する場合や事業者に不公正な取引方法に該当する行為をさせるようにする場合等に禁止される（独禁8条）。

3 規制方法

(1) 概　説

独占禁止法違反行為の主たる規制方法は，同法を所管する公正取引委員会（公取委）の行政規制である。また，刑事的制裁，損害賠償請求や差止請求等の民事的救済もある。

(2) 行政規制

(a) 排除措置命令　　公取委は，独占禁止法違反が疑われる事件を審査し，違反行為があるときは，これを排除するために必要な措置を命ずることができる（独禁7条・8条の2・17条の2・20条）。これが排除措置命令である[5]。

平成25年改正前は，排除措置命令に不服のある者は公取委に審判請求を行い，公取委が審判手続において命令の当否を判断して審決を下すことになっていた[6]。そして，審決に不服のある者は東京高裁に対して審決取消訴訟を提起することができた。これに対して，同改正により，審判制度は廃止され，排除措置命令に不服のある者は，東京地裁に命令の取消しを求める訴訟を提起することになった（独禁85条）。

(b) 課徴金納付命令　　また，公取委は，独占禁止法違反行為を行った事業者や事業者団体に対して，違反に係る売上高に基づいて算定される課徴金を国庫に納付するように命じることができる。課徴金は，以前は，不当な取引制限及び事業者団体の一部の違反行為のうち対価に影響を与えるものにのみ課されていたが，平成21年改正により，課徴金の対象に私的独占や不公正な取引方法の一部が加えられた（独禁7条の2・8条の3・20条の2～20条の7）。課徴金の額は，不当な取引制限の場合には，原則として当該行為の実行期間における

---

[5] 排除措置命令を待つことができない緊急の必要がある場合には，公正取引委員会は東京地裁に対して緊急停止命令の申立てをすることができる（独禁70条の4・85条）。

[6] また，平成17年改正前は，排除措置命令は審決により行うこととされ，名宛人が，審判が開始する前に勧告を応諾する場合は勧告審決，審判開始決定後に争わない場合は同意審決，争った場合は審判手続の結論として審判審決が下された。

商品・役務の売上額の10%（小売業については3%，卸売業については2%）である（独禁7条の2第1項）。

　(c)　**確約手続**　確約手続は，「環太平洋パートナーシップに関する包括的及び先進的な協定」（CPTTP，TPP11協定）の発効（2018年12月30日）により施行されたもので，独占禁止法違反の疑いについて公取委と被疑行為を行う事業者との合意により自主的に解決する手続である（独禁48条の2以下）。

　公取委は，独占禁止法違反行為があると思料する場合において，公正かつ自由な競争の促進を図るうえで必要があると認めるときは，当該行為をしている者に対して，確約認定の申請をすることができる旨を通知することができ，この通知を受けた者は，被疑行為を排除するために必要な措置（排除措置）に関する計画（排除措置計画）を作成し，公取委に提出することができる。公取委は，排除措置計画について，被疑行為を排除するために十分なものであり，排除措置が確実に実施されると見込まれると認めるときは，その認定をする。認定をした公取委は，これを取り消さない限り，排除措置命令，課徴金納付命令を出さない。ただし，被疑行為が入札談合，価格カルテル等や繰り返されるもの，刑事告発相当の悪質かつ重大なものの場合は，確約手続の対象とされない。

(3)　刑事的制裁

　私的独占や不当な取引制限等に対しては，刑事罰も科される（独禁89条等）。両罰規定（⇒第4章第1節2）も定められている（独禁95条）[7]。私的独占や不当な取引制限等の罪は，公取委の告発を待って論ずることになっており（独禁96条），公取委が告発しなければ起訴がされない（専属告発制度）。

(4)　民事的救済

　(a)　**損害賠償請求**　独占禁止法25条は，私的独占，不当な取引制限，不公正な取引方法等を行った事業者・事業者団体は，被害者に対して損害賠償責任を負う旨を規定している。事業者・事業者団体は故意・過失がなかったことを理由にこの責任を免れることができない。すなわち，無過失損害賠償である。

---

[7]　独占禁止法100条は，私的独占・不当な取引制限等の罪の場合に，裁判所は，情状により，刑の言渡しと同時に，違反行為に供せられた特許権等が取り消されるべき旨の宣告をすることができると規定している。

その一方，25条による損害賠償の請求権は，排除措置命令が確定しなければ，裁判上主張することができないと定められている（独禁26条1項）[8]。

もっとも，被害者は，確定した排除措置命令の有無にかかわらず，民法709条に基づいて損害賠償請求をすることができると解されている[9]。ただし，この場合は，被害者が違反行為者の故意・過失を立証しなければならない。

(b) 差止請求　独占禁止法24条は，独占禁止法違反行為によってその利益を侵害される（おそれがある）者は，これにより著しい損害を生じる（おそれがある）ときは，その利益を侵害する事業者・事業者団体に対し，その侵害の停止（予防）を請求することができる旨を規定している。ただし，差止請求の対象となる違反行為は，不公正な取引方法に係るものに限定されている。

差止請求は，「著しい損害を生じ，又は生ずるおそれ」があることを要件としている。この要件について，裁判例は，差止請求を認容するには損害賠償請求を認容する場合よりも高度の違法性を要する趣旨であると解し，「例えば，当該事業者が市場から排除されるおそれがある場合や新規参入が阻止されている場合等独占禁止法違反行為によって回復し難い損害が生ずる場合や，金銭賠償では救済として不十分な場合等がこの要件に該当する」と述べている[10][11]。

4　知的財産権との関係

最後に，知的財産権と独占禁止法の関係について述べておく。

特許法や著作権法等の知的財産権法は，特許権や著作権等の知的財産権を付与する。知的財産権は独占権であることから，知的財産権法と独占禁止法は，一見すると，矛盾対立するようである。しかしながら，例えば，特許権は発明（特許2条1項）という技術に対する独占権であり，独占禁止法が問題とする市場における独占とは異なる。しかも，知的財産権法は，知的財産権の付与によって，知的財産の創造や利用の競争を促進する効果をもたらす。そのため，両者は，一般的に，対立関係にあるのではなく，公正かつ自由な競争秩序を維持

---

[8]　25条に基づく損害賠償請求訴訟は，東京地裁に提起しなければならない（独禁85条の2）。

[9]　最判平成元年12月8日民集43巻11号1259頁〔鶴岡灯油事件〕。

[10]　東京高判平成19年11月28日判時2034号34頁〔ゆうパック事件〕。大阪高判平成17年7月5日審決集52巻856頁〔関西国際空港新聞販売事件〕も参照。

[11]　その他，契約の効力が争われ，契約が独占禁止法に違反して無効とされる場合もある。

するうえで，相互補完の関係にあると理解されている。

独占禁止法21条は，「この法律の規定は，著作権法，特許法，実用新案法，意匠法又は商標法による権利の行使と認められる行為にはこれを適用しない」と規定している。公取委は，ⓐそもそも知的財産権法による権利の行使とみられない行為には独占禁止法は適用される，また，ⓑ外形上，権利の行使とみられる行為であっても，行為の目的，態様，競争に与える影響の大きさも勘案したうえで，事業者に創意工夫を発揮させ，技術の活用を図るという知的財産制度の趣旨を逸脱し又は同制度の目的に反すると認められる場合は，「権利の行使と認められる行為」とは評価できず，独占禁止法が適用される，との考え方を示しており[12]，この考え方は一般的に支持されている[13]。同条は確認規定と解されており，不正競争防止法による知的財産の保護についても同様に取り扱われることになろう。

なお，自己の供給する商品を購入する相手方に対して，その商品の販売価格を拘束する再販売価格の拘束は，不公正な取引方法（独禁2条9項4号）に該当する。しかしながら，独占禁止法23条4項は，著作物についての再販売価格の拘束を独占禁止法の適用除外としている。ただし，同項の「著作物」は，著作権法上の著作物（著作2条1項1号）すべてではなく，この適用除外制度が設けられた昭和28年改正当時にその対象と考えられていた新聞，書籍，雑誌及びレコード盤と，レコード盤とその機能・効能が同一である音楽用テープ及び音楽用CDの計6品目に限ると解されている[14]。

第2節 私的独占

1 概　説

独占禁止法は，私的独占を禁止している（独禁3条前段）。私的独占とは，「事

---

[12]　公取委「知的財産の利用に関する独占禁止法上の指針」第2-1。
[13]　知財高判平成18年7月20日（平成18年（ネ）10015号）〔日之出水道機器数量・価格制限事件〕，根岸哲編『注釈独占禁止法』（有斐閣，2009年）537頁〔和久井理子〕。
[14]　公取委審判審決平成13年8月1日判タ1072号267頁〔ソニー・コンピュータエンタテインメント事件〕。

業者が，単独に，又は他の事業者と結合し，若しくは通謀し，その他いかなる方法をもつてするかを問わず，他の事業者の事業活動を排除し，又は支配することにより，公共の利益に反して，一定の取引分野における競争を実質的に制限すること」である（独禁2条5項）。「単独に，又は他の事業者と……」と定められているから，単独の事業者が行う場合のみならず複数の事業者が共同して行う場合も含まれる。問題となるのは，事業者が市場を独占していることではなく，他の事業者の事業活動を排除・支配するという手段を通じて，一定の取引分野における競争を実質的に制限することである。

私的独占を行った事業者に対して，公取委は排除措置命令を出すことができる（独禁7条）。また，私的独占は課徴金の対象となるが，支配行為による私的独占（支配型私的独占）の場合には，課徴金が課される要件として，後述する不当な取引制限の場合と同様に，対価に影響を与えるものであることが定められている（独禁7条の2第2項）。これに対して，排除行為による私的独占（排除型私的独占）の場合には，そのような要件はない（独禁7条の2第4項）。私的独占を行った者には，刑事罰も科される（独禁89条）。民事的救済としては，私的独占による被害者は，損害賠償を請求することができるが（独禁25条，民709条），差止めを請求することはできない。ただし，支配・排除行為は不公正な取引方法に該当する場合が多く，その場合には不公正な取引方法として差止請求をすることができる（独禁24条）。

2 要　件

(1) 支配・排除

私的独占として問題となる行為態様は，他の事業者の事業活動の排除・支配である。支配とは，他の事業者の事業活動に関する自由な意思決定を拘束することを意味する。支配される事業者は行為者の取引相手方でなくてもよい。排除とは，他の事業者の事業活動の継続や新規参入を困難にすることを意味する。最高裁は，「本件行為が……『他の事業者の事業活動を排除』する行為に該当するか否かは，本件行為につき，自らの市場支配力の形成，維持ないし強化という観点からみて正常な競争手段の範囲を逸脱するような人為性を有するものであり，他の管理事業者の本件市場への参入を著しく困難にするなどの効果を有するものといえるか否かによって決すべきものである」と述べた[15]。公取委

が策定した「排除型私的独占に係る独占禁止法上の指針」では，排除行為の典型例として，「商品を供給しなければ発生しない費用を下回る対価設定」，「排他的取引」，「抱き合わせ」及び「供給拒絶・差別的取扱い」の4類型が挙げられている。

知的財産に関する事例として，次のものがある。ぱちんこ機に関する多くの特許権を所有しているメーカー10社が，その通常実施権の許諾等の管理業務を委託された者とともに，新規参入を阻止するために，新規参入者に対して実施許諾を拒否した行為が私的独占に当たるとされた[16]。病院の入院患者等が使用するベッドの製造販売業者が，東京都による競争入札の仕様書に，自社が実用新案権等を有する構造であることを伏せて，その構造の仕様を盛り込むようにしたこと等の行為が私的独占に当たるとされた[17]。北海道地域における有力な新聞社が，函館地区の新規参入を妨害するために，新規参入者が使用すると目される複数の新聞題字の商標登録の出願等を行った行為が私的独占に当たるとされた[18]。音楽の著作権管理事業者が，放送事業者から，その管理楽曲について，楽曲の利用の有無や回数に関係なく，各放送事業者の事業収入に一定率を乗ずる等の方法で放送等使用料を算定し徴収する方法を採用していることが，放送等利用に係る管理楽曲の利用許諾分野における他の管理事業者の事業活動を排除する効果を有するとして，私的独占該当性を否定した審決が取り消された[19]。

(2) 一定の取引分野における競争の実質的制限

私的独占となるのは，排除・支配により「一定の取引分野における競争を実質的に制限する」場合である。「一定の取引分野」とは，同種又は類似の商品・役務の取引に係る事業者間の競争の場，すなわち市場を意味すると解されている。「競争を実質的に制限する」とは，市場支配力が形成・維持・強化されることであり，市場支配力とは，競争自体が減少することにより，本来であ

---

15) 最判平成27年4月28日民集69巻3号518頁〔JASRAC事件〕。最判平成22年12月17日民集64巻8号2067頁〔NTT東日本事件〕も参照。
16) 公取委勧告審決平成9年8月6日審決集44巻238頁〔ぱちんこ機特許プール事件〕。
17) 公取委勧告審決平成10年3月31日審決集44巻362頁〔パラマウントベッド事件〕。
18) 公取委同意審決平成12年2月28日審決集46巻144頁〔北海道新聞社事件〕。
19) 前掲注15) 最判平成27年4月28日。

れば競争によって決せられる価格等の取引条件について，これをある程度自由に左右することができる地位のことであるとされる[20]。

(3) 「公共の利益に反して」

最高裁は，不当な取引制限に関してであるが，「公共の利益に反して」について，「原則としては同法の直接の保護法益である自由競争経済秩序に反することを指すが，現に行われた行為が形式的に右に該当する場合であつても，右法益と当該行為によつて守られる利益とを比較衡量して，『一般消費者の利益を確保するとともに，国民経済の民主的で健全な発達を促進する』という同法の究極の目的（同法 1 条参照）に実質的に反しないと認められる例外的な場合を右規定にいう『不当な取引制限』行為から除外する趣旨と解すべき」と判示した[21]。本判決は，「公共の利益に反して」という文言に基づいて，例外的にせよ，競争の実質的制限があっても，競争以外の価値・利益の考慮によって独占禁止法違反とならない場合があることを認めた。学説では，公共の利益とは競争の維持自体であり，競争の実質的制限があれば常に公共の利益に反するとして，「公共の利益に反して」に実際上の意味を与えない見解が有力であるが，反競争的な行為について正当化理由が認められるべき場合があることを前提に，「公共の利益に反して」の文言に依拠せずに，正当化理由があれば競争の実質的制限（不公正な取引方法については，公正競争阻害性）の要件に該当しないと解する見解もある。

---

20) 東京高判昭和 26 年 9 月 19 日高民集 4 巻 14 号 497 頁〔東芝・スバル事件〕参照。最判平成 24 年 2 月 20 日民集 66 巻 2 号 796 頁〔多摩談合事件〕は，入札談合が不当な取引制限に当たるかが問題となった事件において，「2 条 6 項にいう『一定の取引分野における競争を実質的に制限する』とは，当該取引に係る市場が有する競争機能を損なうことをいい，本件基本合意のような一定の入札市場における受注調整の基本的な方法や手順等を取り決める行為によって競争制限が行われる場合には，当該取決めによって，その当事者である事業者らがその意思で当該入札市場における落札者及び落札価格をある程度自由に左右することができる状態をもたらすことをいうものと解される」と述べた。

21) 最判昭和 59 年 2 月 24 日刑集 38 巻 4 号 1287 頁〔石油価格協定事件〕。

第3節　不当な取引制限

1　概　説

　独占禁止法は，不当な取引制限を禁止している（独禁3条後段）。不当な取引制限とは，「事業者が，契約，協定その他何らの名義をもつてするかを問わず，他の事業者と共同して対価を決定し，維持し，若しくは引き上げ，又は数量，技術，製品，設備若しくは取引の相手方を制限する等相互にその事業活動を拘束し，又は遂行することにより，公共の利益に反して，一定の取引分野における競争を実質的に制限すること」と定義されている（独禁2条6項）。問題となるのは，事業者が他の事業者と共同して，相互に拘束し又は遂行するという手段を通じて，一定の取引分野における競争を実質的に制限することである。例えば，複数の競争事業者がその提供する商品・役務の価格を決定し，一斉に値上げすることである。このような競争事業者が価格等について合意することは，カルテルと呼ばれている。また，入札談合が不当な取引制限として規制される例も多い。

　不当な取引制限に対する規制方法は，私的独占と同様であり，不当な取引制限を行った事業者に対して，公取委は排除措置命令を出すことができ（独禁7条），対価に影響を与える場合には，課徴金納付命令を出すことができる（独禁7条の2第1項）[22]。不当な取引制限を行った者には，刑事罰も科される（独禁89条）。民事的救済としては，不当な取引制限による被害者は，損害賠償を請求することができるが（独禁25条，民709条），差止めを請求することはできない。

2　要　件

　「一定の取引分野における競争を実質的に制限する」と「公共の利益に反して」については，私的独占の場合と同様である。

---

[22]　不当な取引制限等に対する課徴金については，事業者が自らが関与した違反行為について公取委に自主的に報告した場合，課徴金が減免される制度（リニエンシー制度）が設けられている（独禁7条の2第10項～第18項）。秘密裏に行われることの多いカルテル等の摘発と事実解明を容易にし，競争秩序の早期の回復を図ることを目的とするものである。

(1) 「他の事業者と共同して」

「他の事業者と共同して」の要件を満たすためには，意思の連絡が必要であると解されている。ある判決は，複数の事業者による価格引上げに関する事件において，「『意思の連絡』とは，複数事業者間で相互に同内容又は同種の対価の引上げを実施することを認識ないし予測し，これと歩調をそろえる意思があることを意味し，一方の対価引上げを他方が単に認識，認容するのみでは足りないが，事業者間相互で拘束し合うことを明示して合意することまでは必要でなく，相互に他の事業者の対価の引上げ行為を認識して，暗黙のうちに認容することで足りると解するのが相当である（黙示による『意思の連絡』といわれるのがこれに当たる。）」と述べている[23]。

(2) 相互拘束

不当な取引制限として問題となる行為態様は，他の事業者と共同した，相互拘束・（共同）遂行である。相互拘束について，裁判例は，相互拘束を行う複数の事業者は，競争関係にある必要があると述べている[24]。しかしながら，学説は，相互拘束を伴わない（共同）遂行も不当な取引制限となり得る等，上記判決に反対する見解が多い。また，上記裁判例では，不当な取引制限は，当事者全員がそれぞれに拘束を受けるものでなければならず，拘束が一方当事者にのみ及ぶ場合は含まれないと解されている。

知的財産に関する事例として，公共下水道用鉄蓋の製造販売業者Aは，その登録実用新案が福岡市の市型鉄蓋の仕様に取り入れられ，他の指定業者に当該実用新案権の実施許諾をしているところ，福岡地区において使用される市型鉄蓋の全量を供給しているAを含む7社がその販売価格，販売数量比率及び販売先を決定したことが不当な取引制限に当たるとされたもの[25]等がある。

---

[23] 東京高判平成7年9月25日判タ906号136頁〔東芝ケミカル事件〕。
[24] 東京高判昭和28年3月9日高民集6巻9号435頁〔新聞販路協定事件〕。なお，東京高判平成5年12月14日高刑集46巻3号322頁〔シール談合事件〕。
[25] 公取委審判審決平成5年9月10日審決集40巻3頁〔公共下水道用鉄蓋（福岡地区）事件〕。

第4節　不公正な取引方法

1　概　説

　独占禁止法は，不公正な取引方法を禁止している（独禁19条）。不公正な取引方法とは，まず，①2条9項1号～5号に該当する行為，すなわち，共同の供給拒絶（1号），差別対価（2号），不当廉売（3号），再販売価格の拘束（4号），優越的地位の濫用（5号）である。次に，②同項6号イ～ヘに該当する行為であって，公正な競争を阻害するおそれ（公正競争阻害性）があるもののうち，公取委が指定するものである（独禁2条9項）。以前は，2条9項各号に該当する行為であって，公正競争阻害性があるもののうち，公取委が指定するものと定義されていたが，平成21年改正は，課徴金制度を導入するために，課徴金の対象となる行為を法律に規定することにしたので，上記のような①と②の2つの方法で定義されることとなった。公取委の指定は告示によって行われる（独禁72条）。指定には，あらゆる事業分野の事業者に一般的に適用される一般指定と，特定の事業分野の事業者にのみ適用される特殊指定[26]がある。一般指定[27]は，1項から15項までの15の行為を不公正な取引方法として指定している。

　不公正な取引方法を行った事業者に対して，公取委は排除措置命令を出すことができる（独禁20条）。また，2条9項1号～5号に該当する行為については，課徴金が課される。5号の場合には1回だけ行っても課徴金が課されるが（独禁20条の6），1号～4号の場合には10年以内に繰り返した場合にのみ課徴金が課される（独禁20条の2～20条の5）。私的独占や不当な取引制限とは異なり，刑事的制裁はない。民事的救済としては，不公正な取引方法による被害者は，損害賠償を請求することのほか（独禁25条，民709条），差止めを請求することもできる（独禁24条）。

---

26) 特殊指定は，大規模小売業，特定荷主の物品の運送・保管委託，新聞業の3つがある。
27) 昭和57年6月18日公正取引委員会告示15号。

2 公正競争阻害性

　平成21年改正前の2条9項においては，不公正な取引方法の要件として，公正な競争を阻害するおそれ（公正競争阻害性）が定められていた。これに対して，現行法の2条9項1号～5号は公正競争阻害性を明示的に規定していない。しかしながら，平成21年改正は不公正な取引方法の範囲を拡大することを意図したものではなく，また，2条9項1号～5号に用いられている「正当な理由がないのに」や「不当に」，「正常な商慣習に照らして不当に」という文言（これらの文言は，一般指定1項～15項でも用いられている）は公正競争阻害性を意味すると解されていたことから，同改正後も，公正競争阻害性が要件であると理解されている。

　公正競争阻害性の具体的意味については，ⓐ自由競争の減殺，ⓑ競争手段の不公正さ，ⓒ自由競争基盤の侵害の3つがあるとする考え方が有力である。ⓐ自由競争の減殺とは，競争を回避・排除することにより競争の実質的制限に至らない程度の競争の減殺効果をもたらすことを意味する。ⓑ競争手段の不公正さとは，競争手段が価格・品質・サービスを中心として行われる競争（能率競争）を妨害するようなものであることを意味する。ⓒ自由競争基盤の侵害とは，取引主体が取引の諾否・取引条件について自由で自主的な判断をすることによって取引が行われるという自由競争の基盤を侵害することである。

3　規制対象

(1) 行為類型

　不公正な取引方法の行為類型は，以下の6つに分けることができる。

　(a) **取引拒絶等の差別的取扱い（2条9項1号・2号，2条9項6号イに基づく一般指定1項～5項）**　　ある事業者を，その者との取引を拒絶することを含め，差別的に取り扱うことである。この類型の公正競争阻害性は，自由競争の減殺に求められると考えられている。取引拒絶には，競争者と共同して行うもの（共同の取引拒絶）[28]とその他のものがあり，共同の取引拒絶のうち，供給の拒

---

[28] 共同の取引拒絶が成立するためには，2条6項（不当な取引制限）における「他の事業者と共同して」と同様に，意思の連絡が必要である。東京高判平成22年1月29日審決集56巻第2分冊498頁〔着うた事件〕。

絶が2条9項1号に，購入の拒絶が一般指定1項に規定され，共同の取引拒絶以外の取引拒絶（単独の取引拒絶のほか，競争関係にない複数の事業者が共同して行う取引拒絶）が一般指定2項に規定されている。差別的取扱いには，差別対価（2条9項2号，一般指定3項）とその他の差別的取扱い（一般指定4項），事業者団体における差別的取扱い（一般指定5項）がある。

知的財産に関する事例として，レコード会社5社が，着うた提供事業に関し，共同出資会社に着うた配信業務を委託し，他の着うた提供業者に対しては共同して原盤権（レコード製作者の著作隣接権に含まれる）の利用許諾を拒絶する行為が不公正な取引方法に当たるとされたものがある[29]。

(b) **不当な対価（2条9項3号，2条9項6号ロに基づく一般指定6項・7項）**

不当な対価をもって取引することであり，不当廉売（2条9項3号，一般指定6項）と不当高価購入（一般指定7項）がある。この類型の公正競争阻害性も，自由競争の減殺に求められると考えられている。2条9項3号は，商品・役務を「その供給に要する費用を著しく下回る対価で継続して供給すること」を対象とし，一般指定6項は，その他の低い対価で供給することを対象とする。

(c) **不当な顧客誘引（2条9項6号ハに基づく一般指定8項～10項）** 不当に競争者の顧客を自己と取引するように誘引・強制することである。この類型の公正競争阻害性は，主として競争手段の不公正さに求められると考えられている。一般指定8項は，ぎまん的顧客誘引であり，「自己の供給する商品又は役務の内容又は取引条件その他これらの取引に関する事項について，実際のもの又は競争者に係るものよりも著しく優良又は有利であると顧客に誤認させることにより，競争者の顧客を自己と取引するように不当に誘引すること」と規定している。一般指定9項は，不当な利益による顧客誘引であり，「正常な商慣習に照らして不当な利益をもって，競争者の顧客を自己と取引するように誘引すること」と規定している。一般指定10項は，抱き合わせ販売等を対象とする。

ぎまん的顧客誘引は，顧客の自主的で合理的な購買決定を歪め，それにより

---

29) 前掲注28）東京高判平成22年1月29日。同判決は，「5社それぞれが有する著作隣接権に基づく原盤権の利用許諾の拒絶行為も，それが意思の連絡の下に共同してなされた場合には，それぞれが有する著作隣接権で保護される範囲を超えるもので，著作権法による『権利の行使と認められる行為』には該当しないものになる」と述べた。

良質廉価な商品・役務を提供する競争者から顧客を奪うおそれがあるため，能率競争に反する性格を有する。よって，その行為自体が競争手段として不公正なものであり，原則として公正競争阻害性を備えていると解される。

ぎまん的顧客誘引については，景品表示法（「不当景品類及び不当表示防止法」）が消費者に対する不当表示を規制しているので，一般指定8項による規制対象は，実際上は，事業者に対する不当表示と表示以外の方法によるぎまん的顧客誘引である。景品表示法による不当表示規制は，不正競争防止法と関係が深いので，後述する。なお，不当な利益による顧客誘引についても，景品の提供は景品表示法によって規制されているので，実際上，景品の提供以外の方法による場合が一般指定9項による規制対象である。

(d) **事業活動の拘束（2条9項4号，2条9項6号ニに基づく一般指定11項・12項）** 相手方の事業活動を不当に拘束して取引することである。この類型の公正競争阻害性は，自由競争の減殺に求められると考えられている。2条9項4号は，再販売価格の拘束を定め，一般指定11項は，相手方が競争者と取引しないことを条件とする取引である排他条件付取引を対象とし，一般指定12項は，その他の拘束条件付取引を対象とする。

知的財産に関する事例として，パソコンのOSの市場において圧倒的なシェアを占めるYが，パソコン製造販売業者との間で締結したOEM販売契約において，Yから使用の許諾を受けたOSに関してパソコン製造販売業者が特許権侵害を理由にYやYのライセンシー等に対して提訴等をしない旨の規定（非係争条項）を定めていたことが，拘束条件付取引に当たるとされたもの[30]，ノウハウ・ライセンスにおいて，契約終了後にライセンシーが当該ライセンスに係る製品を日本に供給することを制限したことが，拘束条件付取引に当たるとされたもの[31]等がある。

---

30) 公取委審判審決平成20年9月16日審決集55巻380頁〔マイクロソフト非係争条項事件〕。
31) 公取委勧告審決平成7年10月13日審決集42巻163頁〔旭電化工業事件〕。これに対して，大阪地判平成18年4月27日判時1958号155頁〔メディプローラー事件〕は，委託者が開発したノウハウを用いた製品の製造委託契約において，受託者に対して契約終了後10年間の類似品の製造販売を禁止していたことについて，ノウハウを守るために契約終了後も一定期間類似物の製造販売を禁止することは合理性があるとして，拘束条件付取引に当たらないと判断した。共同研究開発契約とライセンス契約における競業避止義務に対する独占禁止法の規制については，木村智彦「競業避止義務」ジュリ1468号（2014年）72頁参照。

(e) **取引上の地位の不当利用（2 条 9 項 5 号，2 条 9 項 6 号ホに基づく一般指定 13 項）** 自己の取引上の地位を不当に利用することである。この類型の公正競争阻害性は，自由競争基盤の侵害に求められると考えられている。2 条 9 項 5 号は，自己の取引上の地位が相手方に優越していることを利用して，取引の条件や実施について相手方に不利益を与える優越的地位の濫用を定め，一般指定 13 項は，取引の相手方の役員選任に干渉することを対象とする[32]。

(f) **競争者に対する取引妨害（2 条 9 項 6 号へに基づく一般指定 14 項・15 項）**
競争者とその相手方の取引を不当に妨害すること等である。この類型の公正競争阻害性は，競争手段の不公正さ（ただし，一般指定 14 項の一部については自由競争の減殺）に求められると考えられている。一般指定 14 項は，競争者に対する取引妨害を対象とし，「自己又は自己が株主若しくは役員である会社と国内において競争関係にある他の事業者とその取引の相手方との取引について，契約の成立の阻止，契約の不履行の誘引その他いかなる方法をもつてするかを問わず，その取引を不当に妨害すること」と規定している。一般指定 15 項は，競争会社に対する内部干渉を対象とする。

知的財産に関する事例として，有力な通信カラオケ事業者 Y が，その子会社であるレコード会社 2 社をして，その管理楽曲の使用承諾を Y の競争者 A にしないようにさせ，また，その旨及び A の機器ではその管理楽曲が使えなくなる旨を通信カラオケ機器の卸売業者等に告知した行為が競争者に対する取引妨害に当たるとされたものがある[33]。

(2) **景品表示法による不当表示規制**

(a) **概要** 景品表示法（「不当景品類及び不当表示防止法」）[34]は，昭和 37 年に独占禁止法の特例法として，不当表示及び不当な景品類の提供を迅速かつ効果的に規制するために制定された。平成 21 年の消費者庁の発足により，公

---

[32] 下請取引における優越的地位の濫用を迅速・実効的に規制するために，下請法（下請代金支払遅延等防止法）が制定されている。同法については，鎌田明編著『下請法の実務〔第 4 版〕』（公正取引協会，2017 年），長澤哲也『優越的地位濫用規制と下請法の解説と分析〔第 3 版〕』（商事法務，2018 年）参照。
[33] 公取委審判審決平成 21 年 2 月 16 日審決集 55 巻 500 頁〔第一興商事件〕。
[34] 景品表示法については，大元慎二編著『景品表示法〔第 5 版〕』（商事法務，2017 年），波光巖＝鈴木恭蔵『実務解説景品表示法〔第 2 版〕』（青林書院，2016 年）参照。

正取引委員会から消費者庁に移管されたが，実質的な規制内容は変わっていない。

景品表示法が規制する不当表示とは，①商品・役務の品質，規格その他の内容について，一般消費者に対し，実際のもの又は競争者に係るものよりも著しく優良であると誤認させる表示（優良誤認表示。景表5条1号），②商品・役務の価格その他の取引条件について，実際のもの又は競争者に係るものよりも著しく有利であると一般消費者に誤認される表示（有利誤認表示。同条2号），③商品・役務の取引に関する事項について一般消費者に誤認されるおそれがある表示であって，内閣総理大臣が指定するもの（同条3号）である。③には，「商品の原産国に関する不当な表示」，「おとり広告に関する表示」[35]等がある。また，消費者庁は，事業者に対してその表示の裏付けとなる合理的な根拠を示す資料の提出を求めることができ，事業者が当該資料を提出しないときは，①に該当する表示として規制することができる（不実証広告。景表7条2項)[36]。

①・②の「著しく」とは，「誇張・誇大の程度が社会一般に許容されている程度を超えていることを指しているものであり，誇張・誇大が社会一般に許容される程度を超えるものであるかどうかは，当該表示を誤認して顧客が誘引されるかどうかで判断され，その誤認がなければ顧客が誘引されることは通常ないであろうと認められる程度に達する誇大表示であれば『著しく優良であると一般消費者に誤認される』表示に当たる」と解されている[37]。

事業者が不当表示を行う場合には，消費者庁長官が措置命令を行うことにより，当該表示行為の差止め等を命じることができる（景表7条1項・33条1項）。また，上記①・②の不当表示を行った事業者に対して課徴金が課される（景表8条)[38]。さらに，消費者契約法2条4項に規定する適格消費者団体は，差止請求をすることができる（景表30条1項)[39]。

---

35) おとり広告とは，自己の商品・役務の取引に顧客を誘引する手段として行う，実際には取引に応じることができなかったり，応じることが著しく制限されたり，応じる意思がない場合の当該商品・役務についての表示である。

36) 東京高判平成22年11月26日審決集57巻第2分冊181頁〔ミュー事件〕，東京高判平成22年10月29日審決集57巻第2分冊162頁〔オーシロ事件〕，東京高判平成22年7月16日審決集57巻第2分冊152頁〔カクダイ事件〕。

37) 東京高判平成14年6月7日判タ1099号88頁〔カンキョー事件〕。同旨：前掲注36）東京高判平成22年10月29日，東京高判平成16年10月19日判時1904号128頁〔コジマ価格表示事件〕。

(b) **不正競争防止法との関係**　不当表示と不正競争防止法2条1項20号の不正競争行為（品質等誤認行為）は，相当部分において重なっているが，異なる点もある。第1に，不正競争防止法2条1項20号は「価格」を明示しておらず，同号の規制を価格について誤認させるような表示に及ぼすことを否定する裁判例[40]があるのに対して，景品表示法5条2号は価格の誤認表示を明示的に規制対象に含めている。その一方，第2に，景品表示法が規制するのは消費者に対する不当表示に限られるが，不正競争防止法2条1項20号にはそのような限定はない[41]。また，規制方法について，不正競争防止法は差止請求権を定めているが（3条⇒第3章第2節），景品表示法には，適格消費者団体の差止請求権は認められているが，私人の差止請求権は定められていない[42]。

もっとも，不当表示を独占禁止法が規制する不公正な取引方法の一般指定8項（ぎまん的顧客誘引）と構成することにより，自己の利益を侵害される私人は，これにより著しい損害を生じるときは，差止めを請求できることになる（独禁24条）。この場合，不正競争防止法により差止請求をすることができる「営業

---

[38]　ただし，当該事業者が問題とされた表示が優良誤認表示・有利誤認表示に該当することを知らず，かつ，知らないことにつき相当の注意を怠った者でないと認められる場合，又はその額が150万円未満である場合は，課徴金納付は命じられない（景表8条1項ただし書）。また，リニエンシー制度が採用され，違反行為を自主申告した場合に課徴金額が50％減額されることになっている（景表9条）。さらに，事業者が所定の方法で自主的に返金措置を実施する場合，実施予定返金措置計画が消費者庁の認定を得たものであれば，返金合計額が課徴金から減額される（返金合計額が課徴金以上の場合は課徴金の納付は命じられない。景表10条・11条）。

[39]　「適格消費者団体」は，消費者契約法2条4項において，「不特定かつ多数の消費者の利益のためにこの法律の規定による差止請求権を行使するのに必要な適格性を有する法人である消費者団体……として第13条の定めるところにより内閣総理大臣の認定を受けた者」と定義されている。京都地判平成27年1月21日判時2267号83頁〔クロレラチラシ事件1審〕では，適格消費者団体による差止請求が認容された。しかしながら，大阪高判平成28年2月25日判時2296号81頁〔同事件2審〕は，問題とされる優良誤認表示が行われるおそれがあると認められず，その差止めの必要性があるとはいえないことを理由に，差止請求を棄却し，最判平成29年1月24日民集71巻1号1頁〔同事件上告審〕はこの判断を支持した。

[40]　前掲注37）東京高判平成16年10月19日。なお，田村421頁。

[41]　山口雄一「不正競争防止法と景品表示法の関係」伊従寛＝矢部丈太郎編『広告表示規制法』（青林書院，2009年）333，335頁。

[42]　前掲注37）東京高判平成16年10月19日は，景品表示法違反が直ちに競争者に対する不法行為を構成することはないと述べているが，この点には疑問がある。川濱昇「判批」百選209頁参照。なお，以前の景品表示法6条2項は，無過失損害賠償責任を定める独占禁止法25条の適用上，景品表示法違反行為が不公正な取引方法とみなされる旨を規定していたが，平成21年改正により同項は削除された。

上の利益」を害される者だけでなく，消費者も差止請求をすることができる[43]。また，一般指定8項は，事業者に対する不当表示も対象としている。

なお，不正競争防止法2条1項21号の不正競争行為（信用毀損行為）は，競争者あるいは競争者の商品・役務を誹謗する行為であり，自己の商品・役務について誤認させるものではないので，一般指定8項，不当表示に当たらない[44]。もっとも，そのような行為は，一般指定14項（競争者に対する取引妨害）となり得るのであり，ぎまん的顧客誘引と同様に，それ自体として公正競争阻害性を有すると考えられる[45]。なお，一般指定14項の適用範囲は，競争者の信用を害する虚偽の事実の告知・流布を対象とする不正競争防止法2条1項21号よりも広く，タクシー乗り場に乗り入れた競争者のタクシーの前に立ちはだかる等の物理的妨害の場合[46]，並行輸入[47] に関して，輸入総代理店が海外の流通ルートからの並行輸入品の入手を困難にしたり，国内の販売業者に並行輸入品を取り扱わないようにさせたりして，適法な並行輸入を阻止する場合[48] も含まれる[49]。

---

[43] もっとも，実際上，個々の消費者が差止請求をすることは難しいであろう。鈴木將文「表示規制における保護法益と民事救済措置」千葉恵美子ほか編『集団的消費者利益の実現と法の役割』（商事法務，2014年）148，151〜152頁。

[44] ただし，自己の商品・役務と競争者の商品・役務を比較する比較広告が誤認を生ぜしめる場合には，不正競争防止法2条1項21号の不正競争行為であるとともに，同項20号の不正競争行為，一般指定8項，不当表示となることがある。知財高判平成18年10月18日（平成17年（ネ）10059号）〔キシリトール事件〕。また，名古屋地判平成5年1月29日判時1482号148頁〔ピアノ百貨店事件〕では，おとり広告において競争者の商品を誹謗する行為を恒常的に行う場合には，誹謗行為と一体不可分の関係にあることから，信用毀損行為に当たると解された。

[45] 東京地決平成23年3月30日（平成22年（ヨ）20125号）〔ドライアイス事件〕。和久井理子「営業誹謗行為と独占禁止法」根岸哲先生古稀記念『競争法の理論と課題』（有斐閣，2013年）307頁参照。

[46] 大阪高判平成26年10月31日判時2249号38頁〔神鉄タクシー事件〕。

[47] 商標権についての並行輸入に関しては，茶園成樹編『商標法〔第2版〕』（有斐閣，2018年）236〜240頁〔茶園〕参照。

[48] 例えば，公取委勧告審決平成8年3月22日審決集42巻195頁〔星商事事件〕。公取委「流通・取引慣行に関する独占禁止法上の指針」第3部第2は，総代理店が並行輸入を阻止することは，契約対象商品の価格を維持するために行われる場合には，一般指定12項又は14項に該当すると述べる。

第 5 章　独占禁止法

49) 競争者の従業員を大量に引き抜く行為も 14 項に該当する場合があろう。私的独占該当性を認めたものであるが，東京地判平成 20 年 12 月 10 日判時 2035 号 70 頁〔USEN 対キャンシステム事件〕参照。最近の事例として，携帯電話向けソーシャルネットワーキングサービスを提供する事業者 Y が，ソーシャルゲーム提供事業者が競争者 A にソーシャルゲームを提供した場合には，そのゲームのリンクを自社のウェブサイトに掲載しないようにした行為が，A とソーシャルゲーム提供事業者とのソーシャルゲームに係る取引を不当に妨害したとされたものがある。公取委排除措置命令平成 23 年 6 月 9 日審決集 58 巻第 1 分冊 189 頁〔DeNA 事件〕。また，FRAND 宣言がされた標準必須特許を管理運営するパテントプール会社が当該特許の実施品の小売業者に対して差止請求権を行使する旨を告知した行為に関するワン・ブルー・エルエルシー事件（公取委平成 28 年 11 月 18 日報道発表。泉克幸「必須宣言特許の権利行使と取引妨害」平成 29 年度重要判例解説 260 頁参照）も興味深い。

事項索引

*行末の頁数が太字のものは，当該用語又は制度の意義や趣旨などが説明されている箇所を示す。

あ 行

ありふれた形態……………………56
依拠性………………………………53
逸失利益……………………………150
一定の取引分野……………………198
一般指定……………………………202
イメージ毀損………………………44
因果関係……………………………149
イン・カメラ手続…………………163
打ち消し表示………………………122
粗利益…………………………155, 158
営業…………………………………16, 20
営業上の信用………………………126
営業上の利益………………………16～
営業誹謗行為………………………123
営業秘密……………………………66～
　　──の開示……………………76
　　──の管理に係る任務………175
　　──の帰属……………………80～
　　──の使用……………………76
　　──の不正取得………………75
　　──の領得……………………175
営業秘密構成情報特定事項………188
営業秘密侵害罪……………………173
営業秘密侵害罪に係る刑事訴訟手続の特例
　　………………………………187～
営業秘密に係る不正行為………**64～**, 154, 160
営業秘密の帰属……………………80～
営業表示……………………………19
おとり広告………………119, 134, 207

か 行

海外重課……………………………178
外国公務員等………………………186
外国公務員等に対する不正の利益の供与等
　　………………………………185～
外国の国旗等の商業上の使用……182～
価格…………………………………119
確約手続……………………………194
過失…………………………………148
課徴金………………………………193
関税法………………………………168～
鑑定…………………………………151
慣用表示……………………………37
管理侵害行為………………………174
稀釈化………………………………43
技術的形態…………………………22～
技術的制限手段……………………100
技術的制限手段に係る不正行為……**98～**
技術的制限手段無効化装置等の提供行為…181
ぎまん的顧客誘引……………204, 209
狭義の混同…………………………33
競争関係……………………………124～
競争の実質的制限…………………198
虚偽広告……………………………121
虚偽の事実…………………………127
虚偽の又は誤認を生じさせる原産地表示の防
　止に関するマドリッド協定……8
具体的態様の明示義務……………162
鑑定人………………………………151
刑事的制裁…………………………171
景表法……………………………**6～, 206～**

景品表示法	**6〜**, **206**〜
限界利益	155, 158
権原の範囲	90
原産地	117
限定提供性	94
限定提供データ	94
限定提供データに係る不正行為	**92〜**, 154
限定列挙主義	3
権利侵害の警告	130〜
故意	148
広義の混同	33
工業所有権の保護に関するパリ条約	**7〜**
公共の利益に反して	199
広告	116
公正競争阻害性	203
拘束条件付取引	205
公判期日外の証人尋問等	189
互換性	56
国際機関の標章の営業上の使用	184
国際商取引における外国公務員に対する贈賄の防止に関する条約	10, 185
告知	129
国連腐敗防止条約	11
誇大広告	121, 133
コンテンツ	99
混同	32〜
混同防止表示付加請求	38, 39, 47

さ　行

最恵国待遇原則	9
サイバースクワッティング	108
裁判管轄	146
裁判の公開	166, 187
再販売価格の拘束	196, 205
詐欺等行為	174
差止請求	**142〜**, 195
産業スパイ行為	74
色彩	23
事業者	191〜

自己の氏名の使用	37〜, 47, 139
市場支配力	198
実質的同一性	53
私的独占	196〜
私的独占の禁止及び公正取引の確保に関する法律	6
周知性	26〜
——の獲得経緯	28
——の獲得時期	27
——の承継	29
——の地域的範囲	26
周知な商品等表示主体の混同行為	**18〜**, 154, 160, 180
純利益	155, 158
消極損害	150
使用許諾料相当額	159
商標に関する権利	136
商標法条約	**9**, 135
商品	19
——の形態	20〜, 49〜
——の容器・包装	20, 52
商品化事業	29, 33
商品形態の模倣行為	**48〜**, 154, 160, 181
商品等表示	19〜
——の使用	35
商品内部の形態	51
商品表示	19
消滅時効	85〜, 167
職務上開発した営業秘密	79
除斥期間	87
処置請求	189
指令符号	102
侵害の行為に供した設備	146
侵害の行為を組成した物	146, 154
親告罪	172,
真正品	155
尋問等の制限	189
信用回復措置請求	161
信用毀損行為	**123〜**, 209

事項索引

数　量 …………………………… 119	（技術的制限手段無効化装置等の提供行為）
スクランブル放送 ……………… 105	……………………………… 106
請求権者 ……………… 4, 40～, 60～, 122	（周知な商品等表示主体の混同行為）…… 35～
正当な理由（代理人等による商標の利用）	（商品形態の模倣行為）………………… 55～
……………………………… 139	（代理人等の商標無断使用行為）……… 139
正当な理由（文書提出命令）………… 163	（著名な商品等表示の冒用行為）……… 47～
世界貿易機関 ………………… 9, 135	（ドメイン名に係る不正行為）……… 113
積極損害 ……………………… 150	（品質等誤認行為）………………… 122
セット商品 ……………………… 50	電磁的管理性 …………………… 94
先使用 ………………… 27, 38～, 47	店舗デザイン …………………… 24
専属告発制度 …………………… 194	統一ドメイン名紛争処理方針 ……… 108
相当因果関係 …………………… 149	当該商品の機能を確保するために不可欠な形態
相当な損害額の認定 …………… 151	……………………………… 55～
相当量蓄積性 …………………… 95	当事者尋問等の公開停止 …………… 166
属人主義 ……………………… 186	特殊指定 ……………………… 202
属地主義 ……………………… 179	独占禁止法 ………………… 6, 191～
損　害 ………………………… 150	独占的販売権者 ………………… 62
損害額の推定 ………………… 152～	特定商品等表示 ………………… 111
損害賠償請求 ………………147～, 194～	ドメイン名 ……………………… 109～
	──の移転請求 ………………… 114
た　行	ドメイン名に係る不正行為 ……… 106～, 160
題　号 ………………………… 24	ドメイン名を使用する権利 ……… 112
退職者 ………………………… 176	図利加害目的 ………… 81～, 96, 110～, 173
代表者 ………………………… 137	取引拒絶 ……………………… 203
代理人 ………………………… 137	取引上の地位の不当利用 ………… 206
代理人等の商標無断使用行為 … 135～, 154, 160	取引に用いる書類 ………………… 116
ダイリューション ……………… 43	取引妨害 ………………… 206, 209
ただ乗り ……………………… 43	
他　人 ……………………… 29, 125～	な　行
知的財産法 ……………………… 5	内国民待遇原則 ………………… 8, 9
知的所有権の貿易関連の側面に関する協定 … 9	二重価格表示 …………………… 119
著名性 ………………………… 44	日本知的財産仲裁センター ……… 108
──の地域的範囲 ……………… 44	任意的没収 ……………………… 178
著名な商品等表示の冒用行為 …… 42～, 154, 180	認定手続 ……………………… 169
地理的表示 ……………………… 10	
通　信 ………………………… 116	は　行
適格消費者団体 ………………… 6, 207	廃棄請求権 ……………………… 145
適用除外 ……………………… 15, 97	排除措置命令 …………………… 193
（営業秘密に係る不正行為）…………… 89	排他条件付取引 ………………… 205

213

派遣労働者 ……………………………… *176*	水際措置 ……………………………… *168~*
パッシング・オフ …………………… *137*	民間国際機関 ………………………… *184*
パネル ……………………………… *108, 114*	無過失損害賠償 ……………………… *194*
パリ条約………………… *7~, 135, 182, 184*	無形的損害 …………………………… *150*
比較広告 ……………………………… *133*	無体物 ……………………………… *20, 50*
非公知性 …………………………… *71~*	無反応機器 ………………………… *103~*
秘匿決定 ……………………………… *187*	模 倣 ……………………………… *53~*
秘匿要請 ……………………………… *190*	
秘密管理性 ………………………… *67~*	や 行
秘密保持命令 ………………………… *164~*	優越的地位の濫用 …………………… *206*
──違反罪 …………………… *179, 180*	有形的損害 …………………………… *150*
秘密を守る法律上の義務 …………… *82*	有用性 ……………………………… *69~*
品質等誤認行為 ……… **115~**, *181, 183, 185, 208*	有利誤認表示 ………………………… *207*
不公正な取引方法 …………………… *202~*	優良誤認表示 ………………………… *207*
不実証広告 …………………………… *207*	輸 出 ……………………………… *169*
不正競争 ……………………………… *2, 13~*	輸 入 ……………………………… *168*
普通に用いられる方法 ……………… *37*	
普通名称 ……………………………… *36*	ら 行
普通名称等の使用 ……… *36~, 47, 122, 139*	リバース・エンジニアリング … *71, 75*
不当景品類及び不当表示防止法 … *6, 206*	両罰規定 ……………… **172~**, *186, 194*
不当な顧客誘引 ……………………… *204*	類似性 …………………… *31, 46, 112*
不当な取引制限 ……………………… *200~*	流 布 ……………………………… *129*
不当表示 ……………………………… *207*	
不当利得返還請求 …………………… *167~*	A~Z
部 品 ……………………………… *56*	ICANN ……………………………… *108*
不法行為 ………………… *3, 59, 124, 142, 148*	JP-DRP ……………………………… *108*
フリーライド ……………………… *43, 180*	JPNIC ……………………………… *108*
文書提出義務 ………………………… *164*	JPドメイン名紛争処理方針 ……… *108*
文書提出命令 ………………………… *162*	TRIPS協定 …………………………… *9*
ポリューション ……………………… *44, 180*	UDRP ……………………………… *108*
	WTO ………………………………… *9*
ま 行	
マドリッド原産地表示協定 …………… *8*	

判例等索引

最高裁判所

最決昭和 34 年 5 月 20 日刑集 13 巻 5 号 755 頁（昭和 34 年（あ）78 号）〔アマモト事件〕…………… *26*
最判昭和 40 年 6 月 4 日判時 414 号 29 頁（昭和 38 年（オ）1150 号）〔ライナービヤー事件〕…………… *144*
最決昭和 53 年 3 月 22 日刑集 32 巻 2 号 316 頁（昭和 50 年（あ）1277 号）〔清酒特級事件〕 …………… *121*
最判昭和 56 年 10 月 13 日民集 35 巻 7 号 1129 頁（昭和 54 年（オ）145 号）〔マクドナルド事件〕 ………… *40*
最判昭和 58 年 10 月 7 日民集 37 巻 8 号 1082 頁（昭和 57 年（オ）658 号）〔日本ウーマンパワー事件〕
　…… *31, 33*
最判昭和 59 年 2 月 24 日刑集 38 巻 4 号 1287 頁（昭和 55 年（あ）2153 号）〔石油価格協定事件〕 ……… *199*
最判昭和 59 年 5 月 29 日民集 38 巻 7 号 920 頁（昭和 56 年（オ）1166 号）〔フットボール事件〕
　…………………………………………………………………………………………………… *30, 31, 33, 40*
最判昭和 63 年 7 月 19 日民集 42 巻 6 号 489 頁（昭和 61 年（オ）31 号）〔アースベルト事件〕 ………… *27, 41*
最判平成元年 12 月 8 日民集 43 巻 11 号 1259 頁（昭和 60 年（オ）933 号）〔鶴岡灯油事件〕 …………… *195*
最判平成元年 12 月 14 日民集 43 巻 12 号 2078 頁（昭和 61 年（オ）655 号）〔都営芝浦と畜場事件〕 …… *192*
最判平成 5 年 12 月 16 日判時 1480 号 146 頁（平成 5 年（オ）1507 号）〔アメックス事件〕 ……………… *28*
最判平成 10 年 9 月 10 日判時 1655 号 160 頁（平成 7 年（オ）637 号）〔スナックシャネル事件〕 ………… *34*
最判平成 10 年 12 月 18 日審決集 45 巻 467 頁（平成 7 年（オ）423 号） …………………………………… *192*
最決平成 16 年 4 月 8 日民集 58 巻 4 号 825 頁（平成 15 年（許）44 号）〔パイオニア貿易事件〕 ………… *147*
最判平成 18 年 1 月 20 日民集 60 巻 1 号 137 頁（平成 17 年（受）575 号）〔天理教豊文教会事件〕 ……… *2, 16*
最決平成 21 年 1 月 27 日民集 63 巻 1 号 271 頁（平成 20 年（許）36 号）〔液晶モニター事件〕 ………… *165*
最判平成 22 年 12 月 17 日民集 64 巻 8 号 2067 頁（平成 21 年（行ヒ）348 号）〔NTT 東日本事件〕 …… *198*
最判平成 24 年 2 月 20 日民集 66 巻 2 号 796 頁（平成 22 年（行ヒ）278 号）〔多摩談合事件〕 ………… *199*
最判平成 27 年 4 月 28 日民集 69 巻 3 号 518 頁（平成 26 年（行ヒ）75 号）〔JASRAC 事件〕 ………… *198*
最判平成 29 年 1 月 24 日民集 71 巻 1 号 1 頁（平成 28 年（受）1050 号）〔クロレラチラシ事件上告審〕 … *208*
最決平成 30 年 12 月 3 日刑集 72 巻 6 号 569 頁（平成 30 年（あ）582 号）〔日産自動車事件〕 ………… *174, 176*

高等裁判所

東京高判昭和 26 年 9 月 19 日高民集 4 巻 14 号 497 頁（昭和 25 年（行ナ）21 号）〔東芝・スバル事件〕 … *199*
東京高判昭和 28 年 3 月 9 日高民集 6 巻 9 号 435 頁（昭和 26 年（行ナ）10 号）〔新聞販路協定事件〕 …… *201*
東京高判昭和 38 年 5 月 29 日判時 342 号 16 頁（昭和 37 年（ウ）691 号）〔ライナービヤー事件 2 審〕 … *144*
大阪高判昭和 41 年 4 月 5 日高民集 19 巻 3 号 215 頁（昭和 39 年（ネ）661 号）〔三菱建設事件〕 ………… *29*
東京高判昭和 42 年 11 月 9 日下民集 18 巻 11＝12 号 1083 頁（昭和 42 年（ネ）79 号）〔アマンド仮処分
　異議事件〕 …………………………………………………………………………………………………… *145*
東京高判昭和 48 年 10 月 9 日無体裁集 5 巻 2 号 381 頁（昭和 46 年（ネ）793 号）〔花ころも事件〕 ……… *29*

215

東京高判昭和 53 年 5 月 23 日刑月 10 巻 4 = 5 号 857 頁（昭和 52 年（う）522 号）〔原石ベルギーダイヤモンド事件〕··118, 119
大阪高決昭和 54 年 8 月 29 日判タ 396 号 138 頁（昭和 52 年（ラ）51 号）〔都山流尺八楽会事件〕···········16
大阪高判昭和 55 年 7 月 15 日判タ 427 号 174 頁（昭和 54 年（ネ）1175 号）〔階段用滑り止め事件 2 審〕···132
札幌高決昭和 56 年 1 月 31 日無体裁集 13 巻 1 号 36 頁（昭和 55 年（ラ）34 号）〔バター飴容器事件〕······29
大阪高判昭和 56 年 6 月 26 日無体裁集 13 巻 1 号 503 頁（昭和 56 年（ラ）160 号）〔花柳流事件 2 審〕··16, 30
東京高判昭和 57 年 4 月 28 日無体裁集 14 巻 1 号 351 頁（昭和 55 年（ネ）689 号）〔タイポス書体事件〕···19
東京高判昭和 57 年 10 月 28 日無体裁集 14 巻 3 号 759 頁（昭和 56 年（ネ）2813 号）〔ヨドバシポルノ事件〕··43
大阪高判昭和 58 年 10 月 18 日無体裁集 15 巻 3 号 645 頁（昭和 57 年（ネ）521 号）〔フロインドリーブ事件〕··145
東京高判昭和 58 年 11 月 15 日無体裁集 15 巻 3 号 720 頁（昭和 52 年（ネ）3193 号）〔伝票会計用伝票事件〕··22
大阪高判昭和 59 年 3 月 23 日無体裁集 16 巻 1 号 164 頁（昭和 55 年（ネ）554 号）〔日本少林寺拳法事件 2 審〕···16
大阪高判昭和 60 年 5 月 28 日無体裁集 17 巻 2 号 270 頁（昭和 58 年（ネ）2595 号）〔三色ラインウェットスーツ事件〕··24
福岡高宮崎支判昭和 62 年 9 月 7 日無体裁集 19 巻 3 号 302 頁（昭和 61 年（ネ）200 号）〔黒酢事件 2 審〕···36
仙台高判平成 4 年 2 月 12 日判タ 793 号 239 頁（昭和 63 年（ネ）347 号）〔アースベルト事件差戻審〕······28
東京高判平成 4 年 5 月 14 日知的裁集 24 巻 2 号 385 頁（平成 2 年（ネ）734 号）〔ポパイ事件〕············30
大阪高判平成 4 年 8 月 26 日知的裁集 24 巻 2 号 489 頁（平成 3 年（ネ）2557 号）〔ミキハウス事件〕······34
東京高判平成 5 年 12 月 14 日高刑集 46 巻 3 号 322 頁（平成 5 年（の）1 号）〔シール談合事件〕···········201
東京高決平成 5 年 12 月 24 日判時 1505 号 136 頁（平成 5 年（ラ）594 号）〔モリサワタイプフェイス事件〕··20
大阪高判平成 6 年 10 月 14 日判時 1548 号 63 頁（平成 4 年（ネ）2131 号）〔お年玉付年賀葉書事件〕······192
東京高判平成 7 年 9 月 25 日判タ 906 号 136 頁（平成 6 年（行ケ）144 号）〔東芝ケミカル事件〕··········201
大阪高判平成 9 年 3 月 27 日知的裁集 29 巻 1 号 368 頁（平成 7 年（ネ）1518 号）〔it's シリーズ事件〕······24
大阪高判平成 10 年 1 月 30 日知的裁集 30 巻 1 号 1 頁（平成 8 年（ネ）2683 号）〔コトブキ事件 2 審〕······33
東京高判平成 10 年 2 月 26 日知的裁集 30 巻 1 号 65 頁（平成 8 年（ネ）6162 号）〔ドラゴンキーホルダー事件〕···53, 54
大阪高判平成 10 年 5 月 22 日判タ 986 号 289 頁（平成 9 年（ネ）2178 号）〔SAKE CUP 事件〕··········31
大阪高判平成 10 年 12 月 21 日知的裁集 30 巻 4 号 981 頁（平成 9 年（ネ）2116 号）〔NEO・GEO 事件 2 審〕··28
東京高判平成 11 年 6 月 24 日（平成 11 年（ネ）1153 号）〔キャディバッグ事件 2 審〕······················62
大阪高判平成 11 年 10 月 14 日（平成 11 年（ネ）473 号）〔タヒボ茶事件〕···································36
東京高判平成 12 年 2 月 17 日判時 1718 号 120 頁（平成 11 年（ネ）3424 号）〔建物空調ユニットシステム

事件〕 ……………………………………………………………………………………… 59
東京高判平成 12 年 10 月 31 日金判 1127 号 41 頁（平成 12 年（ネ）3119 号）〔壁の穴事件〕 ……… 29
東京高判平成 12 年 11 月 29 日（平成 12 年（ネ）2606 号）〔サンドおむすび牛焼肉事件〕 ……… 49
東京高判平成 12 年 12 月 5 日（平成 12（ネ）4198 号）〔猫の掌シュミレーションゲーム事件 2 審〕……… 62
東京高判平成 13 年 9 月 26 日判時 1770 号 136 頁（平成 13 年（ネ）1073 号）〔小型ショルダーバッグ事件〕
……………………………………………………………………………………………… 51
大阪高判平成 13 年 9 月 27 日（平成 12 年（ネ）3740 号）〔和田八事件 2 審〕 ………… 37
東京高判平成 13 年 12 月 19 日判時 1781 号 142 頁（平成 12 年（ネ）6042 号）〔ルービック・キューブ事件〕
……………………………………………………………………………………………… 22
東京高判平成 13 年 12 月 26 日判時 1788 号 103 頁（平成 12 年（ネ）3882 号）〔リーバイス事件〕……… 31
東京高判平成 14 年 1 月 31 日判時 1815 号 123 頁（平成 11 年（ネ）1759 号）〔エアソフトガン事件 2 審〕 … 57
東京高判平成 14 年 2 月 28 日（平成 12 年（ネ）5295 号）〔デールカネーギー事件〕 ……… 25
東京高判平成 14 年 5 月 31 日判時 1819 号 121 頁（平成 12 年（ネ）276 号）〔電路支持材事件〕 ……… 21
東京高判平成 14 年 6 月 7 日判タ 1099 号 88 頁（平成 13 年（行ケ）454 号）〔カンキョー事件〕……… 207
東京高判平成 14 年 6 月 26 日判時 1792 号 115 頁（平成 13 年（ネ）4613 号）〔パチスロ機記者会見事件〕
……………………………………………………………………………………………… 128
東京高判平成 14 年 8 月 29 日判時 1807 号 128 頁（平成 13 年（ネ）5555 号）〔磁気信号記録用金属粉末
事件〕 ……………………………………………………………………………………… 131
大阪高判平成 15 年 7 月 29 日（平成 15 年（ネ）68 号）〔家具調仏壇事件〕 ……………… 58, 60
東京高判平成 16 年 5 月 31 日（平成 15 年（ネ）6117 号）〔換気用フィルタ事件 2 審〕 ……… 55, 56
東京高判平成 16 年 10 月 19 日判時 1904 号 128 頁（平成 16 年（ネ）3324 号）〔コジマ価格表示事件〕
………………………………………………………………………………… 119, 134, 207, 208
東京高判平成 16 年 11 月 24 日（平成 14 年（ネ）6311 号）〔ファイアーエムブレム事件 2 審〕……… 25, 30
東京高判平成 17 年 3 月 16 日（平成 16 年（ネ）2000 号）〔アザレ化粧品（東京）事件〕 ……… 30
大阪高判平成 17 年 6 月 21 日（平成 15 年（ネ）1823 号）〔アザレ化粧品（大阪）事件〕 ……… 30
大阪高判平成 17 年 7 月 5 日審決集 52 巻 856 頁（平成 16 年（ネ）2179 号）〔関西国際空港新聞販売事件〕
……………………………………………………………………………………………… 195
知財高判平成 17 年 10 月 6 日（平成 17 年（ネ）10049 号）〔ヨミウリ・オンライン事件〕 ……… 50
知財高判平成 17 年 10 月 27 日（平成 17 年（ネ）10013 号）〔超時空要塞マクロス事件〕 ……… 24, 25
知財高判平成 18 年 7 月 20 日（平成 18 年（ネ）10015 号）〔H 之出水道機器数量・価格制限事件〕……… 196
知財高判平成 18 年 10 月 18 日（平成 17 年（ネ）10059 号）〔キシリトール事件〕 ……… 209
大阪高判平成 19 年 10 月 11 日判時 1986 号 132 頁（平成 18 年（ネ）2387 号）〔正露丸 I 事件〕 ……… 36
名古屋高判金沢支判平成 19 年 10 月 24 日判時 1992 号 117 頁（平成 18 年（ネ）243 号）〔氷見うどん事件〕
……………………………………………………………………………………………… 121
東京高判平成 19 年 11 月 28 日判時 2034 号 34 頁（平成 18 年（ネ）1078 号）〔ゆうパック事件〕……… 195
大阪高判平成 19 年 12 月 4 日（平成 19 年（ネ）2261 号）〔ごはんや食堂事件 2 審〕……… 25, 25
大阪高判平成 20 年 10 月 8 日（平成 20 年（ネ）1700 号）〔時効の管理事件〕 ……………… 24
東京高判平成 22 年 1 月 29 日審決集 56 巻第 2 分冊 498 頁（平成 20 年（行ケ）19 号）〔着うた事件〕

………*203, 204*
東京高判平成 22 年 7 月 16 日審決集 57 巻第 2 分冊 152 頁（平成 22 年（く）355 号）〔カクダイ事件〕……*207*
東京高判平成 22 年 10 月 29 日審決集 57 巻第 2 分冊 162 頁（平成 22 年（く）550 号）〔オーシロ事件〕
……*207, 207*
東京高判平成 22 年 11 月 26 日審決集 57 巻第 2 分冊 181 頁（平成 22 年（行ケ）4 号）〔ミュー事件〕…*207*
知財高判平成 23 年 3 月 24 日（平成 22 年（ネ）10077 号）〔角質除去具事件 2 審〕…………………*21*
知財高判平成 23 年 3 月 28 日判時 2120 号 103 頁（平成 22 年（ネ）10084 号）〔ドーナツクッション事件〕…*35*
知財高判平成 23 年 7 月 21 日判時 2132 号 118 頁（平成 23 年（ネ）10023 号）〔光通風雨戸事件〕………*72*
知財高判平成 24 年 2 月 29 日（平成 23 年（ネ）10061 号）〔服飾品顧客情報事件〕………………*69*
知財高判平成 24 年 7 月 4 日（平成 23 年（ネ）10084 号）〔投資用マンション営業秘密事件〕………*81, 82*
知財高判平成 24 年 12 月 26 日判時 2178 号 99 頁（平成 24 年（ネ）10069 号）〔眼鏡タイプのルーペ事件〕
……*20*
知財高判平成 26 年 6 月 12 日（平成 25 年（ネ）10067 号）〔マジコン事件〕………………………*100*
大阪高判平成 26 年 10 月 31 日判時 2249 号 38 頁（平成 26 年（ネ）471 号）〔神鉄タクシー事件〕………*209*
知財高判平成 27 年 2 月 25 日（平成 26 年（ネ）10094 号）〔巻くだけダイエット事件 2 審〕………*24*
札幌高判平成 27 年 6 月 23 日（平成 26 年（ネ）365 号）〔食べログ事件 2 審〕………………………*46*
東京高判平成 27 年 9 月 4 日（平成 27 年（う）828 号）〔東芝 NAND 型フラッシュメモリ事件 2 審〕……*176*
大阪高判平成 28 年 2 月 25 日判時 2296 号 81 頁（平成 27 年（ネ）503 号）〔クロレラチラシ事件 2 審〕…*208*
知財高判平成 28 年 7 月 27 日判時 2320 号 113 頁（平成 28 年（ネ）10028 号）〔エジソンのお箸事件〕……*20*
知財高判平成 28 年 11 月 30 日判時 2338 号 96 頁（平成 28 年（ネ）10018 号）〔加湿器事件〕………*52, 58, 59*
東京高判平成 29 年 3 月 21 日高刑集 70 巻 1 号 10 頁（平成 28 年（う）974 号）〔ベネッセ事件 2 審〕…*176*
大阪高判平成 29 年 12 月 8 日高刑集 70 巻 3 号 7 頁（平成 28 年（う）598 号）〔電子書籍ビューア事件〕…*102*

地方裁判所

大阪地判昭和 27 年 5 月 29 日下民集 3 巻 5 号 719 頁（昭和 23 年（ワ）692 号）〔田所農機事件〕…………*128*
静岡地浜松支判昭和 29 年 9 月 16 日下民集 5 巻 9 号 1531 頁（昭和 27 年（ワ）256 号）〔山葉楽器事件〕…*37*
東京地判昭和 37 年 11 月 28 日下民集 13 巻 11 号 2395 頁（昭和 37 年（ワ）462 号）〔京橋中央病院事件〕
……*16*
大阪地判昭和 39 年 5 月 29 日判タ 162 号 191 頁（昭和 30 年（ワ）3896 号）〔信用交換所事件〕…………*126*
東京地判昭和 40 年 2 月 2 日判時 409 号 39 頁（昭和 38 年（ワ）10281 号）〔山形屋事件〕………………*29*
大阪地判昭和 41 年 6 月 29 日下民集 17 巻 5 = 6 号 562 頁（昭和 40 年（ワ）3590 号）〔戸車コマ事件〕…*24*
東京地判昭和 41 年 11 月 22 日判時 476 号 45 頁（昭和 40 年（ワ）10337 号）〔組立式押入れタンス事件〕…*22*
東京地判昭和 44 年 3 月 19 日判時 559 号 60 頁（昭和 39 年（ワ）10012 号）〔フシマンバルブ事件〕………*39*
名古屋地判昭和 46 年 1 月 26 日無体裁集 3 巻 1 号 1 頁（昭和 43 年（ワ）3628 号）〔モノフィラメント事件〕
……*126*
大阪地判昭和 46 年 6 月 28 日無体裁集 3 巻 1 号 245 頁（昭和 45 年（ワ）6465 号）〔積水開発事件〕……*29*
東京地判昭和 47 年 11 月 27 日無体裁集 4 巻 2 号 635 頁（昭和 45 年（ワ）1000 号）〔札幌ラーメン
どさん子事件〕……………………………………………………………………………………………*29*

宮崎地判昭和48年9月17日無体裁集5巻2号301頁（昭和44年（ワ）404号）〔村上屋事件〕………28
金沢地小松支判昭和48年10月30日無体裁集5巻2号416頁（昭和47年（ワ）4号）〔8番ラーメン事件〕
　…………………………………………………………………………………………………29, 143
東京地判昭和49年1月30日無体裁集6巻1号1頁（昭和45年（ワ）1094号）〔ユアサ事件〕………39
大阪地判昭和49年9月10日無体裁集6巻2号217頁（昭和47年（ワ）2171号）〔チャコピー事件〕
　…………………………………………………………………………………………………125, 128
東京地判昭和50年10月6日判タ338号324頁（昭和50年（ワ）2377号）〔火災感知機付き電気時計事件〕
　……………………………………………………………………………………………………131
東京地判昭和51年3月31日判タ344号291頁（昭和48年（ワ）1560号）〔勝烈庵Ⅰ事件〕…………26
大阪地判昭和53年6月20日無体裁集10巻1号237頁（昭和48年（ワ）5609号）〔公益社事件〕…29
東京地判昭和53年10月30日無体裁集10巻2号509頁（昭和48年（ワ）7442号）〔投釣用天秤事件〕
　……………………………………………………………………………………………………132
大阪地判昭和53年12月19日無体裁集10巻2号617頁（昭和43年（ワ）3091号）〔戸車用レール事件〕
　……………………………………………………………………………………………………133
大阪地判昭和54年6月29日判例工業所有権法2585の245頁（昭和52年（ワ）4683号）〔階段用
　滑り止め事件1審〕………………………………………………………………………………125
大阪地判昭和55年3月18日無体裁集12巻1号65頁（昭和48年（ワ）1491号）〔日本少林寺拳法
　事件1審〕…………………………………………………………………………………16, 29, 39
大阪地判昭和56年1月30日無体裁集13巻1号22頁（昭和54年（ワ）692号）〔ロンシャン事件〕………41
大阪地決昭和56年3月30日無体裁集13巻1号507頁（昭和55年（ヨ）815号）〔花柳流事件1審〕
　…………………………………………………………………………………………………16, 30, 38
東京地判昭和56年12月21日無体裁集13巻2号952頁（昭和54年（ワ）1658号）〔タクシー用社名
　表示灯事件〕………………………………………………………………………………126, 150
名古屋地判昭和57年10月15日判タ490号155頁（昭和53年（ワ）1740号）〔ヤマハ特約店事件〕
　…………………………………………………………………………………………………120, 128
横浜地判昭和58年12月9日無体裁集15巻3号802頁（昭和56年（ワ）2100号）〔勝烈庵Ⅱ事件〕……26
名古屋地判昭和59年2月27日無体裁集16巻1号91頁（昭和56年（ワ）2711号）〔ウォーキングビーム
　事件〕………………………………………………………………………………………………130
名古屋地判昭和59年8月31日無体裁集16巻2号568頁（昭和56年（ワ）558号）〔マグネット式筆入れ
　事件〕………………………………………………………………………………………126, 130, 132
鹿児島地判昭和61年10月14日無体裁集18巻3号334頁（昭和59年（ヨ）270号）〔黒酢事件1審〕…36
東京地判昭和62年3月20日判タ651号211頁（昭和53年（ワ）11051号）〔ベルモード事件〕………28
大阪地判昭和62年5月27日無体裁集19巻2号174頁（昭和56年（ワ）9093号）〔かに看板事件〕…26
東京地決平成2年2月28日無体裁集22巻1号108頁（平成元年（ヨ）2538号）〔究極の選択事件〕……25
東京地判平成2年2月28日判時1345号116頁（昭和61年（ワ）5911号）〔ミッキーマウス事件〕………30
名古屋地判平成2年3月16日判時1361号123頁（昭和63年（ワ）1192号）〔アメ横事件〕…………29
福岡地判平成2年4月2日判時1389号132頁（平成元年（モ）5672号）〔西日本ディズニー事件〕………43
大阪地判平成2年10月9日無体裁集22巻3号651頁（昭和63年（ワ）3368号）〔ロビンソン事件〕…145

名古屋地判平成5年1月29日判時1482号148頁（昭和59年（ワ）2300号）〔ピアノ百貨店事件〕…134, 209
神戸地決平成6年12月8日知的裁集26巻3号1323頁（平成6年（ヨ）487号）〔ハートカップS仮処分事件〕……59
大阪地決平成8年3月29日知的裁集28巻1号140頁（平成7年（モ）51550号）〔ホーキンスサンダル事件〕……52
京都地判平成8年9月5日知的裁集28巻3号407頁（平成7年（ワ）2409号）〔コトブキ事件1審〕……32
大阪地判平成8年9月26日知的裁集28巻3号429頁（平成7年（ワ）501号）〔ヘアピン事件〕………183
大阪地判平成8年11月28日知的裁集28巻4号720頁（平成6年（ワ）12186号）〔ドレンホース事件〕…51
東京地判平成9年2月21日判時1617号120頁（平成6年（ワ）24055号）〔わんぱくシャベル事件〕……158
東京地判平成9年3月7日判時1613号134頁（平成6年（ワ）22885号）〔ピアス孔用保護具事件〕……55
大阪地判平成9年6月26日（平成8年（ワ）8935号）〔スマイル事件〕……27
大阪地判平成9年7月17日知的裁集29巻3号703頁（平成5年（ワ）12306号）〔NEO・GEO事件1審〕
……28
名古屋地判平成9年9月29日判タ960号270頁（平成8年（ワ）2204号）〔サンリオ事件〕………146
東京地判平成10年3月30日判時1638号57頁（成9年（ワ）7710号）〔ミシュラン事件〕……34
大阪地判平成10年9月10日知的裁集30巻3号501頁（平成7年（ワ）10247号）〔小熊タオルセット事件〕
……50
大阪地判平成10年11月26日（平成8年（ワ）8750号）〔エアソフトガン信用毀損事件〕……56
東京地判平成11年1月28日判時1677号127頁（平成10年（ワ）13395号）〔キャディバッグ事件1審〕…62
東京地判平成11年2月19日判時1688号163頁（平成10年（ワ）18868号）〔スイングジャーナル事件〕…25
東京地判平成11年2月25日判時1682号124頁（平成8年（ワ）19445号）〔エアソフトガン事件1審〕…57
大阪地判平成11年3月11日判タ1023号257頁（平成8年（ワ）4074号）〔セイロガン糖衣A事件〕……46
東京地判平成11年6月29日判時1692号129頁（平成9年（ワ）27096号）〔腕時計事件〕………60, 62
東京地判平成11年8月31日判時1702号145頁（平成9年（ワ）27869号）〔ゴーマニズム宣言事件〕……25
大阪地判平成11年9月16日判タ1044号246頁（平成10年（ワ）5743号）〔アリナビック事件〕……46
東京地判平成12年6月29日判時1728号101頁（平成10年（ワ）21508号）〔モデルガン事件〕………35, 45
東京地判平成12年7月12日判時1718号127頁（平成10年（ワ）13353号）〔猫の掌シュミレーションゲーム事件1審〕……62
東京地判平成12年7月18日判時1729号116頁（平成11年（ワ）29128号）〔リズシャメル事件〕………41
大阪地判平成12年10月12日（平成10年（ワ）9655号）〔和田八事件1審〕……37
富山地判平成12年12月6日判時1734号3頁（平成10年（ワ）323号）〔jaccs. co. jp事件〕………109, 114
大阪地判平成12年12月14日（平成9年（ワ）11649号等）〔Dフラクション事件〕……37, 137, 138
東京地判平成12年12月21日（平成11年（ワ）29234号）〔虎屋事件〕……45
東京地判平成13年1月22日判時1738号107頁（平成10年（ワ）10438号）〔タカラ本みりん事件〕……35
東京地判平成13年4月24日判時1755号43頁（平成12年（ワ）3545号）〔J-PHONE事件〕……109
東京地判平成13年7月19日判時1815号148頁（平成13年（ワ）967号）〔呉青山学院事件〕……16, 45, 46
東京地判平成13年8月31日判時1760号138頁（平成12年（ワ）26971号）〔エルメス社バーキン事件〕
……61

判例等索引

東京地判平成13年9月6日判時1804号117頁（平成12年（ワ）17401号）〔宅配鮨事件〕……………50
東京地判平成14年2月5日判時1802号145頁（平成13年（ワ）10472号）〔ダイコク原価セール事件〕…79
東京地判平成14年2月14日（平成12年（ワ）9499号）〔公共土木工事単価表事件〕……………70
大阪地判平成14年4月9日判時1826号132頁（平成12年（ワ）1974号）〔ワイヤーブラシセット事件〕…52
東京地判平成14年7月15日判時1796号145頁（平成13年（ワ）12318号）〔mp3事件〕…………35, 110
東京地判平成14年10月15日判時1821号132頁（平成12年（ワ）7930号）〔バドワイザー事件〕………37
東京地判平成14年11月14日（平成13年（ワ）15594号）〔ファイヤーエムブレム事件1審〕…………30
東京地判平成14年12月27日判タ1136号237頁（平成12年（ワ）14226号）〔ピーターラビット事件〕…30
東京地判平成15年1月28日判時1828号121頁（平成14年（ワ）10893号）〔スケジュール管理ソフト事件〕……………50
大阪地判平成15年2月27日（平成13年（ワ）10308号・平成14年（ワ）2833号）〔セラミックコンデンサー事件〕……………72
東京地判平成15年6月27日判時1839号143頁（平成14年（ワ）19714号）〔アフト事件〕…………29
東京地判平成15年7月9日判時1833号142頁（平成15年（ワ）128号）〔ユニット家具事件〕………20
東京地判平成15年9月30日判時1843号143頁（平成15年（ワ）15890号）〔サイボーズ事件〕………128
東京地判平成15年10月31日判時1849号80頁（平成14年（ワ）26828号）〔換気用フィルタ事件1審〕……………55
東京地判平成16年2月24日（平成13年（ワ）26431号）〔猫砂事件〕…………………61
東京地判平成16年3月5日判時1854号153頁（平成15年（ワ）19002号）〔セイジョー事件〕………31
東京地判平成16年5月28日判時1868号121頁（平成15年（ワ）10016号）〔KITAMURA事件〕………31
東京地判平成16年7月2日判時1890号127頁（平成15年（ワ）27434号）〔VOGUE事件〕…………34
東京地判平成16年7月28日判時1878号129頁（平成15年（ワ）29376号）〔カルティエ時計事件〕……20
大阪地判平成16年9月13日判時1899号142頁（平成15年（ワ）8501号の2）〔ヌーブラ事件〕………63
大阪地判平成16年9月28日（平成16年（ワ）6772号）〔東京開化事件〕……………125
東京地判平成16年12月15日判時1928号126頁（平成16年（ワ）3173号）〔撃事件〕……………30
東京地判平成17年1月20日（平成15年（ワ）25495号）〔リクルート品質誤認・虚偽表示事件〕……128
東京地判平成17年2月15日判時1891号147頁（平成15年（ワ）27084号）〔マンホール用ステップ事件〕……………20, 22
東京地判平成17年5月24日判時1933号107頁（平成15年（ワ）17358号）〔マンホール用足掛具事件〕……………20, 22, 50
東京地判平成18年1月31日判時1938号149頁（平成17年（ワ）5656号）〔胃潰瘍治療薬カプセル及びPTPシート③事件〕……………24
大阪地判平成18年3月30日（平成16年（ワ）1919号）〔ヌーブラ事件〕……………156
大阪地判平成18年4月27日判時1958号155頁（平成16年（ワ）7539号）〔メディブローラー事件〕……205
東京地判平成18年7月6日判時1951号106頁（平成17年（ワ）10073号）〔養魚用飼料添加物事件〕…125
東京地判平成18年7月26日判タ1241号306頁（平成16年（ワ）18090号）〔ロレックス時計事件〕……21
東京地判平成18年8月8日（平成17年（ワ）3056号）〔ハンガークリップ事件〕……………126, 124
東京地判平成18年9月28日判時1954号137頁（平成18年（ワ）4933号）〔耳かき事件〕……………20

221

東京地判平成 18 年 12 月 27 日判時 2034 号 101 頁（平成 17 年（ワ）16722 号）〔宇宙戦艦ヤマト事件〕
....24, 29
東京地判平成 19 年 3 月 13 日（平成 19 年（ワ）1300 号）〔dentsu 事件〕................112
大阪地判平成 19 年 3 月 22 日判時 1992 号 125 頁（平成 18 年（ワ）140 号）〔大阪みたらし小餅事件〕......20
大阪地判平成 19 年 4 月 26 日判時 2006 号 118 頁（平成 17 年（ワ）2190 号）〔連結ピン事件〕............20, 22
大阪地判平成 19 年 7 月 3 日判時 2003 号 130 頁（平成 18 年（ワ）10470 号）〔ごはんや食堂事件 1 審〕......25
仙台地判平成 19 年 10 月 2 日判時 2029 号 153 頁（平成 15 年（ワ）684 号）〔福の神仙臺四郎事件〕............35
仙台地判平成 20 年 1 月 31 日判タ 1299 号 283 頁（平成 15 年（ワ）683 号）〔つつみ人形事件〕............35
名古屋地判平成 20 年 3 月 13 日判時 2030 号 107 頁（平成 17 年（ワ）3846 号）〔アルミダイカスト製品の取出しロボットシステム事件〕............68
札幌地判平成 20 年 3 月 19 日（平成 19 年（わ）1454 号）〔挽肉事件〕............182
東京地判平成 20 年 7 月 4 日（平成 19 年（ワ）19275 号）〔プチホルダー事件〕............60
東京地判平成 20 年 9 月 30 日判時 2028 号 138 頁（平成 19 年（ワ）35028 号）〔TOKYU 事件〕............46
大阪地判平成 20 年 10 月 14 日判時 2048 号 91 頁（平成 19 年（ワ）1688 号）〔マスカラ容器事件〕............21
東京地判平成 20 年 12 月 10 日判時 2035 号 70 頁（平成 17 年（ワ）13386 号）〔USEN 対キャンシステム事件〕
....210
東京地判平成 20 年 12 月 26 日判時 2032 号 11 頁（平成 19 年（ワ）11899 号）〔黒烏龍茶事件〕............44, 46
東京地判平成 21 年 1 月 29 日判時 2046 号 159 頁（平成 20 年（特わ）1730 号）〔PCI 事件〕............187
神戸地判平成 21 年 4 月 27 日（平成 20 年（わ）1239 号・1316 号）〔中国産うなぎ蒲焼事件〕............182
大阪地判平成 21 年 7 月 23 日判時 2073 号 117 頁（平成 20 年（ワ）13162 号）〔わたなべ皮フ科事件〕............38
東京地判平成 21 年 11 月 12 日（平成 21 年（ワ）657 号）〔朝バナナ事件〕............25
東京地判平成 22 年 9 月 17 日（平成 20 年（ワ）25956 号）〔角質除去具事件 1 審〕............21
大阪地判平成 22 年 12 月 16 日判時 2118 号 120 頁（平成 21 年（ワ）6755 号）〔西松屋事件〕............25
東京地判平成 23 年 3 月 30 日（平成 22 年（ヨ）20125 号）〔ドライアイス事件〕............209
東京地判平成 23 年 7 月 20 日（平成 21 年（ワ）40693 号）〔常温快冷枕　ゆーみん事件〕............30
大阪地判平成 23 年 10 月 3 日判タ 1380 号 212 頁（平成 22 年（ワ）9684 号）〔水切りざる事件〕............22, 63
大阪地判平成 24 年 9 月 20 日判タ 1394 号 330 頁（平成 23 年（ワ）12566 号）〔正露丸 II 事件〕............31, 36, 46
大阪地判平成 24 年 11 月 8 日（平成 23 年（ワ）5742 号）〔巻き爪矯正具事件〕............120
東京地判平成 24 年 12 月 25 日判時 2192 号 122 頁（平成 23 年（ワ）36736 号）〔携帯ゲーム機用タッチペン事件〕............56
東京地判平成 25 年 4 月 12 日（平成 23 年（ワ）8046 号・12978 号）〔キャディバッグ事件〕............50
東京地判平成 25 年 7 月 31 日（平成 25 年（ワ）11826 号）〔B-CAS 事件〕............105
長野地伊那支判平成 25 年 11 月 14 日（平成 25 年（わ）34 号）〔輸入馬肉事件〕............181
東京地判平成 25 年 11 月 21 日（平成 24 年（ワ）36238 号）〔メディカルケアプランニング事件〕............27
東京地判平成 26 年 1 月 20 日（平成 25 年（ワ）3832 号）〔FUKI 事件〕............30
静岡地判平成 26 年 5 月 15 日（平成 26 年（わ）40 号）〔台湾産うなぎ事件〕............182
東京地判平成 26 年 8 月 29 日（平成 25 年（ワ）28859 号）〔巻くだけダイエット事件 1 審〕............24
札幌地判平成 26 年 9 月 4 日（平成 25 年（ワ）886 号）〔食べログ事件 1 審〕............46

京都地判平成27年1月21日判時2267号83頁〔クロレラチラシ事件1審〕………………208
津地判平成27年2月18日（平成26年（わ）234号）〔中国産精米事件〕………………182
東京地判平成27年3月9日判時2276号143頁（平成26年（特わ）438号）〔東芝NAND型フラッシュメモリ事件1審〕……………………176
東京地立川支平成28年3月29日判タ1433号231頁（平成26年（わ）872号・971号）〔ベネッセ事件1審〕……………………176
大阪地判平成28年5月24日判時2327号71頁（平成26年（ワ）12481号）〔スーツケース事件〕………20
東京地決平成28年12月19日（平成27年（ヨ）22042号）〔コメダ珈琲事件〕………25
大阪地判平成29年1月31日判時2351号56頁（平成26年（ワ）12570号）〔リサイクルトナーカートリッジ事件〕……………………120
東京地判平成30年5月11日（平成28年（ワ）30183号）〔SAPIX事件〕………………35

公正取引委員会審決等

公取委審判審決平成5年9月10日審決集40巻3頁（平成3年（判）2・3号）〔公共下水道鉄蓋（福岡地区）事件〕……………………201
公取委勧告審決平成7年10月13日審決集42巻163頁（平成7年（勧）14号）〔旭電化工業事件〕………205
公取委勧告審決平成8年3月22日審決集42巻195頁（平成8年（勧）2号）〔星商事件〕………209
公取委勧告審決平成9年8月6日審決集44巻238頁（平成9年（勧）5号）〔ぱちんこ機特許プール事件〕……………………198
公取委勧告審決平成10年3月31日審決集44巻362頁（平成10年（勧）3号）〔パラマウントベッド事件〕……………………198
公取委同意審決平成12年2月28日審決集46巻144頁（平成10年（判）2号）〔北海道新聞社事件〕………198
公取委審判審決平成13年8月1日判タ1072号267頁（平成10年（判）1号）〔ソニー・コンピュータエンタテインメント事件〕……………………196
公取委審判審決平成20年9月16日審決集55巻380頁（平成16年（判）13号）〔マイクロソフト非係争条項事件〕……………………205
公取委審判審決平成21年2月16日審決集55巻500頁（平成15年（判）39号）〔第一興商事件〕………206
公取委排除措置命令平成23年6月9日審決集58巻第1分冊189頁（平成23年（措）4号）〔DeNA事件〕……………………210

不正競争防止法〔第2版〕
Unfair Competition Prevention Law

2015年4月10日	初　版第1刷発行	
2019年9月15日	第2版第1刷発行	
2024年6月30日	第2版第3刷発行	

編　者　　茶　園　成　樹

発行者　　江　草　貞　治

発行所　　株式会社　有　斐　閣

郵便番号101-0051
東京都千代田区神田神保町2-17
https://www.yuhikaku.co.jp/

印刷・大日本法令印刷株式会社／製本・牧製印刷株式会社
© 2019, Shigeki CHAEN. Printed in Japan
落丁・乱丁本はお取替えいたします。
★定価はカバーに表示してあります。

ISBN 978-4-641-24320-0

[JCOPY] 本書の無断複写（コピー）は、著作権法上での例外を除き、禁じられています。複写される場合は、そのつど事前に（一社）出版者著作権管理機構（電話03-5244-5088、FAX03-5244-5089, e-mail：info@jcopy.or.jp）の許諾を得てください。